本书由中国科协高端科技创新智库青年项目“新型研发机构在国家创新体系中的功能定位与治理”（20200608CG080732）、江苏省软科学研究计划项目“知识资本视域下瞪羚企业成长路径研究”（BR2018001）资助出版

瞪羚企业高成长逻辑

知识资本视角

SEEKING THE KEYS TO HIGH - GROWTH OF GAZELLE

KNOWLEDGE CAPITAL THEORY PERSPECTIVE

姜　春　罗利华◎著

知识产权出版社
全国百佳图书出版单位
—北京—

图书在版编目（CIP）数据

瞪羚企业高成长逻辑：知识资本视角 / 姜春，罗利华著 . —北京：知识产权出版社，2022.9
ISBN 978-7-5130-8335-5

Ⅰ . ①瞪… Ⅱ . ①姜… ②罗… Ⅲ . ①高技术企业—企业发展—研究—中国
Ⅳ . ① F279.244.4

中国版本图书馆 CIP 数据核字（2022）第 162349 号

内容提要

本书采用理论与实证相结合、定性与定量相结合等研究范式，在分析江苏省瞪羚企业成长现状特征的基础上，引入知识理论和演化思想，搭建了基于知识资本理论的瞪羚企业成长的理论框架，重点研究瞪羚企业的高成长力形成机理及影响机制，然后挖掘国内瞪羚企业高成长实践案例和经验，为政府优化瞪羚企业政策体系提供决策参考。

本书可供企业管理学、科技政策学、公共管理学等专业的学者与学生，以及相关部门的管理者学习、研究与参考。

责任编辑：高 源　　　**责任印制：**孙婷婷

瞪羚企业高成长逻辑——知识资本视角

DENGLING QIYE GAO CHENGZHANG LUOJI—— ZHISHI ZIBEN SHIJIAO

姜 春 罗利华 著

出版发行：知识产权出版社有限责任公司	**网　　址：**http：//www.ipph.cn
电　　话：010-82004826	http：//www.laichushu.com
社　　址：北京市海淀区气象路50号院	**邮　　编：**100081
责编电话：010-82000860转8701	**责编邮箱：**laichushu@cnipr.com
发行电话：010-82000860转8101	**发行传真：**010-82000893
印　　刷：北京中献拓方科技发展有限公司	**经　　销：**新华书店、各大网上书店及相关专业书店
开　　本：720mm×1000mm 1/16	**印　　张：**16
版　　次：2022年9月第1版	**印　　次：**2022年9月第1次印刷
字　　数：230千字	**定　　价：**78.00元

ISBN 978-7-5130-8335-5

目录

第 3 章 知识资本视域下瞪羚企业高成长的理论分析框架 / 49

第 4 章 江苏省科技创新的实践画像 / 63

第 5 章 江苏省瞪羚企业成长现状分析 / 84

第 6 章 瞪羚企业成长的特征与基本问题 / 111

第1章 绪 论

1.1 研究背景

"瞪羚"（gazelle）一词源自美国硅谷，瞪羚企业（gazelle enterprise）的概念诞生于20世纪90年代。该概念最初由美国麻省理工学院教授戴维·伯奇（David Birch）提出，意指跨越死亡谷、进入快速成长期的高成长企业。这样的企业不仅年增长速度轻易超越一倍、十倍、百倍及以上，还可以迅速实现首次募股（initial public offering，IPO），且因其具有与"瞪羚"共同的特征——个头不大、跑得快、跳得高，故而得名。近三十年间，瞪羚企业的快速崛起和发展引起了全球广泛关注。《硅谷指数》[1]（*silicon valley index*）将"瞪羚企业数量"作为反映硅谷经济景气程度的重要指标之一；经济合作与发展组织（Organization for Economic Co-operation and Development，OECD）与欧洲统计局等政府部门合作，在2007—2008年的《欧洲统计局——OECD商业统计手册》中，将瞪羚企业及瞪羚率[2]作为衡量区域经济发展状况的重要统计指标之一。北京市长城企业战略

---

[1] 《硅谷指数》：美国硅谷当地智库"硅谷联合创投"（Joint Venture Silicon Valley）每年通过数据统计，从人口、经济、社会、区域和管理五个方面发布反应硅谷地区上一年度经济社会发展状况的综合报告。

[2] 瞪羚率：指在一个国家或地区瞪羚企业数量在全部企业中所占的比例。

研究所将培育瞪羚企业的理念引入中国，并与科学技术部火炬高技术产业开发中心、中关村管理委员会等合作在高新区开展瞪羚企业调研和培育工作。2003年，北京中关村管理委员会率先实施"瞪羚计划"，2010年后多个高新区和地方政府出台并实施了支持瞪羚企业的相关政策，取得明显成效。

步入新时代，我国经济发展处于新旧动能转换的关键时期，创新创业成为推动新动能发展和经济结构升级的重要力量。其中，这些跨过死亡谷进入高成长期的瞪羚企业，凭借其显著的活力和对区域经济增长的突出贡献，成为引领新经济和高质量发展的重要动能。江苏省高度重视企业创新能力建设，出台了丰富且完备的创新创业政策，是全国技术创新和高技术产业集聚区，综合科技创新水平位列全国第一梯队。立足新的历史方位和时代坐标审视江苏，相较于其雄厚的产业基础和科技资源优势，江苏省瞪羚企业培育工作起步晚，发力不足：一是瞪羚企业数量较少。科学技术部火炬高技术产业开发中心、北京市长城企业战略研究所公布的《国家高新区瞪羚企业发展报告》显示，截至2018年年底江苏累计入选瞪羚企业数1146家，低于北京（2842家）、广东（1373家）。二是持续入选瞪羚企业较少。2016年江苏省瞪羚企业持续入选率[1]为42.5%，低于北京（45.6%）、广东（44.6%）和上海（45.7%）。三是瞪羚企业成长性较弱。以全国10家世界一流高科技园区为例，苏州工业园区的瞪羚企业在2018年平均营业收入为2.4亿元，排在倒数第2位，远低于合肥国家高新区（13.7亿元）、杭州国家高新区（8.3亿元），甚至还未达到全国平均水平（4.7亿元）[2]。

---

[1] "瞪羚企业持续入选率"是以上一年度及本年度均入选国家高新区瞪羚企业榜单为基准进行计算。

[2] 从2014年统计国家高新区瞪羚企业数据以来，江苏省瞪羚企业平均营业收入表现一直不甚乐观。例如，2014—2016年，江苏省瞪羚企业净利润率分别为6.2%、7.1%、8.1%，始终低于全国的平均水平7.4%、7.4%、9.6%。

1.2 研究对象

瞪羚企业是指成功跨越创业死亡谷后，商业模式得到市场认可，进入爆发式增长阶段的创新型企业（图1–1）。瞪羚企业多数产生于高新技术企业，在发展过程中所带来的新技术和新商业模式具有重构产业链环节的巨大力量，使其自身成为一个地区产业结构调整承上启下的关键环节。对于新经济而言，瞪羚企业是创新全球化进程中区域崛起的标志，代表着新经济发展的未来，成为新经济的领导者和高新区创新发展的新引擎。

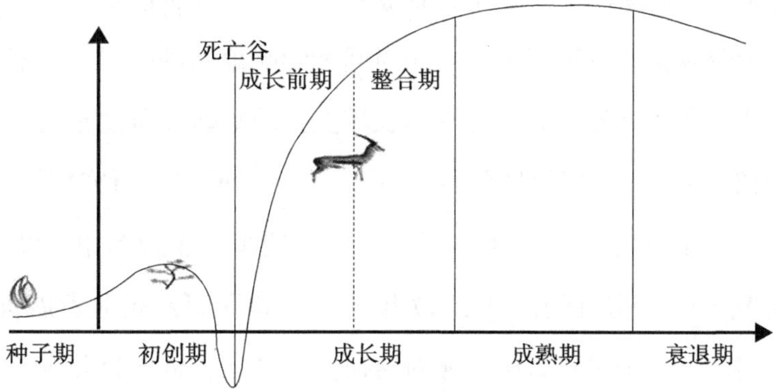

图1–1 瞪羚企业在企业生命周期中的位置

与工业经济时代的传统型企业相比，行驶在新经济时代发展快车道的瞪羚企业具有以下四大典型特征。

一是成长超常规。从企业生命周期来看，瞪羚企业在跨越死亡谷后，成长轨迹会呈现非线性的爆发式增长，实现企业的快速壮大和超常规发展。

二是成长历程短。瞪羚企业普遍成立时间不长，在创业过程中试错成功后，就能实现几倍、几十倍甚至百倍的增长速度，比传统型企业更容易做大企业规模，形成较大影响力。

三是业态创新活跃。新经济的瞪羚企业来源于创新创业，无论在技术、商业模式还是产业组织方面，都具有强大的创新能力。

四是区域性聚集。瞪羚企业是伴随新经济而出现的一种新现象，从新经济发展的历史来看，瞪羚企业的出现与产业的发展阶段和区域的经济环境均密切相关。

随着瞪羚企业的成长及其对新经济拉动作用的显现，国内不少地区相继出台了瞪羚企业的培育扶持政策，如北京的《中关村科技园区瞪羚计划》、武汉的《武汉东湖新技术开发区瞪羚企业认定及培育办法》和广州的《广州开发区瞪羚企业认定扶持办法》，各地遴选标准各具特色。2014 年起，科学技术部火炬高技术产业开发中心、北京市长城企业战略研究所每年发布《国家高新区瞪羚企业发展报告》。2017 年起，江苏省苏南国家自主创新示范区建设促进服务中心每年发布《苏南国家自主创新示范区独角兽企业和瞪羚企业发展报告》。

综合考量瞪羚企业遴选标准、发布时间和影响范围等因素，本书拟以科学技术部火炬高技术产业开发中心、北京市长城企业战略研究所发布的国家级高新区瞪羚企业为研究对象。主要是因为：第一，发布时间早，研究周期长。从 2014 年开始，截至 2018 年已发布 5 期年度报告，4 期瞪羚企业名单，便于进行时间序列跟踪研究；而苏南自创区从 2017 年才发布首期瞪羚企业发展报告。第二，数据覆盖范围广，便于进行省级区域对比研究。苏南自创区瞪羚企业范围局限于省内部分城市。第三，影响范围更广，科学技术部火炬高技术产业开发中心为主要发布单位，数据来源于国家高新区企业统计数据。

基于此，本书研究对象确定为科学技术部火炬高技术产业开发中心、北京市长城企业战略研究所发布的国家级高新区瞪羚企业。截至 2018 年，江苏省累计入选瞪羚企业 590 家。

1.3 研究意义

瞪羚企业能够极大提升区域经济发展活力，是新经济产业和传统产业颠覆式变革的引领者。党的十八大以来，我国大力实施创新驱动发展战略。“大众创业、万众创新”（“双创”）衍生经济社会发展新动能，瞪羚企业无疑是回应科技创新时代呼唤和建设现代化经济体系的必然。“双创”驱动保证了大量新想法、新技术、新模式进入了试错竞争阶段；在试错竞争中胜出的企业就是跨越了死亡谷、获得市场认可的企业；其中，那些发现了细分市场，发明了颠覆式技术和模式的创新企业会创造出一个新市场。

瞪羚企业及其成长过程仍是一个具有很强“黑箱性质”的问题。本书从知识资本视角考察瞪羚企业成长过程，将知识理论思想嵌入其成长过程，从更深层次探索影响瞪羚企业持续成长的因素，完善培育瞪羚企业成长的政策体系，优化制度创新生态环境，以期推动江苏产业结构调整，推进江苏制造向江苏创造转变、江苏速度向江苏质量转变、江苏产品向江苏品牌转变，由此促进产业迈向价值链中高端，构建自主可控的现代产业体系，具有理论和实践意义。

1.4 章节安排

第 1 章，绪论。介绍研究背景、瞪羚企业概念特征、研究意义，并对本书研究内容和章节安排进行简要说明，阐述研究意义和可能存在的创新之处。

第 2 章，知识资本理论研究动态与述评。对知识资本理论研究进行回顾和述评，引入和改进该理论对瞪羚企业高成长性研究的适用性，奠定本书研究的理论基础。

第 3 章，知识资本视域下瞪羚企业高成长的理论分析框架。对知识资本理论与企业成长进行进一步探讨，分析企业知识资本与成长绩效之间的演化机理，理解瞪羚企业成长的知识资本化过程和瞪羚企业成长的演化机理，对瞪羚企业成长的相关影响因素进行梳理，构建知识资本视域下瞪羚企业高成长的理论分析框架。

第 4 章，江苏省科技创新的实践画像。在聚焦江苏省瞪羚企业发展状况研究之前，本书先对江苏省科技创新实践与科技创新能力发展情况进行历史性回溯，对深层次分析瞪羚企业发展具有重要基础性意义。为此，本章基于“演化—量化—质化”三维视角，对中华人民共和国成立 70 年以来江苏省科技创新发展实践进行系统梳理，从而对江苏科技创新能力跃迁及未来发展进行动态画像。

第 5 章，江苏省瞪羚企业成长现状分析。从企业控股和登记注册类型、高新技术企业分布、行业分布、经营情况、创新要素投入等方面分析江苏省瞪羚企业的静态情况；动态对比分析江苏与北京、上海、广东的瞪羚企业数、瞪羚率、创新要素投入等指标。

第 6 章，瞪羚企业成长的特征与基本问题。对知识资本视域下瞪羚企业成长的人力资本情况、国际市场布局等特征进行描述，对成长瓶颈和主要问题进行提炼。

第 7 章，跨界搜索与瞪羚企业创新：关系资本的中介效应。跨界搜索能力是企业获取知识或联结关系网络的重要因素。本章运用知识资本理论，通过跨界搜索视角研究瞪羚企业跨界搜索能力、关系资本与创新绩效之间的关系，以期为瞪羚企业创新能力和创新绩效提升开展有益探索。

第 8 章，企业家精神与瞪羚企业绩效关联性分析。企业家精神是企业创新的特质，本章进一步探讨企业家精神与瞪羚企业高成长性之间的关系，并通过与非瞪羚企业的比较研究，验证瞪羚企业高成长性与企业家精神的关系，以期更好地认识企业家在高成长型企业中发挥的作用。

第 9 章，知识资本视域下瞪羚企业高成长实证分析。通过设计调查问卷，基于企业调查问卷数据与瞪羚企业统计面板数据，采用因子分析、结构方程模型等研究方法对知识资本视域下瞪羚企业成长进行实证研究，挖掘知识资本视域下瞪羚企业成长的关键因素。

第 10 章，困境中科技型企业成长韧性分析。不确定性是高新技术企业发展的本体属性，应对不确定性也是高新技术企业持续成长的天然本能。本章基于问卷调查数据，分析了重大突发公共事件对科技型企业的影响，特别是给出了以瞪羚企业为代表的小微科创企业如何从不确定性中继续成长的建议，以期实现科技型企业“塔勒布超越”。

第11章，瞪羚企业高成长的典型案例研究。实地调研苏州工业园区和南京高新区，选取具有代表性的瞪羚企业作为案例研究对象，结合实地访谈和企业统计数据，并运用知识资本理论，探讨国内瞪羚企业高成长的实践过程。

第12章，促进瞪羚企业高成长的思路与若干建议。基于本书开展的理论分析和实证分析，结合中关村科技园区、广州高新区、武汉东湖示范区等瞪羚企业主要集聚区培育和扶持瞪羚企业发展的政策及经验做法，从政策顶层设计、科技金融扶持、专项资金奖励等方面，提出促进瞪羚企业高成长的若干建议。

1.5 创新之处

1.5.1 理论贡献

针对学术界对瞪羚企业这一新起之秀的成长过程与本质的相关研究还不够丰富，本书通过借鉴和吸收企业成长、生命周期和知识资本等理论，探索性地搭建了基于知识资本理论的瞪羚企业成长的理论框架，采用理论与实证相结合、定性与定量相结合等研究范式，重点研究瞪羚企业的高成长力形成机理及其影响机制，对瞪羚企业知识资本价值创造过程进行透视，丰富了瞪羚企业高成长这个“黑箱性质”问题的理论研究。

1.5.2 应用前景

瞪羚企业是高成长型企业，是科技型中小企业的典型代表。与工业经济时代传统型企业动辄几十年、上百年的线性成长历程相比，这些刚过初创期的瞪羚企业爆发式成长轨迹堪称“超常规”，其由此带来更快的产业价值链和市场竞争格局的变化，特别是在新时代科技自立自强和高质量发展背景下，研究瞪羚企业及其高成长现象对培育企业创新能力、加快新旧动能转换意义重大。本书力求理论紧密联系实际，坚持问题导向，通过大量调研、访谈、问卷调查、统计数据、案例，多方面展示瞪羚企业成长现状特征与障碍，不懈思考和追问如何优化瞪羚企业成长的政策体系，如何培育更多瞪羚企业，未来如何促进规模宏大的科技型中小企业实现跨越式成长，等等。本书的政策研究、实践研究，为政府制定、形成切实有效的瞪羚企业创新政策具有重要的决策参考意义。

第 2 章　知识资本理论研究动态与述评

知识不仅是传统生产要素（劳动力、资本和土地）之外的另一种资源，而且是唯一有意义的资源（Drucker，1993）。在竞争激烈的全球市场，以前沿技术、颠覆性技术为代表的创新促进了经济增长（Sukharev，2021），通常被视为"知识经济"（knowledge economy）的贡献（Rehman，Degirmen & Waseem，2021）。知识经济是以知识资本（knowledge capital or intellectual capital）为基础的消费和生产体系（Ngulube，2017），它的出现提高了知识资本作为组织竞争力建设的重要性。

知识资本是与知识性活动有关的资本（Galbrainth，1975），是企业最有价值的资产（Stewart，1994），尤其体现了无形资产（如结构资本和人力资本）的经济价值（OECD，1999）。对于组织而言，知识资本不仅积极影响企业的绩效、生存和成长（Crupi，Cesaroni & Di Minin，2021；Haynes & Hillman，2010；Jiang et al.，2012；Johnson，Schnatterly & Hill，2013），而且是新兴经济体实现从生产型经济向知识型经济转变的关键要素（Rehman，Degirmen，& Waseem，2021；Chu，Chan & Wu，2011；Yi & Davey，2010）。

实际上，自 20 世纪 90 年代初以来，知识资本也称为"无形资产"（intangible assets，IAs）或其他名称（如"智力资本"），对其研究一直在进行（Marr &

Chatzkel，2004；Keong Choong，2008）。在过去几十年，关于知识资本的研究显著增长，在许多学科领域受到欢迎，其广泛分布在240个学科类别。[1]然而，尽管跨学科的广泛研究创造了大量的定义和研究重点，但缺乏通用词汇、定义和术语，更缺乏学科内的共识、凝聚力和沟通（Fteimi & Lehner，2013；Gavrilova & Kubelskiy，2018；Teixeira & Oliveira，2018），甚至提出了相反的解释（Crupi，Cesaroni & Di Minin，2021）。在实践中，随着数字经济、智慧经济等新产业、新业态的出现，主要经济体越来越重视知识资本在科学（发现）、技术（发明）和经济（创新）的创造力（Héraud，2021）。因此，为了推动知识资本研究向前发展，有必要回顾既有的研究。不同于以往文献综述侧重解决知识资本定义、知识资本分类及它们对企业各个方面的影响（Keong Choong，2008；Crupi，Cesaroni & Di Minin，2021），本书通过分析知识资本的重要理论基础和由此产生的研究主线，对知识资本的概念、理论和理论之间的关系进行补充解释。基于这种考虑，本书解决了以下研究问题：（1）先前关注知识资本的文献发展和扩展的理论支柱是什么？（2）以往关于知识资本的文献主要涵盖哪些研究领域？（3）未来应该涵盖哪些研究领域？

2.1 方法与样本

2.1.1 研究方法

本书使用的文献通过汤森路透（Thomson Reuters）开发的Web of Science（WoS）数据库收集。该数据库有高水准期刊和高质量的同行评审文章，获得较高公认，有140多个国家和30000多家机构用户在使用。本书重点使用子数据库“WoS核心合

---

[1] 本书依据Web of Science学科分类标准进行统计，知识资本相关文献中每个学科文献量占采集总量比例为：商务管理（business & management）15.34%、管理学（management）10.74%、经济学（economics）10.12%、商务金融（business & finance）5.94%、商科（business）5.68%、情报学与图书馆学（information science & library science）7.08%、教育与教育研究（education & educational research）3.87%、绿色可持续科技（green & sustainable science & technology）2.22%。

集”。核心合集数据库数据可回溯至 1900 年，收录了全球 2.6 万多份权威、高影响力的学术期刊和 22.4 万种会议录。本书遵循既有文献回顾中使用的方法，对核心合集数据库中的出版物进一步筛选，重点调查已有文献的轨迹，该研究方法其他学者（Meyer et al.，2014；Skute et al.，2019）在类似研究中也广泛使用。

使用和比较 WoS 数据库的文献，主要有两种引文策略：共引分析（co-citation analysis）和文献耦合分析（bibliographic coupling）（Kovács，van Looy & Cassiman，2015；Skute et al.，2019）。一般而言，引用分析有三种方法或路径，即直接引用（direct citation）、共引分析和文献耦合分析。直接引用是两篇文章之间的直接交互情况。共引分析是调查被同一研究引用的文献（多篇）之间的相互关系（或作用）（Van Eck & Waltman，2017）。文献耦合探讨引用同一篇文章的研究之间的关系。这三种技术分析方法各有优势和不足，有学者曾对此进行了分析（Boyack & Klavans，2010；Shibata et al.，2009；Jarneving，2005）。

一方面，共引分析和文献耦合体现的是间接相互作用。因此，相较于直接引用，它们提供了文献之间关系的模糊信息（Waltman & van Eck，2012）。另一方面，直接引用分析不包含在既定时间范围内没有产生直接链接的文献，将它们从识别的聚类中排除。在进行侧重于短时间范围内的分析时，这种问题可能会更加突出。此外，文献耦合是使用文章的引用来形成聚类，更适合体现文献的起源路径，而共引则使用被引用文章来形成聚类，更适合体现最新文献和新兴轨迹（Skute et al.，2019）。因此，本书采用共引分析和文献耦合分析这两种方法。

本书运用归一化的相关性方法确定并展示各个主题聚类。参考既有文献，采用关联强度测量方法对共现信息进行标准化处理。根据 VOSviewer 1.6.12（van Eck & Waltman，2017，2014，2010）的专用算法，采用相似性可视化技术，显示关键词聚类情况。通过计算词频和文献的标题、摘要、关键词等内容，对关键词聚类进行分类。此外，本书使用 Bibliometrix Rpackage（4.1.0）软件对使用的数据集进行描述性统计，该包提供了一套用于定量文献计量分析的工具（Aria &

Cuccurullo, 2017）；使用 Citespace 5.7.R5W 软件，刻画该领域文献的组织合作网络（包括机构间合作网络、国家或地区间合作网络）；采用关键词突显技术，展示该领域研究前沿，以此探究未来的研究趋势和轨迹。

2.1.2 数据采集

根据上述研究方法，同时最大程度避免检索过程中可能出现的额外噪声，本章遵循一个五阶段的系统性文献回溯过程（图 2–1），这也是本章的研究思路。

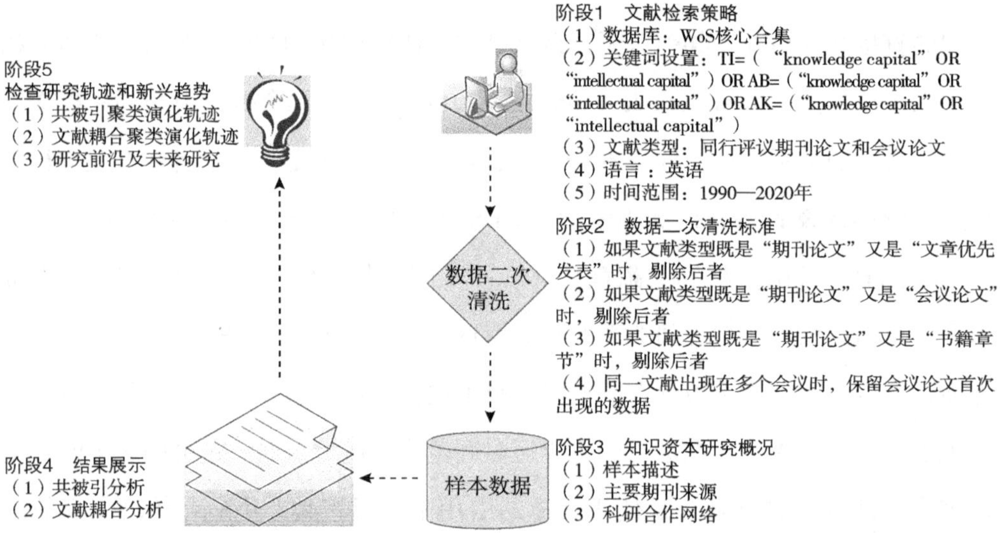

图 2–1 五阶段的系统性文献回溯过程

第一阶段是制定文献检索策略：①数据库选择：WoS 核心合集；②进行关键词设置：TI=（"knowledge capital" OR "intellectual capital"）OR AB=（"knowledge capital" OR "intellectual capital"）OR AK=（"knowledge capital" OR "intellectual capital"）。本书采取的是标题、摘要、关键词混合检索的方式；③文献类型："期刊论文"或"会议论文"。文献纳入标准上，我们同意韦伯斯特和沃森（Webster & Watson，2002）的观点，该领域的高质量文献主要来自知名期刊论文和会议论文。因此，我们只收集经过同行评审的期刊和会议文章；④语言：英语；⑤时间跨度：1990—2020 年。为了尽可能全面了解知识资本研究的整体进展，本书没有缩短搜索时间跨度，包括数据库中所有可用年份（1990—2020 年），由此初步采集 4358 篇文献数据。

第二阶段是对采集的原始数据进行二次清洗。虽然前面在采集数据过程中已经进行了文献清洗（制定文献选择类型），但是在后期对数据复查核验时，我们发现存在期刊论文与“会议论文”“书籍章节”“文章优先发表”等类型数据重复的现象（包括同一篇文章出现在多个会议论文中的情况），为此，我们在复核环节，进一步清洗。清洗策略如下：文献类型既是“期刊论文”又是“文章优先发表”时，剔除后者；文献类型既是“期刊论文”又是“会议论文”时，剔除后者；文献类型既是“期刊论文”又是“书籍章节”，剔除后者；同一文献出现在多个会议论文中时，保留会议论文首次出现的数据。此外，剔除专题论文、书评、书籍、编辑材料、更正、新闻事项、信件、会议摘要等。

第三阶段为知识资本研究概况；第四阶段为结果展示；第五阶段为检查研究轨迹和新兴趋势。

2.2　知识资本研究概况

2.2.1　样本描述

经过以上检索策略和数据清洗，最终确定 4025 篇文献。其中，来自期刊的文献占 48.17%，来自会议的文献占 51.83%。关于知识资本理论的研究，期刊和会议出版物来源有 1664 种。表 2–1 展示了文献的基本信息。

表 2–1　基于期刊和会议来源的文献描述性信息

基本描述	结果
时间跨度	1990—2020 年
出版物来源数（期刊、书籍等）/ 条	1664

续表

基本描述	结果
期刊论文数量/篇	1939
会议论文数量/篇	2086
作者关键词数/个	7557
扩展关键词数/个	2405
年均出版论文数/篇	7.84
篇均引用数	10.86
作者数/个	6891
作者合作指数	1.99

就发表时间而言，探讨知识资本研究主题的文献最早出现在1990年。此后的30年，该主题的文献总体呈现增长趋势。2007年开始，关于知识资本理论的年文献新增量突破100篇，此后，一直在百篇以上，2017年达到峰值（387篇）。我们分析的文献中有73.32%来自近10年，更具体地说，2014年以来的文献量占到总量的一半，这说明学者对知识资本理论的关注在过去几年中急剧增加，原因主要是依赖知识为核心价值的经济发展模式成为国家培育竞争力的关键路径之一（图2–2）。

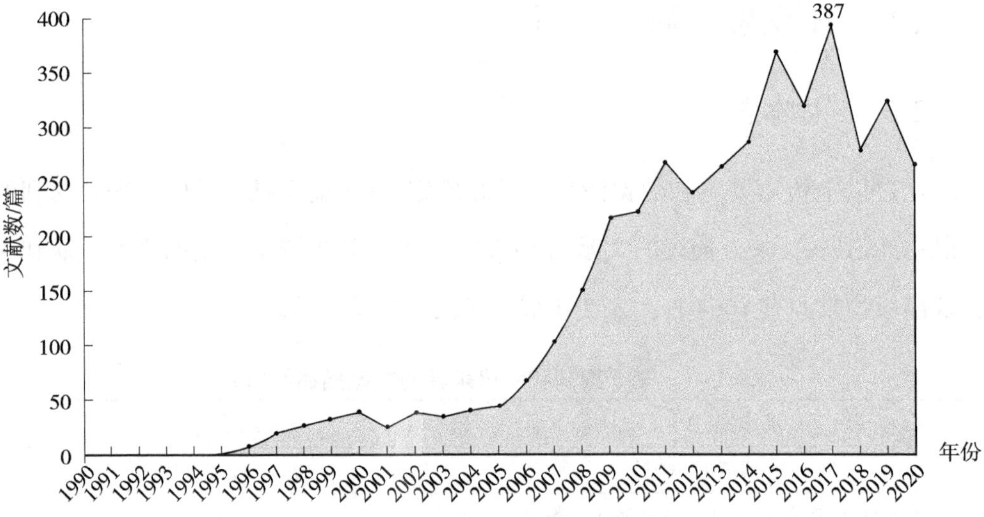

图2–2 样本文献的时间分布

有趣的是，我们发现，关于知识资本研究的会议论文多于期刊论文。如前文所述，来自会议的文献占 51.83%。其中，欧洲无形资产和知识资本会议（European Conference on Intangibles and Intellectual Capital，ECIIC）的比例最高，为 20.04%；其次是欧洲知识管理会议（European Conference on Knowledge Management，ECKM），占 8.58%；知识资本知识管理和组织性学习国际会议（International Conference on Intellectual Capital Knowledge Management and Organizational Learning，ICICKM）占 8.05%；知识资产动态国际论坛（International Forum on Knowledge Asset Dynamics，IFKAD）占 7.19%；而国际管理科学与工程论坛（International Forum on Management Science & Engineering，ICMSE）占 1.29%，国际商业信息管理协会会议（Conference of International Business Information Management Association，IBIMA）占 1.10%，国际卓越商业会议（International Conference on Business Excellence，ICBE）、经济和社会发展国际科学会议（International Scientific Conference on Economic and Social Development，ICMESD）均占 0.72%，欧洲创新与创业会议（European Conference on Innovation and Entrepreneurship，ECIE）占 0.62%，其余会议收录文献低于 0.60%。这里很多会议持续关注知识资本相关研究进展，不少国际会议享有较高知名度，如截至 2019 年欧洲无形资产和知识资本会议已连续举办十届[1]，对中小企业数字化转型的知识资本、医疗保健中的知识资本问题、公民参与社会资本、科学研究的知识管理等多个主题展开讨论。就会议论文数量而言，排行前 10 的会议贡献了 48.59% 的会议论文。从时间上来看，大部分会议普遍关注的知识资本议题是在 2008 年之后，这说明近 15 年关于知识资本研究的交流越来越频繁，受到更多学者的重视。刊载论文量排名前 10 的国际会议如表 2-2 所示。

[1] 2020 年受全球新冠肺炎疫情影响，该会议暂停举办。

表 2-2 刊载论文量排名前十的国际会议

会议名称	会议论文首次出现年份	论文数 / 篇	百分比 /%
欧洲无形资产和知识资本会议（ECIIC）	2009	418	20.04
欧洲知识管理会议（ECKM）	2008	179	8.58
知识资本知识管理和组织性学习国际会议（ICICKM）	2007	168	8.05
知识资产动态国际论坛（IFKAD）	2011	150	7.19
国际管理科学与工程论坛（ICMSE）	1998	27	1.29
国际商业信息管理协会会议（IBIMA）	2006	23	1.10
国际卓越商业会议（ICBE）	2013	15	0.72
经济和社会发展国际科学会议（ICMESD）	2010	15	0.72
欧洲创新与创业会议（ECIE）	2011	13	0.62
国际技术教育与发展会议（INTED）	2008	12	0.58

2.2.2 文献的重点期刊来源

就出版渠道而言，该领域的文章已发表在众多期刊上（图 2–3）。刊载文献最多的期刊来源中［图 2–3（a）]，《知识资本杂志》（*Journal of Intelligent Capital*，186 篇）处于领先地位，明显比其他期刊刊载量高，其次是《知识管理研究与实践》（*Knowledge Management Research & Practice*，55 篇）和《可持续发展》（*Sustainability*，43 篇）期刊。但是，当观察文献被引用最多的重点期刊时［图 2–3（b）]，排名前 20 期刊的构成和排名方面与刊载文献量最多的期刊相比有很大差异。事实上，虽然来自 *Journal of Intelligent Capital* 的文章仍然是一个最主要的来源，但被引用较多的文章已经发表在《战略管理》（*Strategic Management Journal*）、《知识资本》（*Intelligent Capital*）和《管理学杂志》（*Academy of Management Journal*）上。反过来，它表现为发表结果与被引用的结果之间的轻微不匹配。

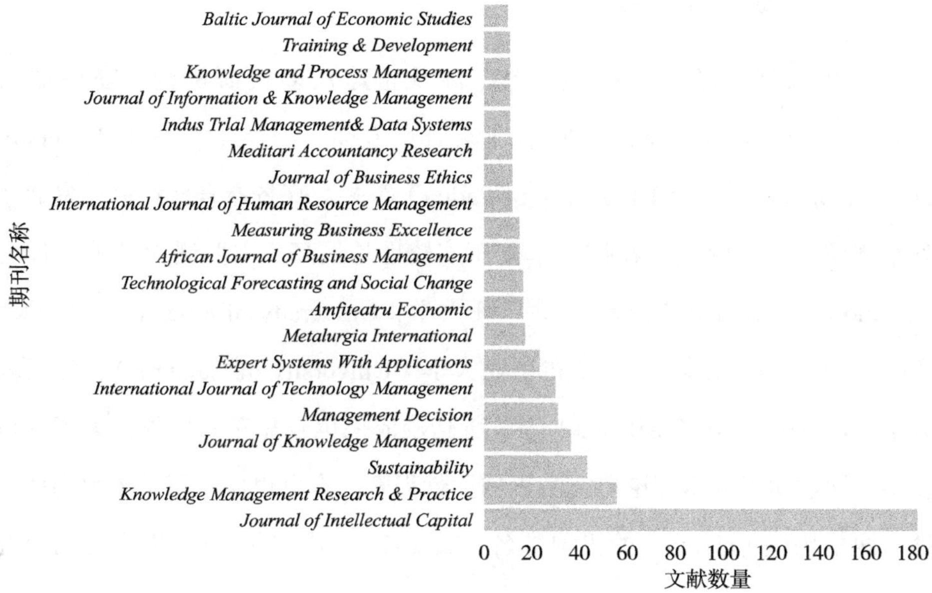

（a）刊载文献量最多的期刊来源

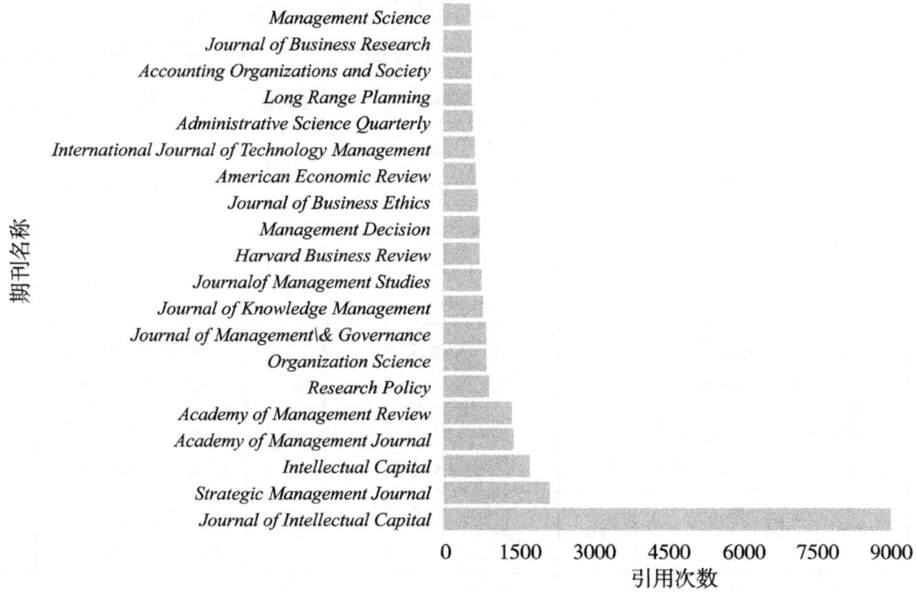

（b）文献被引用次数最多的期刊来源

图 2–3　文献刊发渠道和来源分布

2.2.3 科研合作网络

关于知识资本理论的相关研究，涉及全球众多科研机构。麦考瑞大学（Macquarie University）在知识资本理论研究方面，与悉尼大学（University of Sydney）、帕多瓦大学（University of Padua）等多数高校有合作往来，发表了一系列学术论文。实际上，在被引率方面该校也是最高。卡西诺大学（University of Cassino and Southern Lazio）、萨兰托大学（University of Salento）、加的斯大学（University of Cadiz）、卡拉布里亚大学（University of Calabria）、巴西利卡塔大学（University of Basilicata）等8所高校成果也较显著。另外，为了尽可能地多维度探索知识资本理论研究的机构贡献程度，本书也展示了基于引用率、中心性、西格玛值（sigma）的机构排名（表2–3）。排名前10的机构对知识资本理论的研究有极高的兴趣。

表2–3 基于引用率、中心性、西格玛值的机构排名（Top 10）

排名	引用率		中心性		西格玛值（sigma）	
	机构	数据	机构	数据	机构	数据
1	麦考瑞大学（Macquarie Univ）	34	麦考瑞大学（Macquarie Univ）	0.04	麦考瑞大学（Macquarie Univ）	0.04
2	伊斯兰阿扎德大学（Islamic Azad Univ）	32	卡西诺和南拉齐奥大学（Univ Cassino & Southern Lazio）	0.03	萨兰托大学（Univ Salento）	0.03
3	麦克马斯特大学（McMaster Univ）	28	萨兰托大学（Univ Salento）	0.03	卡拉布里亚大学（Univ Calabria）	0.03
4	卡斯蒂利亚拉曼查大学（Univ Castilla LaMancha）	27	加的斯大学（Univ Cadiz）	0.03	巴西利卡塔大学（Univ Basilicata）	0.03
5	维哥大学（Univ Vigo）	15	卡拉布里亚大学（Univ Calabria）	0.03	萨勒诺大学（Univ Salerno）	0.03
6	布加勒斯特大学经济学院（Bucharest Univ Econ Studies）	13	巴西利卡塔大学（Univ Basilicata）	0.03	那不勒斯大学费德里科Ⅱ（Univ Naples Federico Ⅱ）	0.03

续表

排名	引用率		中心性		西格玛值（sigma）	
	机构	数据	机构	数据	机构	数据
7	马德里康普顿斯大学（Univ Complutense Madrid）	10	萨伦托大学（Univ Salernto）	0.03	卡西诺和南拉齐奥大学（Univ Cassino & Southern Lazio）	0.03
8	拉彭兰塔理工大学（Lappeenranta Univ Technol）	10	那不勒斯大学费德里科Ⅱ（Univ Naples Federico Ⅱ）	0.03	加的斯大学（Univ Cadiz）	0.03
9	德乌斯托大学（Univ Deusto）	10	乌迪内大学（Udine Univ）	0.03	乌迪内大学（Udine Univ）	0.03
10	卡西诺和南拉齐奥大学（Univ Cassino & Southern Lazio）	10	坎帕尼亚路易吉万维泰利大学（Univ Campania Luigi Vanvitelli）	0.02	坎帕尼亚路易吉万维泰利大学（Univ Campania Luigi Vanvitelli）	0.02

在知识资本理论研究的地区合作网络方面，美国占据中心位置。意大利、西班牙、英国、中国紧随其后。这些国家（地区）的学者们对知识资本理论进行了深入和重要影响力研究，开展了密切的合作研究。表 2–4 展示了基于引用率、中心性、西格玛值的国家（地区）排名，尽可能多维度探索知识资本理论研究的机构贡献程度。

表 2–4　基于引用率、中心性、西格玛值的地区排名（Top 9）

排名	引用率		中心性		西格玛值（sigma）	
	国家	数据	国家	数据	国家	数据
1	美国	294	芬兰	0.29	芬兰	0.29
2	意大利	171	澳大利亚	0.27	澳大利亚	0.27
3	西班牙	156	意大利	0.24	西班牙	0.24
4	英国	116	美国	0.19	美国	0.19
5	中国	105	英国	0.19	英国	0.19

续表

排名	引用率		中心性		西格玛值（sigma）	
	国家	数据	国家	数据	国家	数据
6	澳大利亚	89	中国	0.12	中国	0.12
7	俄罗斯	75	德国	0.12	德国	0.12
8	马来西亚	59	苏格兰	0.09	苏格兰	0.09
9	加拿大	58	巴基斯坦	0.09	巴基斯坦	0.09

注：在 CiteSpace 软件中，中心性（betweenness centrality）超过 0.1 的节点称为关键节点。西格玛值基于中心性和突现性计算得到，中心性和突现性越高的节点，其西格玛值也越高，表示在结构和引文变化方面的重要性越大。

2.3　知识资本理论建构要素

图 2-4 显示了知识资本研究文献的共被引分析结果。共被引文献计量网络由 5 个相互连接的聚类构成，各聚类具有独特的标签。这些标签是通过对 1990—2020 年发表的 1939 篇原始文献所引用的 64 683 篇参考文献进行计算而得到。庞大的参考文献数量意味着技术计算问题和处理困难。因此，作为此类研究的常见做法，本书添加了一个阈值来遴选被引用最多的文章，选择了至少获得 20 次引用次数的 372 篇参考文献。这样的做法方便进行更为详细和更具针对性的分析，同时也防止过度混入边缘文献干扰分析的情形（Kovács et al.，2015；Skute et al.，2019）。共被引文献计量网络中展示的每篇文章都代表一个被引用的刊物。依据该文章与其他文章被引用的可能性，一起组成不同的聚类。在同一聚类的文献被共同引用的概率更高。此外，每篇文章都会根据与其他文章的总连接强度和被引用次数而获得相应特定的权重。

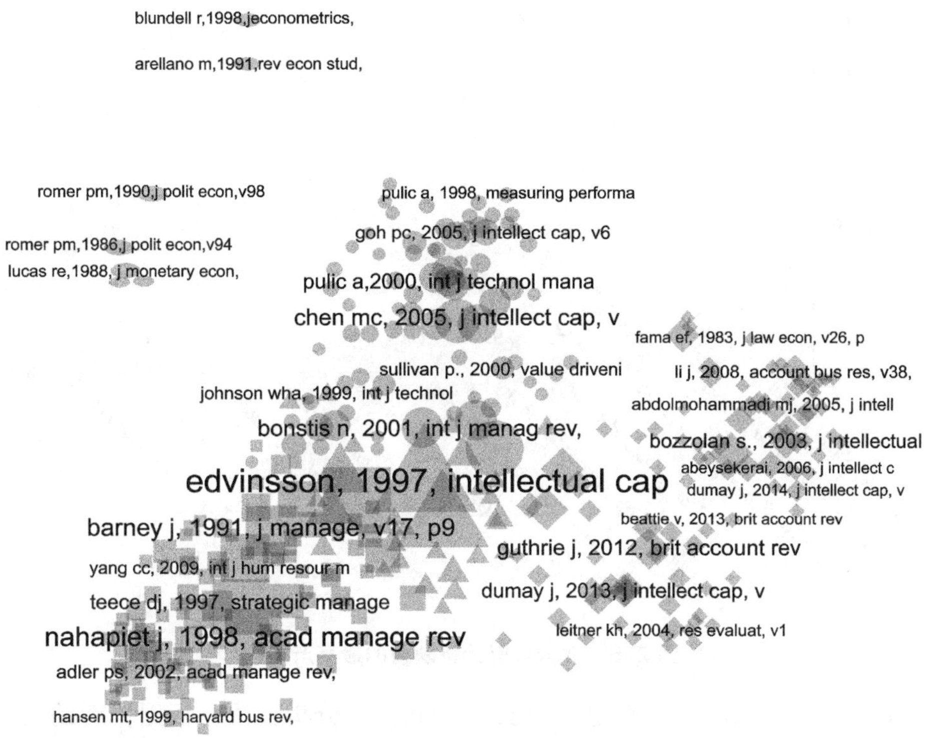

注：■ = 聚类 1；▲ = 聚类 2；● = 聚类 3；◆ = 聚类 4。图中聚类 5 ● 的文献稀少，仅有 13 篇，且被引频次低，最高的频次仅为 36 次，没有形成集聚，不具有代表性，因此予以舍弃。

图 2–4　共被引聚类分析结果

根据共被引分析的结果，本书提取了对已发表知识资本文章所引用参考文献的期刊。研究发现，被引用的参考文献（至少获得 20 次引用）来源的期刊较为丰富，涉及 97 个期刊。图 2–5 展示了被引用文献来源最高产的国际同行杂志，知识资本学者将这些期刊视为与他们研究最相关的理论来源。其中，*Journal of Intellectual Capital* 排在第一位（124 篇），是学者最公认的研究知识资本的来源期刊。其次是 *Strategic Management Journal*（18 篇），*Academy of Management Review*、*Management Decision* 均为 12 篇，其他期刊紧随其后，文章数量逐渐减少。

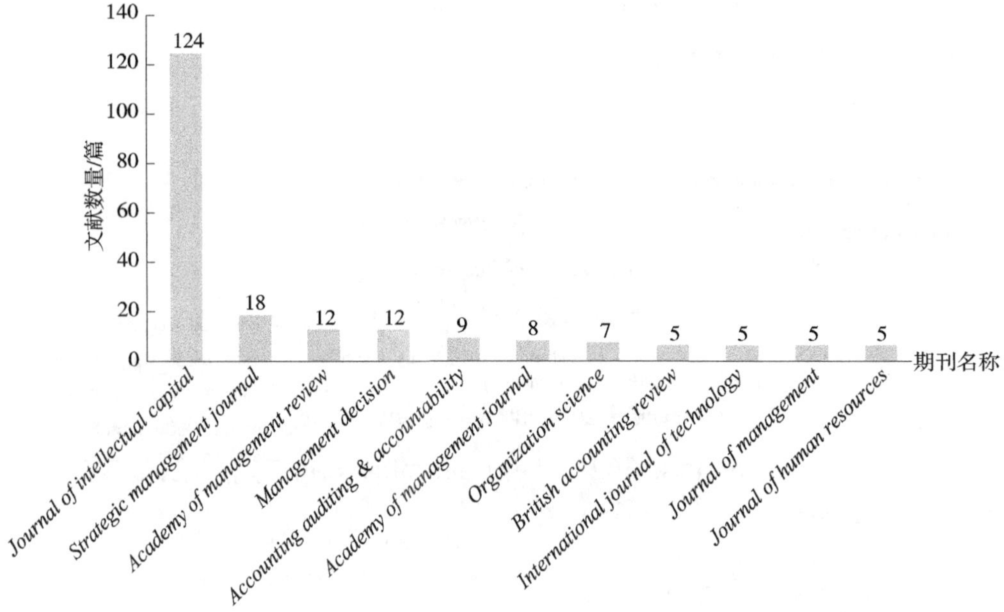

图 2-5 文献共引分析映射的最高产期刊

本书使用 VOSviewer 数据处理技术和共被引分析方法，根据作者的文章内容将知识资本研究的贡献分为 4 个聚类。表 2-5 显示了与此类集群相关的描述性统计，包括每个集群的文章数量及其获得的引用的影响。下面将简要介绍和讨论四个聚类的内容。

表 2-5 共引分析的描述性信息

聚类	文献数 / 篇	总引用次数	平均引用次数
聚类 1	138	6660	48.26
聚类 2	107	4087	38.20
聚类 3	79	3499	44.29
聚类 4	48	3345	69.69

2.3.1 聚类 1：知识资本是企业的战略资源

根据企业资源基础理论（resource based view，RBV），资源而非产品也对企业增长战略选择产生深刻影响（Wernerfelt，1984），企业资源的价值性（value）、稀有性（rareness）、模仿性（imitability）和替代性（substitutability）会产生持续竞争力优势（sustained competitive advantage）（Barney，1991）。该聚类的研究描述了知识资本在影响企业创新方面的重要性，着重强调知识作为一种独特的组织资源（知识资本及其构成要素），是企业创新的重要来源，提高了企业获得竞争优势的能力。在这种情况下，该聚类通过 RBV 视角，探索了作为企业战略资源的知识资本的形成过程和要素关系。需要说明的是，属于该聚类的文献并不都直接涉及知识资本主题。这些文献被探索知识资本的学者广泛引用，表明其是知识理论的代表性理论。

知识是新的竞争资源，无法自动被组织拥有。在这方面，学者们对企业知识转化过程进行了分析。有学者（Grant，1996）提出了知识依存理论（knowledge-based theory），其认为知识存在于个人内部，而企业是被概念化为整合知识的机构，组织的主要作用是知识应用而不是知识创造。他探索了企业整合员工专业知识的协调机制，由此产生的理论对组织能力的基础、组织设计的原则（特别是层级分析和决策权的分配）及组织的横向、纵向边界产生深远影响。与此相反，中郁次郎和孝竹内（Ikujir ō & Hirotaka，1995）认为，个人通过知识与组织互动，这种互动通过从隐性到显性、显性到显性、显性到隐性、隐性到隐性的四个过程触发组织知识创造。他们以日本知识创造型企业成长过程来说明日本公司之所以成功就是因为它们将隐性知识转化为显性知识来创造新知识。科亨和利文索尔（Cohen & Levinthal，1990）则从吸收能力视角探讨企业学习和创新关系，认为企业识别新的外部信息的价值、吸收它并将其应用于商业开发的能力对企业创新至关重要，而组织的吸收能力与其个体成员的吸收能力不同，其在很大程度上取决于企业的相关知识水平。

为深入理解企业知识资本与企业价值创造关系，学者们进行了开创性探索。邦蒂斯（Bontis，1998）通过探索性研究率先开发出智力资本若干概念性测量及其对企业绩效影响的模型，确定了智力资本和企业绩效之间的因果关系，表明智力资本具有可以为企业贡献价值的智力属性，对绩效具有重大而实质性的影响。

这项研究有助于理解智力资本的组成部分。纳哈皮耶特和戈沙尔（Nahapiet & Ghoshal，1998）认为，正是由于密集的社会资本，企业在一定限度内创造和分享智力资本比市场具有优势，提出了社会资本促进知识资本创造过程的模型，深化了对知识资本背后过程的认识。埃德文森和沙利文（Edvinsson & Sullivan，1996）从实践的视角，基于8家主要国际公司的经验，认为知识型企业的价值来源于价值创造（由人力资源产生，转化为知识资产）、价值提取（补充性商业资产为创新增值）。这项研究从实践角度回答了智力资本如何适合知识型企业。

该聚类的研究也提出要注意知识资本的内部要素关系。知识资本的各要素及其相互关系会有选择地影响企业渐进式创新能力和激进式创新能力（Subramaniam & Youndt，2005）。这就需要考虑知识资本内部各类要素的组合与企业创新类型的匹配程度。对知识资本投资的有序性也备受关注。一般而言，卓越绩效组织中的人力资源管理、信息技术和研发投资都非常高（Youndt et al.，2004），这对研究知识资本各类要素如何共存以形成企业良好绩效有重要意义。

表2–6列出了聚类1中被引频次排行前10的文献。

表2–6 聚类1“知识资本是企业的战略资源”被引频次排行前10的文献

作者	年份	期刊	被引频次
Bontis	1998	*Management Decision*	340
Nahapiet & Ghoshal	1998	*Academy of Management*	285
Subramaniam & Youndt	2005	*Academy of Management Journal*	249
Barney	1991	*Journal of Management*	224
Youndt et al.	2004	*Journal of Management Studies*	196
Ikujir & Hirotaka	1995	*Oxford University Press*	174
Grant	1996	*Strategic Management Journal*	143
Wernerfelt	1984	*Strategic Management Journal*	129
Edvinsson & Sullivan	1996	*European Management Journal*	112
Cohen & Levinthal	1990	*Administrative Science Quarterly*	110

2.3.2　聚类 2：知识资本会计和报告

该聚类是对知识资本会计（intellectual capital accounting research，ICAR）这一专业研究领域的相关方面进行研究。从会计的视角看，知识资本是公司账面价值与某人准备支付的金额之间的差额（Lev，2001）。知识资本会计是为理解、测量和报告知识资源的一种管理、计算和报告技术（Guthrie，Ricceri & Dumay，2012）。知识资本会计与“无形资产会计”不同，后者是一种传统的方法，仅关注传统财务报表认可的那些知识资本元素（如品牌、专利和版权）。知识资本会计的出现并成为一个专业研究领域是智力资本及其发展的重要产物。该聚类重点回顾知识资本会计研究的演进脉络并对未来研究趋势（即从报告到披露阶段）进行反思总结。

如何识别、衡量和报告企业的知识资源价值，知识资本会计很好地应对了这一挑战。佩蒂和格思里（Petty & Guthrie，2000）通过对知识资本研究的详细回顾，将知识资本研究划分为两个阶段，20 世纪 90 年代中期之前的研究属于第一阶段，20 世纪 90 年代以后至今的研究为第二阶段。第一阶段主要是提高对知识资本的认识；第二阶段研究知识资本价值在组织层面对资本、劳动力市场行为的影响，涉及对知识资本的测量、管理。在两个阶段转变时，两位研究者开创性地提出知识资本会计应作为一个专业研究领域得以确立和发展。与此演进脉络相承接，格思里等（Guthrie，Ricceri & Dumay，2012）认为，知识资本会计在第一、第二阶段已发展成熟，由此提出第三阶段（始于 2004 年），主要是基于对知识资本实践的批判和绩效分析研究。紧接着，杜梅（Dumay，2013）提出了知识资本研究的第四阶段，他认为知识资本的研究已经把基于城市和国家知识资本生态系统的边界扩展到更广泛的经济、社会和环境生态系统之中，使组织能够更加健康发展。

知识资本报告是知识资本会计的研究重点，主要考察企业如何记录、衡量和管理 IC。格思里和佩蒂（Guthrie & Petty，2000）首次对企业知识资本报告情况展开实证研究。在第一阶段，佩蒂和格思里（Petty & Guthrie，2000）对20家澳大利亚最大的上市公司的知识资本自愿报告情况进行检验，发现即使在智力资本报告领域，“最佳实践”的企业也尚未制定全面的智力资本管理框架。一些公司可能将智力资本的发展视为内部管理问题，很少有企业采取积极主动的立场测量和对外报告此类信息。在第二阶段，格思里、佩蒂和里切里（Guthrie，Petty & Ricceri，2006）使用2002年的数据，检查澳大利亚50家上市公司和中国香港100家上市公司知识资本自愿报告情况，发现企业的IC自愿报告水平仍然较低，企业对知识资本的报告仍是话语而非数字形式（即定性而非定量），且报告水平与公司规模呈正相关，这些发现与之前的研究一致。此外，博佐兰、法沃托和里切里（Bozzolan，Favotto & Ricceri，2003）采用经典文献（Petty & Guthrie，2000）的方法，使用意大利上市公司数据进行研究，在报告数量和内容方面，结果与之前的研究一致；但在影响因素方面，与之前研究不同，其发现行业和规模是解释意大利公司报告行为差异的相关因素。表2–7列出了聚类2中被引频次排行前10的文献。

表2–7 聚类2“知识资本会计和报告”被引频次排行前10的文献

作者	年份	期刊	被引频次
Petty & Guthrie	2000	*Journal of Intellectual Capital*	180
Guthrie，Ricceri & Dumay	2012	*British Accounting Review*	135
Lev	2001	*Brookings Institution Press*	127
Guthrie & Petty	2000	*Journal of Intellectual Capital*	121
Dumay	2013	*Journal of Intellectual Capital*	106
Dumay	2016	*Journal of Intellectual Capital*	87
Bozzolan，Favotto & Ricceri	2003	*Journal of Intellectual Capital*	85
Mouritsen et al.	2001	*Accounting Organizations and Society*	74
Mouritsen	2006	*Accounting，Auditing & Accountability Journal*	73
Guthrie，Petty & Ricceri	2006	*Journal of Intellectual Capital*	70

2.3.3　聚类 3：知识资本的分类与测量

聚类 3 的研究涉及知识资本概念的核心。具体而言，该聚类的文献一方面对知识资本的组成部分进行分析，另一方面由于知识资本是一种无形资产，难以衡量，因此，对知识资本如何识别和测量展开探讨。

该聚类的第一个研究方面是知识资本的分类。埃德文森和马龙（Edvinsson & Malone, 1997）开发了斯堪的亚价值计划（skandia value scheme），该计划包含财务、非财务（即知识资本）两个模块，其中将知识资本分为人力资本（customer capital）和结构资本（structural capital）。他们把人力资本定义为对员工培训和能力投资的累积价值，结构资本是组织中嵌入系统、数据库和程序的非人类知识库。经普利奇（Pulic，2000）的传播，该种分类受到普遍使用（Firer & Mitchell Williams，2003；Chen，Cheng & Hwang，2005；Pew Tan et al.，2007；Zéghal & Maaloul，2010；Maditinos et al.，2011；Clarke et al.，2011），随后成为一种经典框架。斯图尔特（Stewart，1997）将知识资本分类扩展为人力资本（human capital）、结构资本（structural capital）和客户资本或称之为关系资本（customer capital or relational capital）三个要素，也获得相当多的学者和从业者认可（Edvinsson，1997；Bontis，1998；Sharabati, Naji Jawad & Bontis, 2010）。这里的关系资本代表与外部各方（如客户、供应商、合作伙伴和其他外部利益相关者）的关系嵌入中的知识。有趣的是，许多知识资本分类框架具有相似的构造，只是标记不同。例如，斯堪的亚价值计划中的“人力资本”（customer capital），在智力资本审计测量模型（technology broker）中称为“以人为中心的资产”（human-centred assets），在无形资产监管模型（intangible asset monitor）中称为“个人能力”（individual competence）。

该聚类的第二个研究方面是知识资本的测量方法。知识资本测量方法大致有两类：第一类是非货币估值，如邦蒂斯（Bontis，2001）梳理的绝大部分知识资本测量模型：第二代知识资本指数法（IC-index）、智力资本审计测量模型法

（technology broker）、无形资产监管模型法（intangible asset monitor）、斯堪的亚IC报告法（skandia IC report）、专利引用加权法（citation-weighted patents）；第二类是对IC进行货币估值，如经济附加值—市场附加值法（EVA and MVA）、知识增值系数法（VAIC™）。尤其是普利奇（Pulic，2000）开发的"VAIC™"作为资本使用和知识资本的效率度量，广受学界支持和使用，在本聚类前10的高频次文献中采用该方法的占到7/10。他认为，组织的市场价值是由有形资产和IC创造的，后者由人力资本和结构资本组成，VAIC™是通过测量资本使用效率（VACA）、人力资本效率（VAHU）、结构资本效率（STVA）来间接测量IC。VAIC™方法不是评估企业的智力资本，而是衡量企业这三类投入的效率，若VAIC™越高，公司的价值创造潜力利用效果越好。

相较于其他测量模型，VAIC™具有多种优势：其他测量模型的数据企业外部的人无法获得，而VAIC™数据是企业对外公开的信息，易获取；其他测量模型的数据通常是定性的，主观性强，而VAIC™的所有数据均基于经过财务审计的信息，数据具有客观性且可验证；其他测量模型大多是定制的，适应特定企业的情况，灵活性差，而VAIC™模型支持可比、普适性强。然而，VAIC™并非没有局限性，如使用的信息不能完全归于无形资产，数据中仍然存在"噪声"（Clarke，Seng & Whiting，2011），结构资本测量标准不完整，未考虑研发支出、广告支出等类资产投资（Chen，Cheng & Hwang，2005）。表2-8列出了聚类3中被引频次排行前10文献。

表2-8 聚类3"知识资本的分类与测量"被引频次排行前10的文献

作者	年份	期刊	被引频次
Chen，Cheng & Hwang	2005	*Journal of Intellectual Capital*	166
Bontis	2001	*International Journal of Management Reviews*	149
Firer & Mitchell Williams	2003	*Journal of Intellectual Capital*	135
Edvinsson	1997	*Long Range Planning*	125

续表

作者	年份	期刊	被引频次
Pulic	2000	*International Journal of Technology Management*	97
Sharabati，Naji Jawad & Bontis	2010	*Management Decision*	95
Maditinos et al.	2011	*Journal of Intellectual Capital*	92
Zéghal & Maaloul	2010	*Journal of Intellectual Capital*	85
Clarke，Seng & Whiting	2011	*Journal of Intellectual Capital*	81
Pew Tan et al.	2007	*Journal of Intellectual Capital*	79

2.3.4　聚类 4：知识资本的概念化

该聚类的研究侧重于了解知识资本的起源，旨在探寻一种社会学意义的建构及知识资本对企业绩效的影响。具体而言，该聚类主要介绍和说明了知识资本的多维视角定义，知识资本现象的企业实践及其对企业发展的塑造。

知识资本的研究起源于会计和财务学，基于对“是什么导致企业（市场）价值远远超过其账面价值”问题的追问，认为它是未完全计入资产负债表的公司“隐藏”资产（Roos & Roos，1997）。埃德文森（Edvinsson，1997）在突破传统会计观念看待知识资本的企业价值方面发挥了关键作用。他首先在负责开发斯堪的亚计划过程中极大地推动了对知识资本认识的深化，开创性地提出和促进知识资本概念及其演化。其次，埃德文森和马龙（Edvinsson & Malone，1997）开发了一种新的会计分类法，衡量有形企业背后隐藏的动态因素来确定企业价值，强调了知识资本在应用经验、组织化技术、客户关系和专业技能方面为企业提供竞争优势的重要性。

斯威比（Sveiby，1997）首次从非会计角度尝试定义知识资本的概念。他认为，无形资产的测量是可以实现的，建议用包含知识视角的新框架取代传统的会计框架，根据雇员能力（employee competence）、内部结构（internal structure）、外部结构（external structure）构建了一个无形资产概念框架。该概念框架是知识资本概念的原始雏形。根据他的分析，雇员能力是个人的教育、技能、培训、价值观、经验等，而内部结构包括专利、概念、模型研究和开发、计算机和管理系统等项目，外部结构则是与客户、供应商的关系、品牌名称、商标和声誉。

斯图尔特（Stewart，1997）是学界普遍认为最早明确定义知识资本的学者。他将知识资本定义为“通过生产更高价值的资产而被形式化、捕获和利用以创造财富的知识材料——知识、信息、知识产权、经验”。他对智力资本的定义及对其测量难度所作的努力，已被用来发展成为一个知识资本概念框架。后来，邦蒂斯（Bontis，1999）提出一个智力资本的概念化模型，是二阶多维结构，由人力资本（human capital）、结构资本（structural capital）和关系资本（relational capital）三个子领域组成。

知识资本与企业绩效的相关性是什么？有几篇文献讨论了这个关键问题。其中，邦蒂斯等（Bontis et al.，2000）研究了知识资本与马来西亚企业绩效的关系。研究发现，智力资本与企业绩效之间具有重要且实质性的关系。其中，无论行业如何，客户资本对结构资本都有显著影响，结构资本与企业绩效呈正相关。同时，与服务行业相比，人力资本对非服务行业的企业结构资本有更大的影响。进一步，有学者（Chen，Cheng & Hwang，2005）关注价值创造效率对企业绩效的贡献。他们的发现支持了智力资本对企业市场价值和财务业绩的积极影响。然而，菲尔和米切尔·威廉姆斯（Firer & Mitchell Williams，2003）的研究除了发现资本使用效率对企业的市场价值有显著的正向影响外，其他假设未得到成立。表 2–9 列出了聚类 4 中被引频次排行前 10 的文献。

表 2–9 聚类 4“知识资本的概念化”被引频次排行前 10 的文献

作者	年份	期刊	被引频次
Edvinsson & Malone	1997	*Harper Business*	473
Stewart	1997	*Journal of Intellectual Capital*	410
Sveiby	1997	*Barett–Koehler*	259
Bontis	2000	*Journal of Intellectual Capital*	189
Chen，Cheng & Hwang	2005	*Journal of Intellectual Capital*	167

续表

作者	年份	期刊	被引频次
Bontis	2001	*International Journal of Management Reviews*	150
Firer & Mitchell Williams	2003	*Journal of Intellectual Capital*	135
Edvinsson	1997	*Long Range Planning*	125
Roos & Roos	1997	*Long Range Planning*	125
Bontis	1999	*International Journal of Technology Management*	116

2.4　知识资本研究主线

本节将通过文献耦合分析展示重点研究领域的主要研究轨迹。本节采用的方法遵循与先前共引分析相同的过程，首先分析了 1990—2020 年发表的 1939 篇文献组成的原始数据集；然后，将分析限制在获得至少 20 次引用的文献，从而将文献从 1939 篇缩小到 433 篇，这样有利于聚焦有影响力文献的研究（图 2–6）。

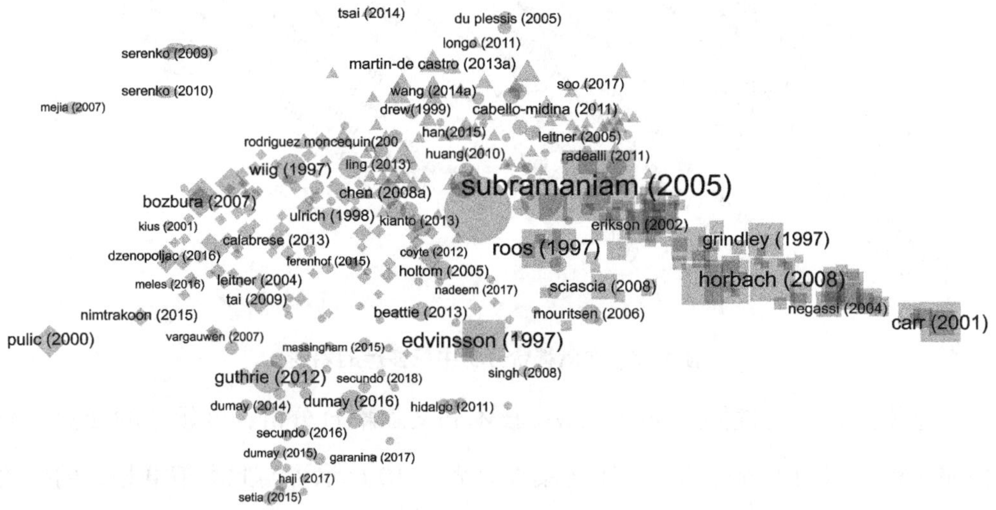

注：■ = 聚类 1；▲ = 聚类 2；● = 聚类 3；◆ = 聚类 4；● = 聚类 5。文献稀少且被引频次低、没有形成集聚的不具有代表性，予以舍弃。

图 2–6　文献耦合分析结果

此外，根据文献耦合分析的结果，我们还研究了文献对应的来源期刊，涉及173种期刊。图2–7依据每本期刊发表的文献数量筛选出文献来源最多的20种期刊。五大主要期刊刊载的文献占全部期刊文献量的31.64%，它们是*Journal of Intellectual Capital*（62篇）、*Journal of Knowledge Management*（25篇）、*Management Decision*（19篇）、*Expert Systems with Applications*（16篇）、*Knowledge Management Research and Practice*（15篇）。

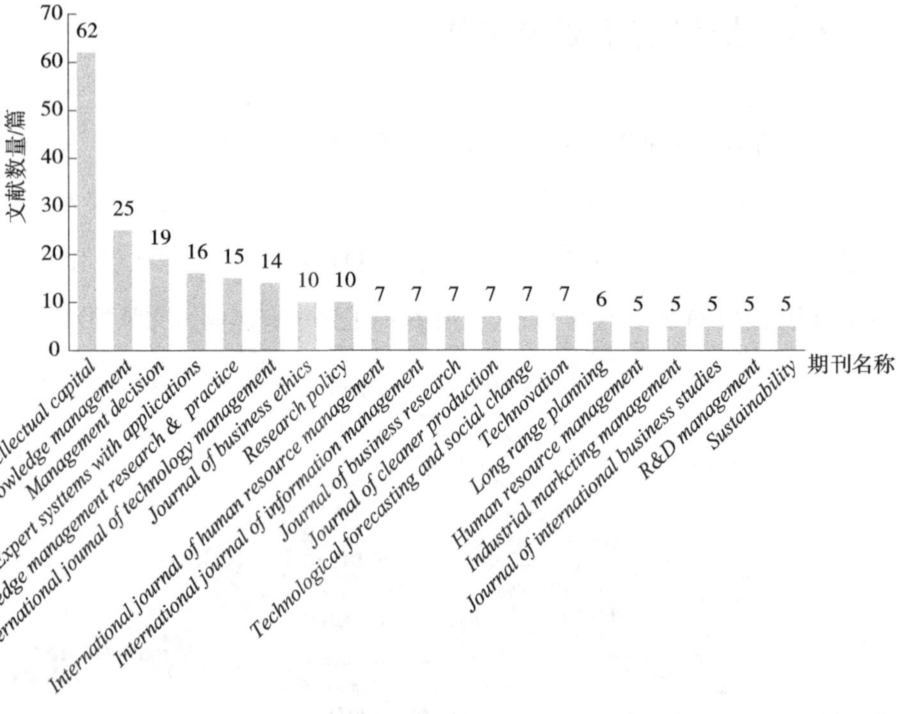

图2–7　文献耦合分析中最多产的期刊

总体而言，通过使用VOSviewer技术和文献耦合分析，该领域的当前研究按照每篇文献的内容分为五个主题集群。表2–10显示了与此类集群相关的描述性统计，包括每个集群的文献数量及其获得的引用次数。下面将简要介绍和讨论五个聚类的内容。

表 2-10　文献耦合分析的描述性信息

聚类	文献数量 / 篇	总引用次数	平均引用次数
聚类 1	125	14 049	112.39
聚类 2	88	4 741	53.88
聚类 3	79	6 163	78.01
聚类 4	77	3 756	48.78
聚类 5	64	3 206	50.09

2.4.1　聚类 1：智力资本与企业融资之间的相互作用

该聚类的研究旨在揭示知识资本和企业融资是如何交织在一起的。虽然劳动力和资本的传统因素（新古典增长模型），甚至知识资本的增加（Romer，1986），对于促进产出至关重要，但将创业资本纳入知识资本生产函数之后，创业资本对经济产出的积极贡献被发现（Audretsch & Keilbach，2004）。那些创业资本水平较高的地区表现出较高的产出和生产力水平。一个事实是，企业通过研发提高了知识资本，由此会触发环境创新（Horbach，2008），而建立这样的知识资本存量，研发投资是必要的。知识资本的各类要素对创新能力的影响程度虽存在差异，但社会资本这一要素无论对渐进式创新还是激进式创新，均有积极影响（Subramaniam & Youndt，2005）。

同时，知识资本是企业融资的重要参考。相较于一般企业，融资对初创企业和跨国企业的效应值得关注。鲍姆和西尔弗曼（Baum & Silverman，2004）发现了社会资本、知识资本和人力资本影响风险投资对初创企业评估的信号机制。他们发现，初创公司的社会资本和知识资本对吸引风险投资和随后的初创公司业绩具有大致相似的影响。这是因为，风险投资公司会根据初创企业良好的技术基础和关系，结合自身的专业管理技能这一组合逻辑来考虑投资。在股权众筹平台也有类似结论。风险投资的人力资本、社会资本和知识资本所代表的更高风险属性对股权众筹平台成功融资产生积极影响（Ahlers et al.，2015），这是因为如果项目具有通常认为的高风险属性，那么它们更有可能获得资金。当然，这并不意味着金融资本没有作用边界。戈兰·罗斯和约翰·罗斯（Roos & Roos，1997）对接受同一家风险投资机构资助的五家北欧中小型公司高管的调查中，建议采用知识资本资产负债表法来监控知识资本和金融资本之间的流动，及时测量企业价值。跨国企业的动态能力与良好的战略相结合被视为维持卓越绩效的必要条件（Teece，2014）。卡尔、马库森和马库斯（Carr，Markusen & Maskus，2001）关注跨国企业开展的跨国知识资本流动，发现跨国企业横向（在多个国家生产相同商品和服务的“横向”企业）、纵向（地理上按阶段分割生产的“纵向”企业）投资都很重要，并且与国家特征相关。这是因为跨国活动是国家特征的函数，特别是规模差异、相对禀赋差异、贸易与投资成本及变量间的相互作用。

表 2-11 列出了聚类 1 中被引频次排行前 10 的文献。

表 2-11　聚类 1“智力资本与企业融资之间的相互作用”被引频次排行前 10 的文献

作者	年份	期刊	被引频次
Subramaniam & Youndt	2005	*Academy of Management Journal*	1551
Horbach	2008	*Research Policy*	620
Baum & Silverman	2004	*Journal of Business Venturing*	555
Edvinsson	1997	*Long Range Planning*	520
Carr，Markusen & Maskus	2001	*American Economic Review*	483
Ahlers et al.	2015	*Entrepreneurship Theory and Practice*	477
Roos & Roos	1997	*Long Range Planning*	470
Audretsch & Keilbach	2004	*Regional Studies*	407
Grindley & Teece	1997	*California Management Review*	380
Teece	2014	*Journal of International Business Studies*	371

2.4.2　聚类 2：人力资本对组织价值创造的影响

人力资本是组织中创造力的源泉，对生产力产生积极影响（Phusavat et al.，2011）。然而，对于组织来说，仅存在隐性知识是不够的，如何把员工的隐性知识在组织层面变为显性知识，创造价值才是关键。该聚类的研究重点关注人力资本显性化定义、人力资本的价值创造路径。

人力资本的属性体现在人才、战略整合、文化相关性、知识管理和领导力五个维度（Bozbura，Beskese & Kahraman，2006），在优先顺序上包括 20 项资本。然而，模糊主观评价过程中也面临信息丢失的问题。Tai & Chen（2000）将二元模糊语言方法与多准则决策（MCDM）方法相结合计算人力资本，通过操纵评价整合过程，有效避免了信息丢失。这种新评价模型从研究费比例、员工休假率、员工均产值、员工均培训时间四个维度测量人力资本。也有学者（Leitner，2017）较早将知识资本概念引入大学，他开发了一个奥地利大学知识资本模型，分析了大学的知识生产过程，对研究大学人力资本有原创性意义。

人力资本对知识资本要素的相对重要性及对企业价值创造体现了人力资本具有特殊意义。人力资本体现了人力资源中的无形资产，有学者（Calabrese，Costa & Menichini 2013）发现，在信息通信服务业中，人力资本明显比结构资本重要。这是因为，人力资源是获得和保持竞争优势的基石，所以知识资本管理者经常强调组织内的人力资源并增强投资。在新兴经济体中，人力资本已被证明可以通过对创新资本、组织资本和关系资本的积极影响，促进企业价值创造（Tseng & Goo，2012），人力资本效率是对市场价值和财务绩效最有影响的价值驱动因素（Nimtrakoon，2005）。有学者（Chen，2008）首次将人力资本引入生态环境领域，提出在绿色创新和环境管理方面绿色人力资本与企业竞争优势正相关。这是因为，员工在环保或绿色创新方面的知识、技能、能力、经验、态度、智慧、创造力和承诺等储备可以帮助企业获得竞争优势。

表 2–12 列出了聚类 2 中被引频次排行前 10 的文献。

表 2-12 聚类 2 “人力资本对组织价值创造的影响” 被引频次排行前 10 的文献

作者	年份	期刊	被引频次
Pulic	2000	*International Journal of Technology Management*	258
Bozbura，Beskese & Kahraman	2006	*Expert Systems with Applications*	245
Sharabati，Naji Jawad & Bontis	2010	*Management Decision*	211
Tseng & Goo	2012	*R & D Management*	210
Chen	2008	*Journal of Business Ethics*	203
Calabrese，Costa & Menichini	2013	*Expert Systems with Applications*	129
Tai & Chen	2000	*Expert Systems with Applications*	117
Nimtrakoon	2005	*Journal of Intellectual Capital*	97
Leitner	2017	*Research Evaluation*	90
Phusavat et al.	2011	*Industrial Management & Data Systems*	87

2.4.3 聚类 3：组织的知识资本管理

该聚类的研究包括与知识资本管理的认知、技术与因素多层相关的研究。一般而言，组织管理者寻求良好的组织形式，帮助获取竞争优势和更好的管理知识，不断适应动态变化的竞争环境。传统的以认识论为中心的（如核心能力、知识资本管理等）知识观，无法解释在个人和团体实践中发现的知识。因此，将知识和认知视为相互促进（而非竞争）产生新的知识和认知方式是理解组织创新的源泉（Cook & Brown,1999）。在这种互动过程中，作为组织学习的重要内容——知识资本管理发挥了积极作用（Templeton，Lewis & Snyder，2002），因为它反映了组织管理知识、技能和其他知识资本以获取长期战略收益的程度。

管理看不见的知识存在固有的困难，因此实施有效的知识管理战略是组织取得成功的必要条件（Davenport & Beck，2002），这就离不开相应的管理过程、技术、路径。就过程而言，知识管理过程循环模型将管理分为创造知识、捕捉知识、提炼知识、存储知识、管理知识、传播知识六个阶段（Bose，2004）。知识管理支持知识资本管理，前者为后者提供详细体系、明确流程，先进的企业追求知识管理与知识资本管理的协调（Wiig，1997）。就技术而言，穆里森等（Mouritsen，Larsen & Bukh 2001）从实践的角度，提出智力资本报表（intellectual capital statements）这一新的管理技术。他认为，智力资本报表是专注于使知识易于管理的工具，它不仅以“数字”方式报告，而且以“叙述”（knowledge narratives）和“可视化”（visualisations）方式报告企业为定义和执行知识管理活动所作的努力，其描述了企业智力资本的“生产功能”。就路径而言，乌尔里希（Ulrich，1998）认为共同培养“承诺”和“能力”能够确保组织的智力资本不断增长，并提出建立承诺的三种方式和提高组织能力的五种工具。此外，离职带来的冲击成为知识资本管理的重要内容，有效的组织管理需要采取明确战略吸引和留住优秀员工（Holtom et al.，2005）。

表 2-13 列出了聚类 3 中被引频次排行前 10 的文献。

表 2-13　聚类 3“组织的知识资本管理”被引频次排行前 10 的文献

作者	年份	期刊	被引频次
Cook & Brown	1999	*Organization Science*	1172
Youndt，Subramaniam，Snell	2004	*Journal of Management Studies*	523
Wiig	1997	*Long Range Planning*	259
Mouritsen，Larsen & Bukh	2001	*Accounting Organizations and Society*	250
Cho et al.	2007	*Computers & Education*	237
Ulrich	1998	*Sloan Management Review*	184
Bose	2004	*Industrial Management & Data Systems*	148
Holtom et al.	2005	*Human Resource Management*	147
Templeton，Lewis & Snyder	2002	*Journal of Management Information Systems*	125
Mouritsen & Thrane	2006	*Accounting Organizations and Society*	117

2.4.4　聚类 4：知识资本对企业绩效的影响

前文的理论分析已表明知识资本作为第四种新生产要素，被视为企业创新的主要来源。所以企业应树立基于知识资本的企业竞争观（Martin-de-Castro et al.，2011），重视不同无形资产的战略作用。知识管理、知识共享、知识资本是提高企业竞争优势的关键要素（Martin-de-Castro，2015），我们有必要深入地理解这些特征之间的复杂关系。

知识资本对企业绩效的积极影响这一观点已达成共识，但各组成要素对企业创新绩效的影响差异性值得思考。知识资本要素对企业创新绩效的影响程度受到人力资源管理实践的作用。有学者（Cabello-Medina，López-Cabrales & Valle-Cabrera，2011）发现人力资本的特征之一“独特性”对企业创新有直接和积极影响，而社会资本本身对创新没有直接影响。有趣的是，人力、社会资本均可以通过人力资源管理实践得到提升。这是因为社会资本可以选择具有学习潜力和人际交往能力的个人及他们参与决策过程来提升，企业通过授权激励员工分享他们的知识，加强信息交流并建立非正式关系（社会资本）。人力资源管理实践通过对结构、关系资本的作用影响创新绩效（Kianto，Sáenz & Aramburu，2017）。这些实践增加了组织的知识资产，从而通过它们对创新绩效产生积极的间接影响。此外，知识资本和知识管理相结合的方式对企业绩效的影响也有差异。一般而言，高水平知识资本和高利用率的知识管理实践（KMP）的企业，其绩效优于知识资本和知识管理实践较低的企业（Hussinki et al.，2017）。这项研究还表明，知识资本水平高但知识管理实践利用率低的企业与知识资本和知识管理实践均较高的企业具有同样优异的创新绩效，说明在没有严格管理控制的情况下知识资本具有促进创新的作用，同时也指出了知识管理在开发知识资本中的相关性。有学者（Cabrilo & Dahms，2018）发现，知识资本组成要素和战略知识管理（SKM）活动的特定组合可以带来更高的创新和市场绩效，他们发现了两种创新绩效的路径：高人力资本、高关系资本和战略知识管理结合可导致高创新绩效；高社会资本、高关系资本和战略知识管理结合也可带来高创新性能。上述研究有助于更好地理解静态知识资本应如何通过基于动态知识的管理活动实现其高性能。

也有文献从知识共享的视角调查和识别创新背后的因素。有学者（Allameh，2018）开发了一个逻辑模型，证实了社会资本影响知识共享并通过知识共享提高智力资本和创新能力。这是因为由社会资本形成的沟通网络机制可以增加员工间的知识共享，这种显性和隐性知识共享使他们能够利用彼此的技能和经验增进知识资本存量，从而在特定情境下，知识共享通过增强创新能力或知识资本促进企业绩效（Wang，Sharma & Cao，2016）。在知识共享影响企业绩效的微观机制方面，有学者（Wang，Wang & Liang，2014）认为是隐性知识共享显著促进了知识资本的组成要素，而显性知识共享仅对人力资本和结构资本有显著影响。另外，显性知识共享对财务绩效的影响大于运营绩效，而隐性知识共享对运营绩效的影响大于财务绩效。某种意义上，知识共享也可以理解为创新文化（Martin-de-Castro et al.，2013），即促进员工创新能力、容忍风险和支持个人发展的文化构成了一个重要的组织因素，可以提高公司的知识基础，实现更好的创新产出。

表 2–14 列出了聚类 4 中被引频次排行前 10 的文献。

表 2–14　聚类 4“知识资本对企业绩效的影响”被引频次排行前 10 的文献

作者	年份	期刊	被引频次
Martin-de-Castro et al.	2011	*Journal of Business Ethics*	165
Wang，Wang & Liang	2014	*Management Decision*	151
Cabello-Medina，López-Cabrales & Valle-Cabrera	2011	*International Journal of Human Resource Management*	149
Kianto，Sáenz & Aramburu	2017	*Journal of Business Research*	127
Martin-de-Castro et al.	2013	*Technological Forecasting and Social Change*	120
Martin-de-Castro	2015	*Industrial Marketing Management*	98
Wang，Sharma & Cao	2016	*Journal of Business Research*	57
Cabrilo & Dahms	2018	*Journal of Knowledge Management*	57
Hussinki et al.	2017	*Journal of Intellectual Capital*	55
Allameh	2018	*Journal of Intellectual Capital*	53

2.4.5　聚类 5：公司治理中的知识资本披露

在前文的理论分析过程中，已有学者对知识资本报告进行了批判，提出对知识资本报告的研究应转移到组织如何披露知识资本（Dumay，2016）。本聚类的研究重点关注知识资本披露与公司治理的关系及其对企业效益的影响。

知识资本披露与公司治理之间的关系复杂。企业年度报告中的知识资本披露（披露种类、数量和重点）与非执行董事独立比例、股权集中度、审计委员会特征（如规模、会议频率）之间存在显著关系（Li，Pike & Haniffa，2008）。这是因为，独立董事提高了董事会的有效性，减少了委托人和代理人之间的代理成本和信息不对称，发挥了监督机制作用。而在股权高度集中的情况下，小股东在智力资本方面的利益通过公司治理机制得到保护。他们的研究也发现，在没有强制披露的情况下，有效的公司治理机制会对知识资本披露的种类、数量和格式产生积极影响。在后续研究中，有学者（Li，Mangena & Pike，2012）发现知识资本披露与审计委员会董事的持股呈负相关，审计委员会特征与知识资本披露之间的关联因知识资本组成要素而异。有趣的是，也有学者（Hidalgo，García-Meca & Martínez，2011）的研究与上述发现不一致，他们发现企业投资者持股的增加对自愿披露有负面影响，过度持股可能对战略披露决策产生不利影响，此外，董事会成员规模为 15 人是效益边界，在范围内可确保披露有效性和内部凝聚力，一旦超过 15 人，对披露的作用会逆转，披露决策过程中的监督和控制机制会失灵。

知识资本披露的经济效益是企业决定是否开展披露活动的重要考量。欧洲的数据表明，企业倾向于从更好的知识资本披露中获得经济利益（Orens，Aerts & Lybaert，2009）。具体来说，知识资本披露程度的横截面差异与企业价值呈正相关，企业更大的知识资本披露与更低的信息不对称、更低的股权资本隐含成本和更低的支付利率相关。澳大利亚的一项研究有新的发现，产业类型、企业规模是知识资本披露的决定因素（Brüggen，Vergauwen & Dao，2009）。也就是说，更依赖知识资本的产业会披露更多关于知识资本的信息，因为这些信息是投资者和其他利益相关者投资决策的重要依据。更重要的是，该项研究的另一发现与先前结果相反，作为投资者和企业之间的主要问题——信息不对称与知识资本披露不存在任何关系。

披露质量上，与非知识资本披露相比，知识资本披露明显更为乐观（Melloni，2015）。特别是对作为形象管理战略的企业而言，知识资本披露的积极基调与企业效益下降、企业更大的规模和更高水平的无形资产显著相关。事实上，盈利能力的下降施加了触发乐观披露策略的压力。大公司倾向于在更大程度上使用积极的基调。在无形资产水平较高的情况下，管理者倾向于利用信息不对称与知识资本披露使自己合法化。也有学者（Beattie & Smith，2013）把商业模式引入会计领域，认为商业模式是一个总体的、统一的框架，能够推动知识资本披露。

表 2–15 列出了聚类 5 中被引频次排行前 10 的文献。

表 2–15　聚类 5“公司治理中的知识资本披露”被引频次排行前 10 的文献

作者	年份	期刊	被引频次
Guthrie，Ricceri & Dumay	2012	*British Accounting Review*	328
Li，Pike & Haniffa	2008	*Accounting and Business Research*	217
Dumay	2016	*Journal of Intellectual Capital*	170
Beattie & Smith	2013	*British Accounting Review*	140
Brüggen，Vergauwen & Dao	2009	*Management Decision*	95
Li，Mangena & Pike	2012	*British Accounting Review*	82
Orens，Aerts & Lybaert	2009	*Management Decision*	76
Secundo et al.	2016	*Journal of Intellectual Capital*	68
Melloni	2015	*Journal of Intellectual Capital*	68
Hidalgo，García-Meca & Martínez	2011	*Journal of Business Ethics*	65

2.5　知识研究演变与未来趋势

本节对知识资本研究领域的发展轨迹和新兴趋势进行审查，基于共被引分析的结果，识别知识资本理论的演变轨迹。同时，基于文献耦合分析的结果，识别知识资本研究主题的演变轨迹。在此基础上，结合关键词突现方法，探讨了知识资本研究领域的热点变迁和未来研究趋势。有趣的是，我们发现共被引分析、文献耦合分析、研究前沿的结果非常一致。这三种分析技术析出的文献聚类均集中在相似的主题上。

2.5.1 理论的演变

共被引聚类分析的结果确定了知识资本研究的 4 个主要理论聚类。其中 3 个涉及知识资本的基础知识（即聚类 1 “知识资本是企业的战略资源”、聚类 2 “知识资本会计和报告” 和聚类 4 “知识资本的概念化”），另外一个聚类是关于知识资本的特定方面（即聚类 3 “知识资本的分类与测量”），对开展知识资本研究也非常重要。

然而，从学者们关注程度来看，这 4 个理论聚类也并非同等重要。如图 2–8 所示，有一些研究已经进行了较长时间的理论探索，而另一些研究则在近些年才刚刚进入研究视野。图 2–8 展示了该研究开展以来每年各个聚类包含的文献量比例。聚类 1、聚类 2 在很长时间内一直被引用。相比之下，聚类 3、聚类 4 的文献在知识资本研究领域变得相对稳定一致时才显著出现（即当表示文献数量的黑线与各聚类比例的色块开始急剧增加时）。这也反映出，关于知识资本研究的理论基础日益多元化。

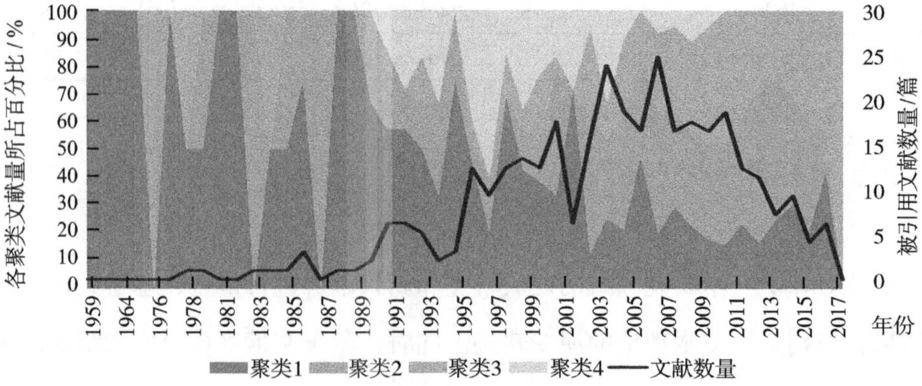

图 2–8　共被引聚类的时间演变

2.5.2　研究主题的演变

与共被引聚类演化路径分析的过程类似，图 2–9 展示了文献耦合聚类随时间的演变。经分析有两点发现：第一，聚类 1（智力资本与企业融资之间的相互作用）、聚类 2（人力资本对组织价值创造的影响）、聚类 3（组织的知识资本管理）这三大主题在 19 世纪 90 年代（最晚为 1997 年）就已经获得学者们关注。第二，聚类 4（知识资本对企业绩效的影响）、聚类 5（公司治理中的知识资本披露）进入学者研究视野的时间点偏晚。尽管如此，学术界对后两个聚类的重视程度越来越高，相关文献规模呈现明显增多的趋势。第三，总体来看，近 10 年关于知识资本的研究大多数聚焦于后两个主题，即知识资本对企业绩效的影响、人力资本对组织价值创造的影响。

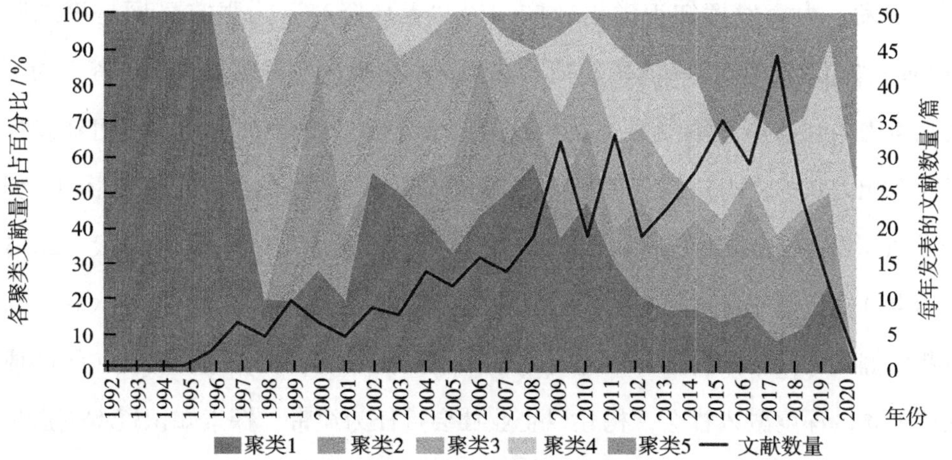

图 2–9　文献耦合聚类的时间演变

2.5.3　研究前沿变迁

本章运用 CiteSpace 软件对关键词展开突显词分析发现，突显词突显强度与突显时间长短可以反映知识资本领域在观察期的研究前沿变化情况。表 2–16

展示了知识资本研究位于前20位的高突显词。从突显强度而言，“财务绩效”（financial performance）、“知识”（knowledge）、“无形资产”（intangible）的突显强度相对较大，分别为11.06、10.63、8.75。这反映出知识经济背景下看待知识资本的三个前沿视角，即基于知识视角的知识资本属性研究、基于会计视角的无形资产研究、基于经济视角的企业绩效研究。从突显时间来看，各个时间均有突显词分布，相对均匀，但在突显时间长度上，开始年份1999年、2000年、2001年、2002年、2003年、2004年、2009年（人力资源管理）、2011年的突显词持续时间相对较长，2015年、2016年、2017年、2018年突显词持续时间最短。

若将突显强度、突显时间、关键词语义相结合，可以发现资本研究前沿变迁有三个阶段。以“知识”为强突显词是第一阶段（1999—2004年），主要是探讨企业为了提高创新能力，对以内部研发和外部关系网络为核心的知识进行开发，力争发挥知识溢出效应；以“无形资产”为强突显词是第二阶段（2009—2014年），这一阶段转向对知识资本管理的实践探索，无形资产为了塑造竞争力，在注重效率测量（如“数据包络分析”）的同时，也会尽可能发挥基于动态能力观的人力资源管理和知识共享对知识资本静态存量的积极影响，努力增强知识资本的价值关联性；以“财务绩效”为强突显词是第三阶段（2015—2018年），最近年份的研究前沿关注企业为了经济效益和市场价值最大化，需要不断发掘人才资本的价值，注重与大学为重要伙伴的教育作用，转变传统的成本最低理念，深度融入社会，构建以企业社会责任为纽带，探索知识资本创造价值的新渠道，持续改善企业绩效。

表 2-16　知识资本研究前 20 位高突显词

突显词	突显强度	开始年份	结束年份	持续时间 / 年
创新（innovation）	5.53	1999	2006	────────▬▬▬▬▬▬▬▬──────────────
企业（firm）	5.16	2000	2008	─────────▬▬▬▬▬▬▬▬▬────────────
知识（knowledge）	10.63	2002	2008	───────────▬▬▬▬▬▬▬────────────
研发（research and development）	5.37	2003	2008	────────────▬▬▬▬▬▬────────────
网络（network）	5.46	2004	2011	─────────────▬▬▬▬▬▬▬▬─────────
知识资产（knowledge asset）	5.12	2004	2014	─────────────▬▬▬▬▬▬▬▬▬▬▬──────
溢出（spillover）	5.12	2004	2008	─────────────▬▬▬▬▬────────────
人力资源管理（human resource management）	5.48	2009	2014	──────────────────▬▬▬▬▬▬──────
竞争力（competence）	4.57	2009	2011	──────────────────▬▬▬─────────
数据包络分析（data envelopment analysis）	7.65	2010	2014	───────────────────▬▬▬▬▬──────
知识共享（knowledge sharing）	5.04	2011	2016	────────────────────▬▬▬▬▬▬────
无形资产（intangible）	8.75	2014	2017	───────────────────────▬▬▬▬───
价值相关性（value relevance）	5.46	2014	2015	───────────────────────▬▬─────
成本（cost）	4.55	2015	2017	────────────────────────▬▬▬───
企业社会责任（corporate social responsibility）	4.58	2017	2020	──────────────────────────▬▬▬▬
财务绩效（financial performance）	11.06	2018	2020	───────────────────────────▬▬▬
企业市场价值（firms market value）	8.73	2018	2020	───────────────────────────▬▬▬
大学（university）	8.50	2018	2020	───────────────────────────▬▬▬
高等教育（higher education）	6.23	2018	2020	───────────────────────────▬▬▬
企业绩效（corporate performance）	5.09	2018	2020	───────────────────────────▬▬▬

注：▬ 代表一年。

基于以上分析，未来知识资本研究开展的研究方向可能有如下两条路径。一方面，来自不同主题聚类领域（尽管是互补的）的学者，通过不同观点的交流，促进知识资本研究更加深化和相互渗透。跨学科是知识资本研究领域的自然状态，学术界应该接受这一事实（Serenko and Bontis，2021）。尽管各类文献对关于知识资本功能的基础认知不同，但是知识资本其他功能（如知识资本管理、知识战略）的研究对知识资本的理解提供了多学科的视角，有益于知识资本研究不断成熟。现有文献中与趋势相关的证据似乎证实，针对知识资本的研究应该对知识资本采取整体观点，从而强调知识资本本身不同组成部分之间相互作用和协同作用的存在。若如此，可能很快就会有一个新的、综合的学科，从整体的视角关注基于知识活动的行为。

另一方面，知识资本的研究不仅要解释知识资本是如何影响企业绩效和竞争潜力的，还要增强对不断涌现的实践现象、实践需求及时响应。知识资本研究主要从实践者的愿望演变而来（Bontis，1996；Brooking，1996；Darling，1996；Edvinsson 和 Sullivan，1996；Saint-Onge，1996）。大数据、人工智能、新一代信息通信技术为代表的前沿创新，使组织的无形资产价值更加隐性化、复杂化，数字经济、虚拟经济、智慧经济等新概念的出现模糊了与知识资本的边界。这种实践新现象可能使知识资本的概念、要素、测量、评价面临全新的挑战，从而为知识资本的研究提供了新方向。

此外，现有文献对环境影响的关注，还停留在企业内部环境层面，未来还要特别注意突发事件对知识资本的影响。例如，不确定性会对企业产生负面影响。我们推测，关于知识资本与组织弹性（如供应链弹性）、风险管理相关方面的研究应该是新的知识增长点。

2.6 研究结论与讨论

本章在定量文献计量分析的支持下，对过去几十年的知识资本研究进行了系统的回顾，以了解知识资本研究的状态和未来研究的潜在领域。本章确定了该研究领域的主要理论基础和学者们关注的研究主线、新兴趋势。

对先前文献的研究调查表明，知识资本的理论有 4 个主题集群:（1）知识资本是企业的战略资源;（2）知识资本会计和报告;（3）知识资本的分类与测量;（4）知识资本的概念化。接下来，研究表明，知识资本的研究主线，重点有 5 个主题集群:（1）智力资本与企业融资之间的相互作用;（2）人力资本对组织价值创造的影响;（3）组织的知识资本管理;（4）知识资本对企业绩效的影响;（5）公司治理中的知识资本披露。

虽然学者们聚焦在知识资本的 5 个理论研究领域，但研究主题并非同等重要。知识资本的战略观、知识资本会计和报告一直受到学者们的持续关注。近年来，知识资本的分类与测量成为新兴研究主题。与此类似，知识资本的研究主线也一直在不断发展，从关注企业融资、组织价值创造、知识管理到转向企业绩效、人力资本。未来的研究呈现三个趋势，即朝着跨学科的方向相互渗透，从整体视角研究组织的知识活动；增强对实践中出现的新现象、新需求的解释力，在理论与实践对话中丰富知识资本的内涵和生命力；将环境不确定性纳入知识资本研究视野，探讨突发事件对知识资本的冲击和塑造。

反过来，通过分析这些主题集群，我们对知识资本相关文献的贡献是双重的。一方面，我们将知识资本的发展视为一个整体，通过深入研究其理论基础与不断涌现的主题和新趋势，探究更加复杂的问题。本书融合了知识资本研究领域的学者们在过去几十年中产生的重要见解，提供了该研究领域的详细框架。另一方面，通过对选定的主题领域进行内容分析，我们确定了知识资本领域的研究轨迹。基于文献共引分析、耦合分析和关键词突显前沿分析的结果，考察了未来研究新趋势涵盖的重要议题。

当然，本书关于知识资本文献综述也存在一些局限性。首先，我们主要采用了文献共引分析与文献耦合聚类分析方法识别知识资本研究的理论聚类和研究主线。虽然这两种文献聚类识别技术具有良好的互补性，但是也可以使用其他文献计量技术进行有价值的研究。例如，使用演绎方法，基于在研究设计之时建立的理论框架，按照该框架选择相应的文献展开研究，可以很好地展示该领域研究的主要脉络和动态，相应的文献解释效果可能更好。其次，我们使用的文献计量聚类技术是对被引用频次最多的文献展开的研究。显然，文献引用频次还不能完全直接体现文献的真实质量和理论价值，而且这种方法忽视了来自最新年份发表的新文献（一般而言，最近年份出版的文献被引用次数和学者关注度还未完全体现），这不可避免地难以展示最新研究趋势。虽然，在 2.5.3 节我们谈到了知识资本研究前沿作为本书的一项重要补充，但是显然我们的讨论是不够充分的。因此，未来关于知识资本的文献综述可能会努力准确确定那些较新的高质量文献，毕竟它们代表了该研究领域的前沿方向。

第 3 章　知识资本视域下瞪羚企业高成长的理论分析框架

瞪羚企业的成长过程实质上是企业不断将科技创新要素、人力资本、关系资本、市场资本等具有知识资本属性的资产转化为企业比较优势并实现动态螺旋式发展的过程。同时，通过知识资本各维度之间相互作用、相互融合，孕育和集聚各类创新潜能，从而形成自身独有的竞争优势，促进企业持续成长。本章基于知识资本视角，探究瞪羚企业成长机理，对揭示以瞪羚企业为代表的新经济企业快速成长过程这一“黑箱”具有重要的学术价值和现实意义。

3.1　知识资本理论与企业成长

知识社会发展到今天，大家都认识到，企业之间的竞争关键在于企业内部员工的创造能力、内部组织架构、所拥有的知识产权等无形的“第三资源”知识资本。有学者（Pawlowsky，2011）认为，在知识经济时代，企业面临的主要挑战不再是旧型生产资料之间的争夺，而是企业控制资产的根本变化和对知识资源的利用程度。这说明知识资本已逐渐成为企业的核心竞争力，在企业竞争中占据了不可或缺的地位。

3.1.1 企业知识资本概念

国外关于企业知识资本概念的研究起步较早，学者们从不同角度对知识资本的概念、内涵进行了阐释，虽然没有准确完整的定义，但已经逐步认识到知识资本是机构、组织乃至一个国家最重要和最有价值的资产。加尔布雷思（Galbraith，1982）认为，知识资本不仅是纯知识形态的知识，还应包括相应的知识活动，是一种动态的资本，而非固定的资本形式。我国学者从 20 世纪 90 年代末开始研究知识资本，形成了一些新的观点。申明（1998）在其著作《知识资本运营论：第三个千年的企业管理核心》中介绍知识资本是企业所有无形资产的总和，是公司维持正常运作不可或缺的因素。李冬琴（2005）认为，知识资本是一种动态型的知识能力，能够为企业创造价值，是企业构建持续竞争能力的重要保障。

综上所述，知识资本是一个宽泛的概念，至今都没有形成一个普遍认同的概念。在参考大量文献的基础上，本书认为，企业知识资本是将知识转化为资本的过程，它由脑力劳动者创造，在商品货币关系中作为一种全新的生产要素可以带来更高的价值。在这个过程中，企业需要通过对相关知识资源的获取、整合、重构产生新知识，进而实现开发、配置、生产、分配和使用等，以此将知识商品投入知识的积累和循环运转中，使其实现保值和增值，最终成为企业知识资本。

3.1.2 企业知识资本结构

知识资本要素的构成和相互关系作为知识资本理论的重要组成部分，成为国内外学者关注的焦点。国外学者对知识资本结构的研究中，斯威比（Sveiby，1997）是最早研究企业知识管理的学者，他将知识资本分为三类：客户资本、人力资本、结构资本。斯图尔特（Stewart，1997）在知识资本结构的划分上基本沿袭了斯威比（Sveiby）的分类思想，并且丰富了他的内容，认为知识资本的价值体现在人力资本、结构资本和关系资本三者之中。埃德文森（Edvinsson，1997）

把知识资本分为人力资本、结构资本和市场资本。布鲁金（Brooking，1996）在其著作《知识资本》中指出，知识资本可以被分为四种类型：市场资产，包括品牌知名度、客户忠诚度、分销渠道等；知识产权资产，包括专利权、著作权、商标权、商业秘密、专卖权、技术等；人力资产；基础结构资产，包括管理哲学、企业文化、管理模式、信息系统、金融关系等。邦蒂斯（Bontis，1999）认为知识资本包括人力资本、关系资本和结构资本三个部分。

国内研究中，严若森（1999）认为知识资本由三部分组成：人力资本、结构资本和关系资本。李冬琴（2005）从所有权的角度来划分知识资本的结构，认为知识资本由人力、组织和关系资本共同构成。张方华、林仁方和陈劲（2003）在知识资本测量模型中，提出了知识资本的四维结构，包括人力资本、结构资本、客户资本和创新资本。石春生、何培旭和刘微微（2011）认为，知识资本有四个构成要素：市场资产、知识产权资产、人力资产和组织管理资产，即 M–K–H–O 结构，其中市场资产是指企业的被信赖度，顾客对企业品牌的忠诚度，与供应商经常性业务、订单往来及销售渠道等；知识产权资产包括组织文化、专业技术原理、经营理念、专利权及一些设计的专有权、商标等；组织管理资产是指企业采用相应专业技术、流程工艺等方式进行组织管理的方法等。

通过总结国内外学者对知识资本构成要素的研究可以看出，国外有关知识资本的研究起步早、研究成果丰富、理论趋于成熟，国内主要在学习借鉴国外研究成果的基础上加以调整和运用。知识资本构成要素的划分上，虽然学者之间存在一定的分歧，但是这种分歧更多的是要素层次和各要素之间逻辑关系的不同，其核心基本保持一致，如一致认为人力资本是知识资本的重要组成部分甚至是其核心部分。

3.2　瞪羚企业成长的知识资本化

通过梳理文献，发现鲜有关于瞪羚企业成长知识资本化的研究。为此，参考知识型企业知识资本化的相关研究成果，本书通过对系列文献的分类整理及追根溯源，发现知识经济时代的企业竞争，归根结底是知识资本的竞争。知识资本是一种潜在的、无形的、动态的且能够带来资本价值增值的资本。知识资本的所有者包括知识的生产者（知识型企业科研知识生产者、科研院所和高等院校知识生产者、独立的个体知识生产者）、人力资本的拥有者（企业的知识型员工，即人才本身）和管理者（包括企业家、社会中介组织的管理者、企业知识管理者），这三类群体在知识的创新、传播、交换、运用的整个运动过程中起着非常重要的作用。

根据经济学的产权理论，企业知识资本创造了社会财富，企业知识资本的所有者应该按照各自提供要素的贡献大小来获得要素的收益。知识的形成过程需要投资，也有成本。如果知识资本用于企业的生产并且为企业的产出作出了贡献，为企业带来了价值的增值，但其所有者却没有得到补偿，知识资本所有者就没有投资的动力。因此，企业知识资本的所有者，具有按照知识的市场价值获得相应报酬的内在利益要求，企业知识资本化是知识资本所有者要求等价交换的必然结果。

根据契约理论，在市场经济条件下，知识型企业是一系列契约的联结，是人力资本、物质资本和管理等资本的所有者为追求利润最大化而达成的一个有机合约体，知识型企业是知识资本价值实现的最基本的经济组织。知识经济时代，知识资本成为最稀缺的生产要素，其所有者影响着一个企业的竞争力和发展前景，但同时，知识型企业无法监督知识资本所有者的工作努力程度。因此，要使契约趋于完备，就应该让知识资本所有者像其他权益性资本所有者一样拥有企业，使知识资本所有者成为权益性资本所有者，拥有企业部分的剩余权益索取权。

3.3 瞪羚企业成长的演化机理

3.3.1 知识资本内嵌于企业成长

企业是价值创造的实体，是为利益相关者获取价值的机器。企业成长过程中，需要依靠有形资本和知识、技术等无形资本的共同作用。企业的要素资本之间存在相互转换和协同作用关系，要素资本中最基本的转换关系就是货币资本与其他要素资本的转换，如购买机器设备、聘请员工、购买或自主研发专利技术等，所以货币资本可以转换成企业的人力资本、结构资本、关系资本和市场资本等要素资本。各要素资本经过价值创造过程，最终又会转变为货币资本。企业不断地进行资本循环，从而实现资本的保值增值。

企业是一个开放的价值创造系统，企业的价值创造能力和价值创造效果会受到系统内外部因素的影响。系统外部影响因素主要包括政策变动、市场环境等不确定性因素；系统内部影响因素主要有企业的各种资源、成长战略、组织管理水平等。为了使企业更好地适应内外部环境变化，实现可持续发展，企业会调整战略与资源配置，改变输入资源的数量与结构，经过运营，产生新的物质和能量输出给外部，从而创造出价值，如图 3–1 所示。

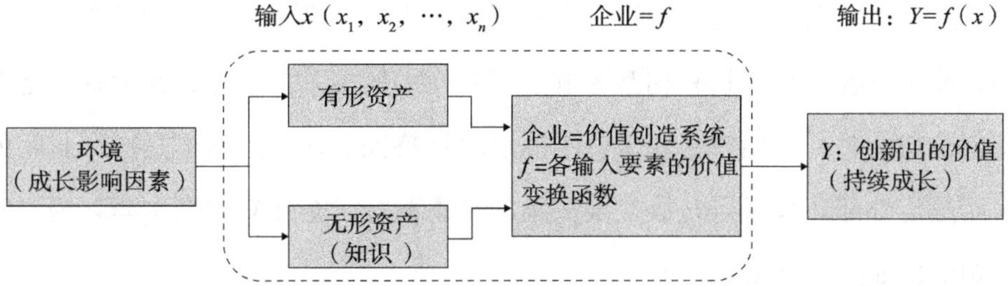

图 3–1　企业价值创造过程

在要素资本理论中，企业知识资本要素主要包括人力资本、结构资本、关系资本和市场资本，这四种要素资本共同作用，实现企业价值创造。因此，企业创造的价值可以表示为这些要素资本的函数，这个函数关系可以描述为

$$Y=f(x_1, x_2, x_3, x_4, \cdots, t) \tag{3–1}$$

企业的要素资本会随着新的生产方式和生产活动的出现而发生变化。为了使企业价值函数的表达式具有更强的适用性，价值创造的函数可以表示为 n 种要素资本创造的价值，为

$$Y=f(x_1, x_2, x_3, x_4, t)=f(x_i, t) \qquad i=1, 2, \cdots, n \tag{3-2}$$

公式（3–2）中，Y 表示某一时期内企业创造的价值；x_i 表示某一时期第 i 种要素资本的数额；t 为时间。可以用数量经济学方法对该式求解：两边取对数，然后对时间求导数，从而得出极小单位时间内的变化规律为

$$\frac{\mathrm{d}\ln Y}{\mathrm{d}t}=\frac{\partial \ln f}{\partial t}+\sum_{i=1}^{n}\alpha_i\frac{\mathrm{d}\ln x_i}{\mathrm{d}t} \tag{3-3}$$

在公式（3–3）中，$\frac{\partial \ln f}{\partial t}$ 是企业全部要素资本财务效率的变动率，它表明企业要素资本的保值增值水平主要由价值发现和价值创造两方面能力决定。价值创造是财务资本与其他要素资本共同作用的结果，要素资本的收益系数和要素资本的变化率决定了价值创造能力和企业持续成长动力。

知识资本系统性主要包含两方面的含义：一是知识资本自身是一个开放的自组织系统，系统内各要素之间存在相互影响的关系；二是知识资本的运营离不开企业这个大的系统环境，知识资本只是企业内的一个子系统，知识资本与企业内的其他子系统之间也具有相互影响、相互作用的关系。在考察知识资本运营和价值创造功能时，不能忽视知识资本的系统性特征。知识资本不是一个封闭的系统，而是与外部环境保持开放交换关系的动态系统。企业知识资本与环境之间相互影响机理如图 3–2 所示。

企业知识资本的各构成要素之间相互制约、相互依存，形成了一个网络结构。知识资本的价值创造过程和作用大小会受到宏观环境和微观环境的影响。如果企业内部的人力资本、结构资本比较丰富，就能为企业知识资本的运作提供基础，知识资本的配置功能和杠杆作用能更好地发挥，从而提高企业生产效率，创造出更多的价值。企业在成长过程中，不仅会受到企业内部环境的影响，也会受到外部环境的影响，如产业环境、政治环境、经济周期等。

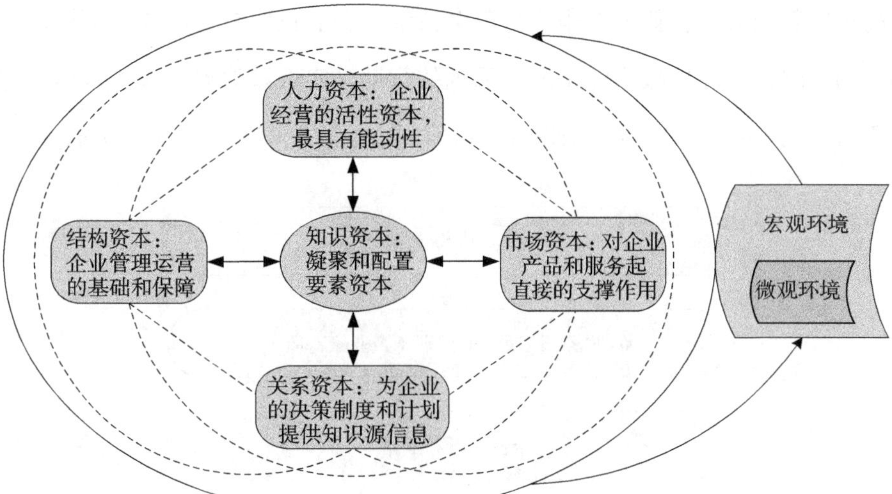

图 3-2　企业知识资本与环境之间影响机理

3.3.2　企业知识资本价值创造的作用机理

获取并运用知识资本，能够给企业带来竞争优势和核心能力。从知识供应链角度研究发现，企业在创新成长过程中，将所拥有的知识资本融入企业研发、生产、销售等各个环节中，从获取知识、开发新技术产品服务到将技术产品服务推向市场，销售符合市场需求、客户需要的产品及服务，最终提升企业核心竞争能力（南星恒，2013）。企业成长环境是决定企业组织战略调整的基础条件，企业家创业团队及相关负责人对环境因素进行识别、判断后，会根据企业自身特点，提出企业发展愿景及战略方向，作用于企业研发、生产、销售及利润分配的各个环节。企业愿景能够感知企业外部环境的变化，减少不确定性，降低风险。在动态竞争的条件下，环境复杂多变且具有随机性。申光龙和袁斌（2004）认为，明确的企业的愿景是动态竞争条件下企业应对危机的必要条件和准则，企业在进行危机应对时，应以企业的愿景为基准，这样才能保证企业的长远利益。企业是知识的集合体，知识的创造力是企业取得竞争优势的主要手段。企业如果能明确自己的愿景，并且日常运营都能够围绕愿景进行的话，就会慢慢积累特有的知识资本。知识资本越具有独特性，对手模仿的难度就越大，企业的竞争优势就会持续。企业只要具有清晰的愿景，就会制定相应的战略，从而导致企业采取一系列的行动来实现该战略，这些行动会对资源的配置结构和效率产生影响。知识资本价值创造的演化模型如图 3–3 所示。

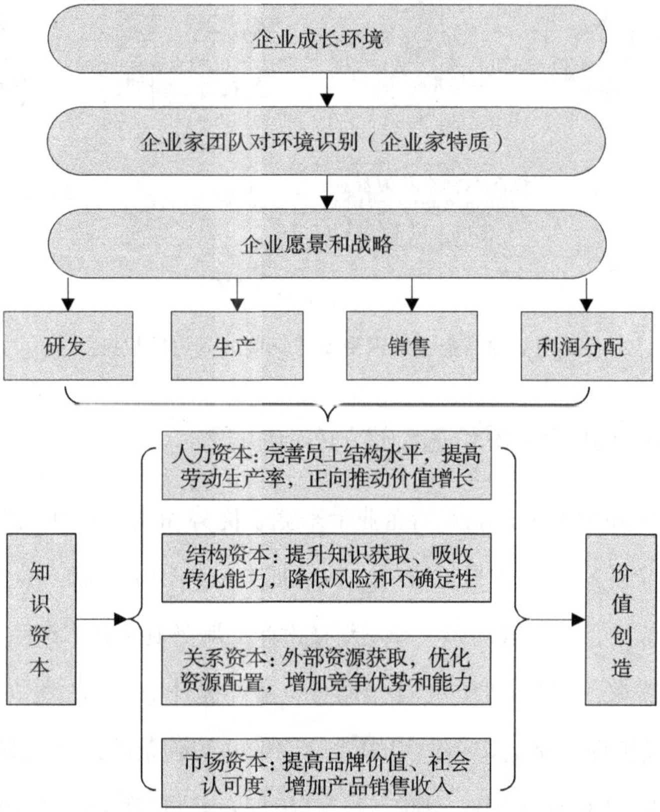

图 3–3　企业知识资本价值创造的演化模型

图 3–3 从知识资本整体的角度反映企业成长的价值创造机理，但是没有揭示各要素单独作用的机制，接下来本书详细分析企业成长中各个知识资本要素的价值创造机理。

人力资本的价值创造机理。人力资本是企业赖以生存的宝贵财富，是企业持续成长的动力源泉。在知识经济时代，人力资本对于企业的重要性更加突出，是企业改革创新的关键。人力资本的合理利用对企业经济效益的提升和持续健康发展产生巨大的推动作用。对于初创型企业来说，企业家的心态和其所获取的信息会影响其对未来情况发展的预期，预期的变化会产生不同的战略和决策，又会产生不同的要素配置及资本结构，从而提升企业创新水平。人力资本价值创造的机理如图 3–4 所示。

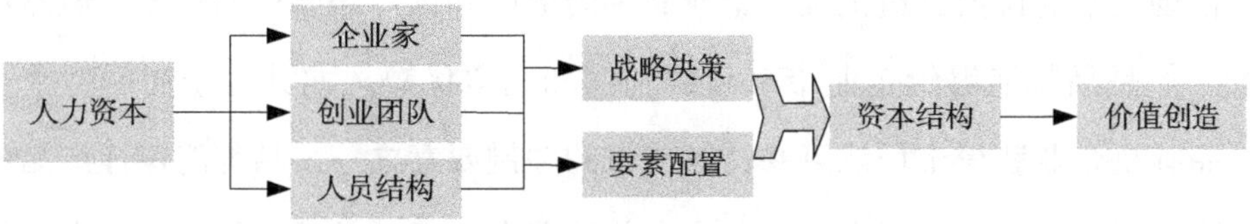

图 3–4　人力资本价值创造的机理

结构资本的价值创造机理。从管理角度看，企业内部结构是一种软系统，通过作用于人的价值观和认知，使人产生共同的行为，从而减少监督与激励的成本，对企业的绩效产生间接影响。企业内部管理水平可使员工形成共同的价值观和信念，增强员工的凝聚力与合作意识，从而提高团队合作效益，提高劳动生产率。结构资本价值创造机理如图 3–5 所示。

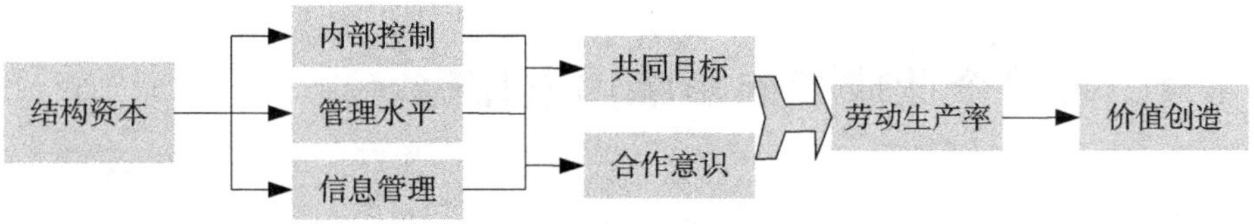

图 3–5　结构资本价值创造的机理

关系资本的价值创造机理。企业外部关系是企业资源获取的源泉，产学研合作的建立能够帮助企业更好地了解行业发展的动向，为企业的技术创新营造良好的外部环境；跨界知识搜索可以掌控市场发展趋势，协调周围有利资源，帮助企业建立良好的顾客关系，有效利用综合资源来进行产品研发，加速成果转化进程，从而提高企业价值创造能力。关系资本价值创造机理如图 3–6 所示。

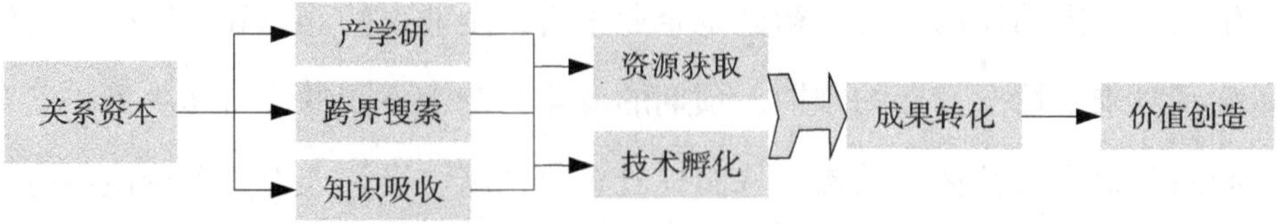

图 3-6　关系资本价值创造的机理

市场资本的价值创造机理。企业品牌的形成和提升需要长期投入，虽然耗费较大，但是品牌能够给企业带来超额利润和竞争优势，尤其对于初创型企业来说，品牌是企业获得市场认可并持续成长的关键要素之一。品牌能保证产品的质量，满足消费者的质量需求，改善企业与消费者之间的关系，从而提高企业的市场份额，为企业创造更多的价值。市场资本价值创造的机理如图 3-7 所示。

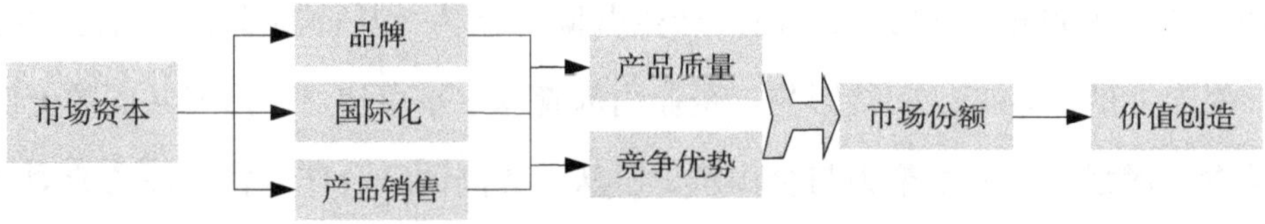

图 3-7　市场资本价值创造的机理

3.4　瞪羚企业成长的影响因素挖掘

很多学者认为，目前我国企业技术创新效果不明显的根源在于缺少内源性技术优势（董芳芳，2014），缺乏自主创新能力，而造成这一现象的根源则是企业对知识资本的重视与开发程度不够。在当今以知识为基础的时代，知识存量和运用是经济发展和资本积累的基础，知识资本已经成为企业获取竞争优势的关键性战略资源。基于此，本书结合中国知网核心期刊数据库，检索了 1999—2019 年关于企业成长的文献，整理了知识资本影响企业成长的因素。经过初步挖掘，得到表 3-1 所列出来的 40 个主要影响因素。

表 3–1　知识资本视域下企业成长主要影响因素

因素	来源	因素	来源
高管激励	黄福广等（2019）	企业家能力	王艳子等（2016）
政府补助	刘婧等（2019）	社会资本	朱福林等（2018）
吸收能力	赖明勇等（2005）	商业模式创新	戴亦兰等（2018）
技术创新	姚帏之等（2018）	产学研合作	高霞等（2019）
员工流动	高俊光等（2016）	国际化	薛有志等（2007）
税收负担	方苑等（2019）	金融环境	王洪生（2014）
信息整合能力	易朝辉等（2014）	网络配置能力	杜俊枢等（2011）
知识产权保护	张楠等（2019）	企业家抱负	王钦等（2008）
品牌成长策略	袁少锋（2019）	融资能力	陈丽姗等（2019）
R&D 投资	赵驰等（2012）	研发人员投入强度	马文聪等（2013）
高管团队特征	彭中文（2018）	研发人力结构	袁飞飞等（2018）
高管学历背景	华维卿等（2015）	员工学历水平	王娟等（2016）
制度环境	周国林等（2018）	劳动生产率	夏良科（2010）
大数据情报	吴金红等（2013）	信息管理	郭薇（2019）
企业知识搜索	孙耀吾等（2018）	外部知识搜索	曹勇等（2017）
知识搜索路径	陈学光等（2010）	跨界搜索	谭云清等（2017）
知识消化转换	钱锡红等（2010）	资源获取	朱秀梅等（2010）
政府支出	Tulus（2008）	企业家特征	Sidik（2012）
企业开发度	Marshall（2017）	营商环境	Andrew 等（2010）
技术孵化	Adelowo 等（2012）	知识存量	Abbas（2019）

3.4.1　企业成长影响因素聚类

根据聚类分析法，结合各影响因素特征，将 40 个企业成长主要影响因素分类如下。

人力资源：高管激励、企业家能力、企业家特征、企业家抱负、高管学历背景、高管团队特征、员工学历水平、员工流动。

投入水平：社会资本、政府补助、R&D 投资、研发人员投入强度、研发人力结构。

组织控制：商业模式创新、品牌成长策略、产学研合作、制度环境、劳动生产率、企业开发度、国际化。

信息管理：信息整合能力、网络配置能力、大数据情报、信息管理、企业知识搜索、外部知识搜索、知识搜索路径、跨界搜索、知识存量、资源获取。

知识转化：吸收能力、技术创新、知识消化转化、技术孵化。

营商环境：税收负担、金融环境、知识产权保护、融资能力、政府支出、营商环境。

3.4.2 企业成长影响因素遴选

本书采用文献研究法与德尔菲法（Delphi Method）相结合的影响因子优化方法有三个方面原因：一是对企业成长发展的研究已有很多，集中于对高新技术企业、科技型中小企业和规模以上企业发展的研究，鲜有针对瞪羚企业成长的理论研究。本书在分析既有企业文献研究成果的基础上，选取企业成长共性的影响因子，应用瞪羚企业成长评价体系，挖掘瞪羚企业高成长的关键因素。二是对瞪羚企业研究尚处于起步阶段，各地对瞪羚企业的遴选标准各有特点。采用德尔菲法通过多轮专家打分与反馈论证，其独特的质性研究更为规范，并能开展结论的计量统计分析，是获取所需信息的有效策略。三是基于时间约束的考虑。近年来，高成长型企业备受关注，探究其发展与持续成长路径已成为重点研究问题，实践呼吁专业有效的瞪羚企业成长评价体系，而德尔菲法具有高效、规范和便捷的优势。

具体优化步骤如下。

第一步，初步搜集整理了关于“高新技术企业、科技型中小企业、高成长型企业、初创型企业、瞪羚企业”的政策文件（国家级 4 份、省级 9 份、市级 13 份）、研究报告（22 份）、学术论文（85 篇高质量期刊论文和 19 篇硕博论文）等相关资料，结合前文通过中国知网搜集整理的企业成长影响因素，初步将瞪羚企业成长因素归纳划分为人力资源、投入水平、组织控制、信息管理、知识转化和营商环境六个维度。

第二步，邀请 10 位专家，其中 4 位企业家代表，4 位高校企业创新领域专家,2 位高新区管委会负责人，依据拟定的影响因素制作“第 1 轮专家问卷调查”，请专家对影响因素进行 5 等级量表匿名打分和提供修改建议。

第三步，回收数据资料，汇总分析第 1 轮专家调查表，计算影响因素的重要性均值，制作“第 2 轮专家问卷调查”并提供各专家要求的补充材料，汇总并分析打分结果，为面对面研讨提供参考。

第四步，专家面对面开展研讨，达成一致意见，按知识资本转化过程，确立 32 个影响因子的瞪羚企业成长影响因素表，如表 3–2 所示。

表 3–2　知识资本视域下瞪羚企业成长影响因素

转化过程	因素	解释
知识资本投入	企业家学科背景	通过问卷调查企业家是否存在交叉学科的学科背景
	企业家具备特质	企业家是否具备市场洞察力、组织沟通力、技术掌控力、学习创新力、行业专注力和危机意识等特质
	企业家创业次数及所处行业	企业家的创业次数和是否存在跨行业的创业经历
	研发人员占比	（研发人员数 / 从业人员数）×100%
	市场开发人员占比	（市场开发人员数 / 从业人员数）×100%
	高学历人员占比	（本科及以上学历人员 / 从业人员数）×100%
	政府补助占比	（政府补助 / 营业外收入）×100%
	风险投资获得额	获得的风险投资类别和投资来源的区域
	信息数据库建设	是否建立政策法规资讯、技术前沿资讯、竞争情报资讯和市场动态资讯等信息数据库
	资讯分析配备度	配备资讯分析部门及人员情况
	享受的生产性服务	享受开发设计、仪器共享、中试、产业化、检验检测、认证认可和专业化技术等生产性服务情况
	享受的政策性服务	享受政策宣讲、立项申报、资金资助申报和资质申请等政策性服务情况
	享受的商务性服务	享受法务咨询、知识产权、战略咨询、海外资讯和科技金融服务等商务性服务情况

续表

转化过程	因素	解释
知识资产保值增值	知识获取来源	企业知识获取的来源及获取源的重要程度，即政府、高校院所、供应链上下游和同行企业等知识源的角度
	知识获取方式	企业知识获取的方式及各渠道的重要程度
	技术知识跨界搜索能力	企业对行业内先进技术工艺的发展资讯、不同行业使用同类技术的信息资讯、产品技术领域潜力强的企业信息和供应商产品（技术工艺）升级的信息把控度
	市场知识跨界搜索能力	企业对同行业（跨行业）替代和互补产品的市场信息掌握度及顾客对产品或服务偏好变化的资讯
	跨部门学习水平	跨部门学习交流情况
	社会投资类别	获得的社会投资
	成果转化形式	生产流程再造、新工艺、新技术、新商业模式和新管理机制
	创新模式选择	模仿创新、二次创新、集成创新、原始创新
知识资本产出	有效专利数	拥有有效专利件数
	专利许可转让金额	企业转让专利得到的收入
	技术合同交易额	技术合同成交项目的总金额
	新产品销售收入占比	（新产品销售收入 / 产品销售收入）×100%
	高新技术产品销售收入占比	（高新技术产品销售收入 / 产品销售收入）×100%
	劳动生产率	（营业收入 / 从业人员平均数）×100%
	营业收入增长率	（本年营业收入增长额 / 上年营业收入）×100%
	营业利润增长率	（本年营业利润增长额 / 上年营业利润）×100%
	拥有品牌价值	拥有的国家驰名商标、名牌产品数
	创新水平	是否进入江苏省创新型企业百强排行榜、三年内获省级以上科技进步奖数等
	国际化水平	出口总额

综上所述，本章通过文献梳理和专家打分，将影响瞪羚企业成长的主要因素按知识资本投入、知识资产保值增值、知识资本产出的转化过程进行归类，为后文的实证分析作好铺垫。

第 4 章　江苏省科技创新的实践画像

伴随着全球科技革命和产业变革的加剧及智慧专业化、数据密集型时代的到来，科技创新在推动世界各国或地区经济、科技、社会、文化、生态等各领域整体式发展中的作用愈发重要。发展范式的快速迭代、知识和技术的跨界搜寻、数据要素的价值赋能、创新资源的全球流通和配置，都在进一步彰显科技创新的战略意义和引领作用。对于江苏省而言，科技创新是深入贯彻落实创新驱动发展战略及创建科技强省的核心动力。而提升科技创新能力，则是江苏省在致力于实现经济社会高质量发展目标过程中的关键支撑和主要着力点。只有聚焦科技创新，牢牢把握科技进步的大方向和产业变革的大趋势，才能在未来激烈的国内国际竞争环境中取得持续不断的发展动力。

多年来，江苏省的科技创新事业取得了巨大成就，实现了历史性跨越，主要科技指标达到创新型国家和地区水平，创造了多个“全国第一”：江苏省累计拥有国家高新区 18 家、国家创新型城市 11 个、国家创新型县（市）5 个，数量均居全国第一；作为全国最早一批成立孵化器的省份，江苏省累计拥有国家级孵化器 175 家，在孵企业超过 3 万家，国家级孵化器数量、面积及在孵企业数连续多年保持全国第一；江苏省全省建有省级以上众创空间 746 家，其中，国家级众创空间 170 家，国家专业化众创空间 5 家，数量居全国第一，拥有国家重点实验室 28 家，数量位居全国各省份首位；苏州工业园区生物医药产业竞争力在全国高新区排名中位居第一；江苏省国家农业科技园区评价结果连续 4 年位居全国第一。❶

2021 年是“十四五”规划的开局之年，也是开启全面建设社会主义现代化国家新征程的第一年，更是江苏省赢得新一轮发展先机的关键之年。开展江苏省科技创新能力研究，具有十分重要而紧迫的实践意义和理论价值：在实践上，通过对江苏省科技创新能力的全方位“把脉问诊”，能够为江苏省实现科技创新能力的“系统跨越”，进而在新时期加快建设高质量创新型省份、在更高起点上构筑具有国际竞争力的产业创新发展优势和高效、耦合、开放的区域科技创新体系提供决策咨询建议。在理论上，在对江苏省科技创新能力进行系统、深入分析和阐释的基础上形成智库研究成果，从而为学术界多角度、多场景开展区域科技创新能力研究提供基础资料、理论参考和学理启示。

4.1 科技创新及其能力研究

4.1.1 科技创新

自从约瑟夫·熊彼特于 1912 年在其《经济发展理论》一书中首次提出“创新”概念以来，创新尤其是科技创新就一直成为国内外学术界、实务界关注的热点和焦点之一，而科技创新能力更是成为科技创新活动实践和理论研究中最为关键的要素之一。目前，关于科技创新能力的研究主要聚焦于以下几个方面。

一是科技创新能力测度及指标体系构建研究。玄兆辉、曹琴和孙云杰（2018）在界定了世界科技强国内涵的基础上，设计了包括 1 项一级指标、5 项二级指标和 30 项三级指标的评价体系，作为衡量国家创新能力的判断标准。陈

❶ 数据来源于《江苏统计年鉴 2020》。

江涛等（2018）基于熵值法，对广东省的科技创新能力进行了测度评价，指出 2003—2015 年广东省总体科技创新能力显著提升，但波动起伏较大。

二是行业科技创新能力研究。有学者（Shen & Li，2020）选取中国 7 个地区 2014—2017 年的相关气象数据作为研究样本，构建了气象科技创新能力指标体系，并利用熵值与 TOPSIS 法获得 C_i 值，通过计算 C_i 值的变异系数，以分析区域间的发展差异。另有学者（Lai & Zhang，2020）基于专利信息角度，分析了 1985—2019 年中国信息通信技术（ICT）产业的技术创新能力，为制定产业技术创新政策提供了决策参考。

三是科技创新能力比较研究。沈艳波等（2020）基于科技强国评价指标体系，对中美两国的科技创新能力进行了对比分析，指出中美在总体科技创新发展水平方面的差距仍然显著。于小琳、刘长和刘希玉（2019）采用科技创新能力指数比较法，对江苏省、浙江省、广东省和山东省进行了横向对比，通过实证分析指出，山东省在全社会研发经费投入总额、万人有效发明专利拥有量、高新技术企业数等 7 个指标上与广东省、江苏省和浙江省存在较大差距。

四是科技创新能力经验借鉴研究。刘兰剑、应海涛和张田（2018）基于日本诺贝尔奖“井喷”现象，从经济发展不同阶段的科技政策入手，研究了日本科技创新能力的阶段性演变及构建机制。黄建榕和柳一超（2017）以美国信息技术与创新基金会（ITIF）发布的 3 种科技创新能力评价指标为例，具体分析了美国在科技创新能力评价方面的实施情况。

五是科技创新能力提升路径研究。张彬和李春晖（2018）从完善科技创新体制机制、建立多元融资模式、推动科技创新成果转化、营造鼓励创新的社会环境 4 个维度提出了在新经济背景下提升中国科技创新能力的对策建议。李从新、李国柱和韩科森（2018）从借鉴发达国家经验、完善分配机制、加强官产学研合作、促进人才有序流动、推进科技和金融结合、完善成果保护机制、加大科研投入力度、营造科技创新文化氛围等几个方面提出了河北省提升科技创新能力的路径建议。

国内外学者从不同维度，采用定性或定量等多元方法，对科技创新能力进行了全方位、多角度的研究，为本书的研究提供了很好的启发和借鉴作用。然而，既有研究仍然存在一些不足：一是质性研究和量化分析存在相互脱节的“极化”现象，即或者使用理论分析、逻辑演绎的方式对科技创新能力范畴、机制、路径等进行系统阐释，“思想性”有余而“客观性”不足；或者使用数理量化的方法对地区或行业的科技创新能力进行实证分析，“模型化”过溢而“深入性”欠佳。二是多数关于区域科技创新能力的实证分析都倾向于选择横向比较研究，忽略了创新主体“自演化”的科技创新能力历时演变阶段性分析，分析角度过于单一和静态。

4.1.2 能力成熟度模型

能力成熟度模型（Capability Maturity Model，CMM）是由美国卡内基梅隆大学软件工程研究所于 1987 年开发出的旨在帮助组织评估和改进自身能力水平的工具（图 4–1）。该模型将软件开发划分为 5 个成熟度级别（图 4–2），每个级别（除了第一级）由 18 个关键过程域、52 个目标和 316 个关键实践组成，其目的是根据软件所处阶段确定其等级，并据此找出该阶段性能改进中亟待提升的核心问题，从而提供针对性、精准化的指导，帮助软件企业更好地实现商业目标。该模型通过演进、动态的标准衡量和评估软件企业的状态，并指导企业从最初的混乱、无序、低效走向规范、有序、成熟的发展模式。该模型由于具备较强的工具指导价值而被广泛运用于数据管理（牛春华、吴艳艳、刘红兵，2019）、政府应急管理（田军、邹沁、汪应洛，2014）、人力资源管理（刘瑞明、雷光和、肖俊辉，2018）、智库评价（张旭等，2019）、知识服务（周莹等，2016）、众创空间（陈奇等，2018）、区域协同创新（尹彦，2017）等各个领域，具有较强的实践意义和理论价值。

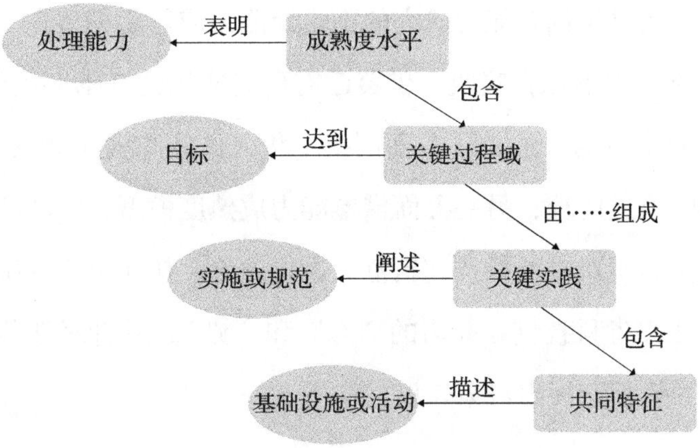

图 4-1　能力成熟度（CMM）结构

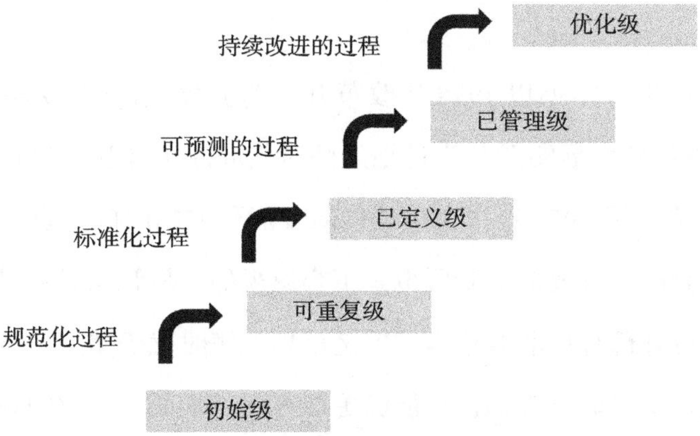

图 4-2　能力成熟度（CMM）级别

目前，国内学术界在能力成熟度模型运用方面，在数据管理、信息服务、知识服务等图情领域运用较少，将其运用于科技创新的研究成果也非常欠缺，且主要聚焦在企业科技创新方面（孙舰、任旭、吴娜，2014；陈玉和、俞其慧，2010），视角较为微观。虽然已有学者将能力成熟度模型运用于广东省县市科技进步水平的监测评价中（周海涛、林映华，2013），但该文仅以 2009 年及 2011 年的科技进步能力成熟度指标得分为依据对县市科技进步进行量化评价，没有从广阔的时间背景中揭示县市科技创新的进步轨迹，缺乏对县市科技进步范式及问题的凝练，进而对提升地方科技创新能力的实践指导作用有限。

正是基于上述科技创新能力研究的不足及能力成熟度模型在区域科技创新能力运用中的匮乏，本书拟在吸收、借鉴已有研究成果的基础上进行完善和改进，综合采用定性和定量的方法，一方面剖析中华人民共和国成立以来江苏省 70 年科技创新实践的演进历程，另一方面借鉴能力成熟度模型，对江苏省科技创新能力成熟度等级及其所对应的科技创新范式进行评价，从而更为系统、深入、动态地检视和把握江苏省科技创新能力的“态”和“势”，并针对江苏省科技创新方面存在的“能力短板”提出对策建议。

4.2 江苏省科技创新实践演进

在时间维度上，本书以 1978 年改革开放为分界点，将 1949—2019 年江苏省 70 年的科技创新发展实践分为计划经济时代和改革开放时代这两个时段。虽然很多文献均选择了 1978 年作为科技创新发展研究的时间起点，但是中华人民共和国成立后到改革开放前的阶段也是不容忽视的。尽管当时的科技基础十分薄弱，科技发展的外部环境非常恶劣，但是计划经济时代仍然为改革开放之后的科技创新发展提供了经验与教训，也能够更加客观、全面地了解中华人民共和国成立以来江苏省科技创新发展的进程，探析其“爬坡”发展的模式与路径，从而把握江苏省科技创新发展的能力等级。具体来说，本书将计划经济时代的科技创新发展过程分为两个阶段：被动起步期、曲折探索期；将改革开放以来的时段分为 3 个阶段：主动发展期、改革深化期、全面提升期（图 4–3）。

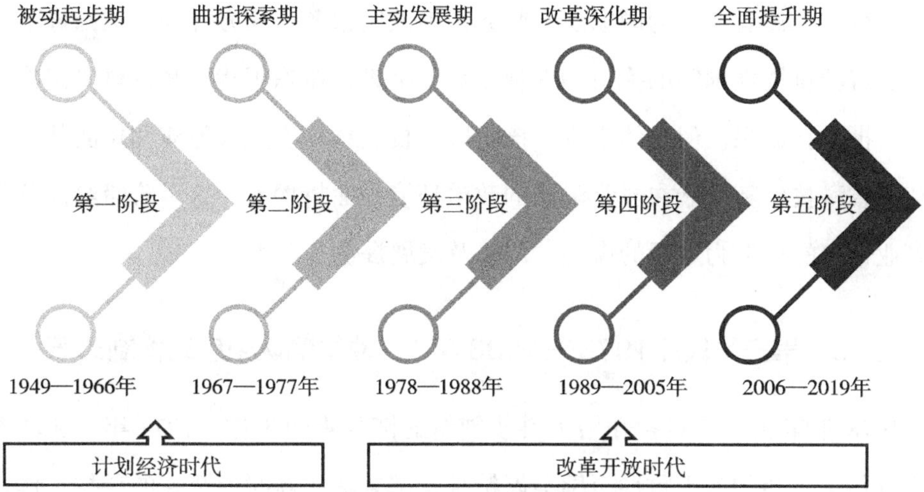

图 4–3　江苏省 70 年科技创新发展阶段

4.2.1　第一阶段（1949—1966 年）：“一穷二白”中奠定发展基础

在中华人民共和国成立之初，我国科技基础非常薄弱，全国仅有 30 多个科研机构，科技人员不足 5 万人。在这种“一穷二白”的大背景下，江苏省的科技工作也同样面临着资源匮乏、项目投入经费少、生产力水平低下等不利局面。计划经济时期，在党中央发出的“向现代科学进军”的口号下，江苏省的科技创新进入了起步发展的初创期。1956 年，首届全国科技创新大会的召开及《1956—1967 年科学技术发展远景规划》和《1963—1972 年科学技术规划纲要》的相继出台，为江苏省科技创新发展提供了方向性的指引和宏观战略目标。尽管发展基础非常羸弱，但受到“国家驱动”及“迎头追赶”的双重影响，江苏省初步建立了科研工作体系和科技工作队伍，为此后的科技创新发展和能力提升奠定了基础。

4.2.2　第二阶段（1967—1977 年）：“文化大革命”中秉持科研使命

“文化大革命”时期，江苏省的各项科技事业都受到了严重的干扰和破坏，但广大科技工作者在“为国家建设服务，为人民服务”的方针和思想指导下，始终秉承着“科技立国”的抱负和理想，克服困难，排除干扰，坚持科研工作，取得了一批科技成果。但总体来说，该阶段科技创新一度呈现停滞和扭曲状态，导致江苏省科技创新发展在异常艰难的政治环境中曲折探索。这一阶段给江苏省科技事业带来的损失为之后的恢复、调整及发展提供了反思。

4.2.3 第三阶段（1978—1988 年）：地位确认中启动体制改革

1978 年年底，江苏省开始了科技创新的恢复重建工作。1978 年，江苏省召开全省科学大会，深入贯彻全国会议精神，部署落实新时期全省的科技工作，重新确立了科技在全省国民经济社会发展中的地位，这次大会成为改革开放后科技创新工作重启的里程碑事件，对于推动江苏省科技创新事业跨越式发展具有非常重要的意义。这十年是江苏省科技事业改革取得突破、创新能力渐进发展的关键十年。

在科学大会之后，江苏省全省科研秩序逐步恢复，科技队伍逐渐壮大发展，恢复和新建了一大批科研机构。1980 年 3 月，中科院南京分院正式成立，同年 4 月，江苏省科学技术委员会恢复。1985 年 8 月召开的江苏省全省科技工作会议正式启动了江苏省科技体制改革，并在随后的 3 年（1986—1988 年）中陆续制定了科技体制改革的若干政策和决议，通过强化经济调控、调整科技系统运行机制等手段，对包括拨款制度、企业市场、产学研合作、人才合理流动、专业技术职务聘任、技术成果转化、技术经济合同制等在内的各个方面进行了深入改革，初步形成了直接面向经济的科技创新工作的新格局，有效地推进了科技与经济的结合，并在科技人才资源、高校院所建设、重要科技成果及专利布局等方面取得了显著的成绩（图 4–4）。

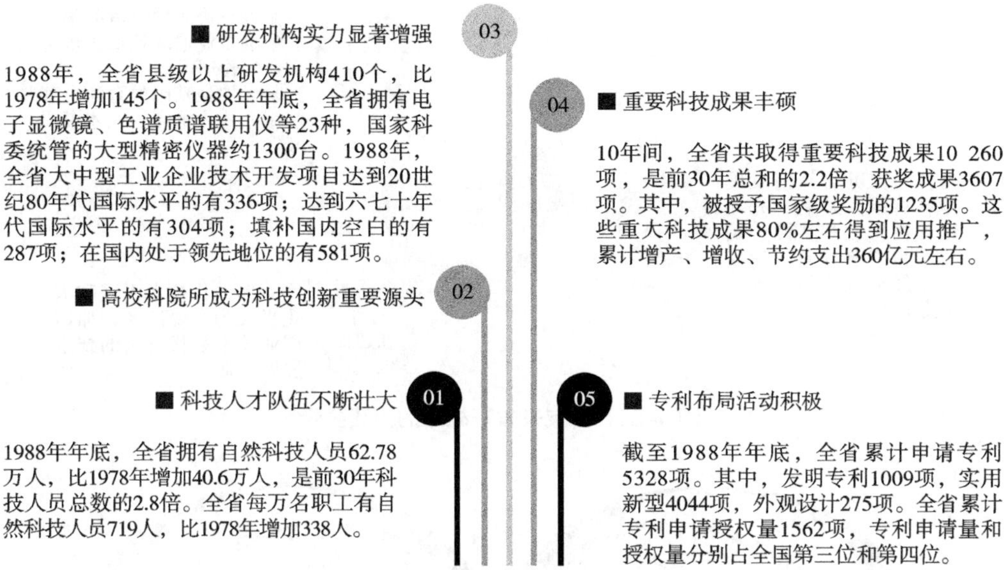

图 4–4　主动发展期江苏省科技创新主要成效

4.2.4　第四阶段（1989—2005 年）：区域首位发展战略构建创新体系

针对江苏省物质资源匮乏、智力优势显著的特殊省情，1989 年 1 月 5 日，江苏省政府出台《关于依靠科技进步振兴江苏经济的决定》，正式提出了“科技兴省”的区域首位发展战略，其目的就是要使江苏省经济发展从之前增加物质消耗为主要驱动力的低效粗放型经济向以科技进步为先导的高效集约型经济转变。江苏省“科技兴省”的战略重点可以概况为“一个主体、两个轮子、一个加速器”（图 4–5），并据此明确提出了十大工作目标（图 4–6）。1992 年，江苏省委、省政府相继制定并出台了《江苏省“八五”期间“科技兴省”战略实施方案》《江苏省科学技术进步条例》等政策，标志着江苏省“科技兴省”战略进入全面实施阶段。通过完善“科技兴省”政策体系，加大政策措施的执行力度，进一步优化了科技创新的社会环境。1994 年，江苏省将“科技兴省”战略调整扩充为“科教兴省”战略，并将之确定为全省经济和社会发展的长期战略之一。

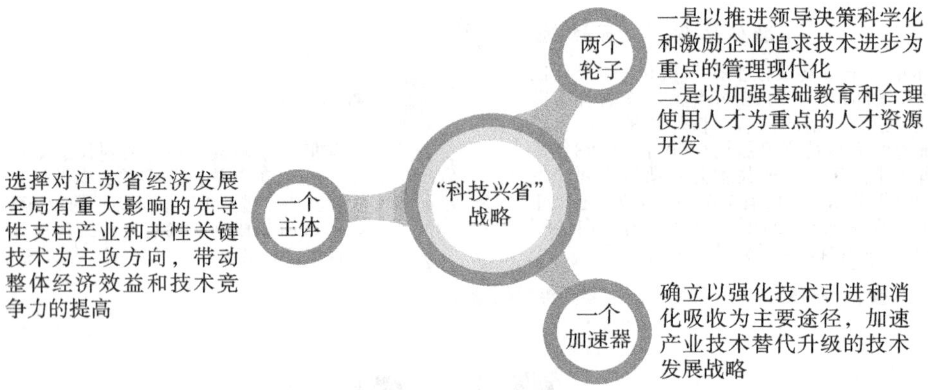

图 4–5 “科技兴省”战略的内涵要素

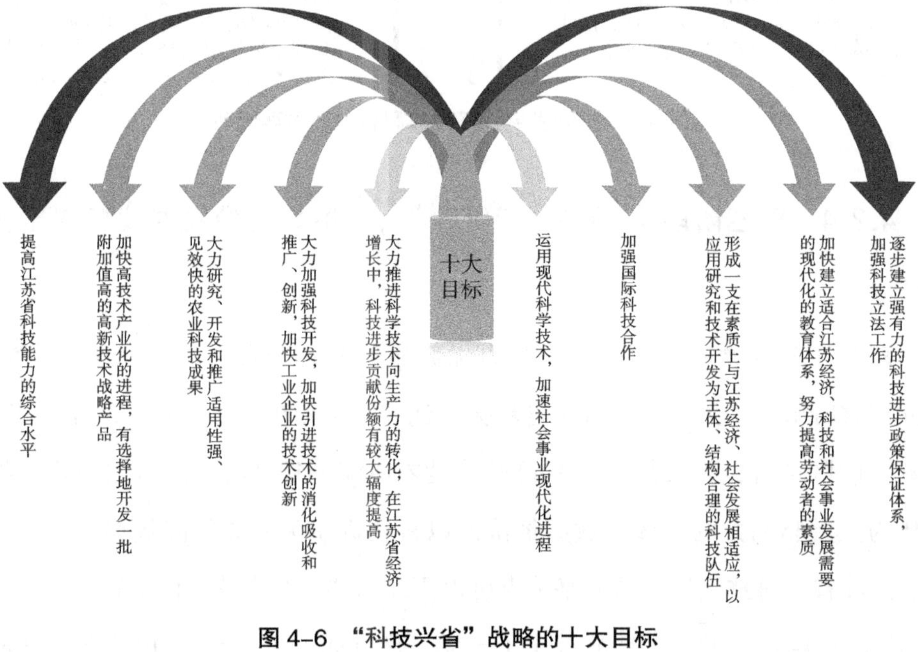

图 4–6 “科技兴省”战略的十大目标

“科技兴省”战略实施后，江苏省的科技创新工作取得了显著的成效。1990年，江苏省首个高新技术产业开发区在南京浦口成立。1992年，江苏省在全省启动建设了南京、苏州、无锡、常州4个国家级高新技术产业开发区。随后，镇江、扬州相继加入苏州、无锡、常州火炬带，初步形成了以沿江七市高新技术产业开发区[1]为基础、点线面结合的高新技术产业发展的总体布局。1994 年，江苏省工业技术进步贡献率达 38.2%，农业技术进步贡献率达 47.5%；全省专业技术人员达到 180 万人，37 个县（市）被评为全国科技工作先进县（市）；各类技术中介机构 7000 多个，从业人员 8 万多人，科技咨询产业迅速崛起。

1995 年，江苏省委、省政府召开全省科技大会，进一步确立了“科教兴省”的战略主体地位。此次会议对加快全省科技事业发展，再创江苏省科技、经济新优势具有深远的意义和影响，江苏省的科技创新发展迈入快车道。2000 年 3 月，在江苏省科技创新大会上，江苏省委、省政府对全省进一步实施“科教兴省”战略、大力推进技术创新工作进行了新的部署安排，科技体制改革全面深化。2003 年，江苏省委、省政府首次正式提出“两个率先”[2]的奋斗目标。

总体而言，在改革深化期，江苏省基于自身的特点和优势，全面依托和坚持“科技兴省”（“科教兴省”）战略，秉承将江苏省打造为科技先导型省份的理念和宗旨，在首位战略中初步构建了区域科技创新体系，开展了一系列具有开创性意义的科技创新部署，并取得了标志性的科技成果（图 4–7）。

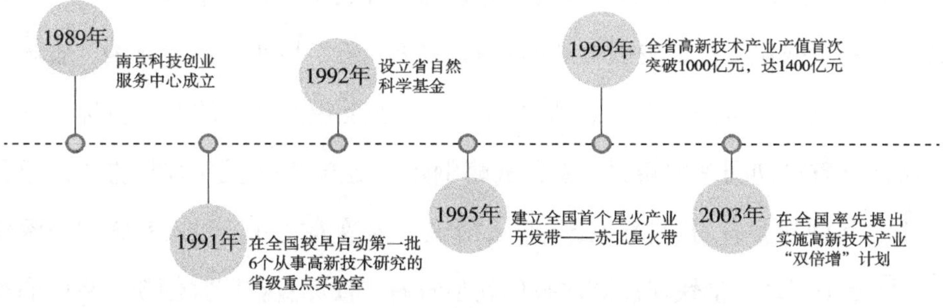

图 4–7　改革深化期江苏省部分科技创新重要部署及成效

---

[1] 沿江七市高新技术产业开发区为：南京高新区、苏州高新区、无锡高新区、常州高新区、镇江高新区、扬州高新区、南通高新区。

[2] “两个率先”：率先全面建成小康社会，率先基本实现现代化。

4.2.5 第五阶段（2006—2019年）：创新驱动中实现跨越发展

2006年4月19日，江苏省召开全省科技创新大会，明确了“十一五”期间江苏省科技创新的总体要求和思路，即“一个方针”“两大战略”“三个体系”“四个增强”（图4–8），标志着创新型省份建设的正式启动，2006年也因此被确定为“科技创新促进年”。进入“十二五”时期，江苏省立足新的起点，深刻把握和顺应全球发展大势，进一步突出科技在推动经济社会发展中的重要作用，将创新驱动提升到战略层面，并于2011年5月18日制定出台了《中共江苏省委江苏省人民政府关于实施创新驱动战略推进科技创新工程加快建设创新型省份的意见》，按照系统化安排、项目化落实的要求，组织实施“六大计划”（高新技术攀登计划、高新技术产业“双提升”计划、创新型领军企业培育计划、创新型园区建设计划、民生科技促进计划、高层次创新人才培养引进计划），以实现科技创新能力的跨越式发展。“十二五”期间，江苏省委、省政府进一步深化贯彻落实创新驱动发展战略，出台《关于加快企业为主体市场为导向产学研相结合技术创新体系建设的意见》《关于深化实施创新驱动发展战略的意见》等文件，大力推进并拓展科技创新工程，进一步强化了创新发展的鲜明导向。“十三五”以来，江苏省委、省政府确立“聚力创新”的战略举措，提出“高质量发展走在前列”的发展目标，先后出台了《江苏省贯彻国家创新驱动发展战略纲要实施方案》《关于加快推进产业科技创新中心和创新型省份建设的若干政策措施》等政策文件，深入实施“一深化四提升”[1]专项行动，加快建设高水平创新型省份，江苏省在国家创新体系中的地位和科技创新对江苏省经济社会发展的支撑能力明显提升。

---

[1] “一深化四提升”：全面深化体制机制创新，构建竞争力强的创新生态系统；提升企业自主创新能力，做强创新驱动发展主体；提升产业关键核心技术突破能力，推动产业结构向中高端攀升；提升高新区示范引领能力，加快形成区域创新的优势特色；提升创新平台集聚能力，促进创新资源优化配置和高效利用。

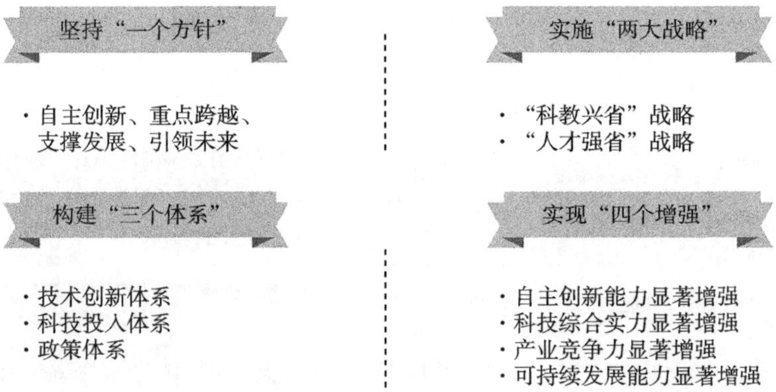

图 4–8　“十一五”期间江苏省科技创新的总体要求和思路

在全面提升阶段，尤其是近年来，面对我国建设世界科技强国的战略目标及百年未有之大变局，江苏省始终坚定不移地紧扣科技创新这一主旋律，主动担当，全面发力，多年来区域科技创新能力始终处于国家“第一梯队”，在服务“强富美高”[1]新江苏省建设及全国发展大局中实现了科技创新能力的整体性、跨越式发展，在科技创新体制改革，区域科技创新体系布局优化，创新型企业创新能力提升，产业技术创新体系效能提升，创新载体平台、创新创业氛围营造等各方面都开展先行先试和大胆创新，取得了多个在全国具有示范和引领意义的标志性成就（图 4–9），在牢牢抓住科技创新“机会窗口”的同时，不断创造着新的科技创新“机会窗口”，实现科技创新能力稳步提升。

[1] “强富美高”：指经济强、百姓富、环境美、社会文明程度高。

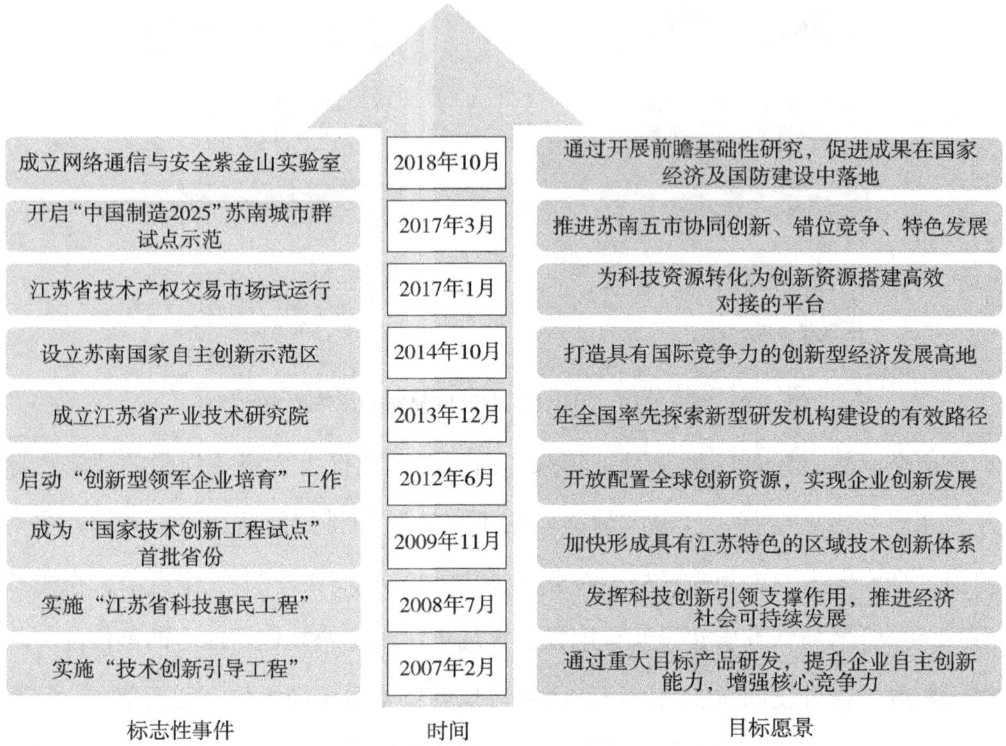

图 4–9 “全面提升”阶段江苏省科技创新标志性事件及目标愿景

4.3 江苏省科技创新能力跃迁

4.3.1 江苏省科技创新能力成熟度模型构建

由于能力成熟度模型能够比较好地反映“持续发展”和“阶梯进步”的理念，与江苏省科技创新发展爬坡越坎、持续性改进、螺旋式提升的阶段性特征吻合度高，因此，本书拟采用这一模型，通过成熟度等级的评估对江苏省科技创新能力的跃迁进行较为直观的刻画和阐述。

能力成熟度模型的内容一般分为成熟度等级和内容结构两部分。前者即模型的外部结构，一般以 4 ~ 6 个成熟度等级为主，后者即基于能力发展过程而构建的“关键领域”“关键子域/关键过程域”。在构建能力成熟度模型框架的过程中，首先需要对该领域（对象）的能力成熟度等级进行初步划分，再识别和提炼其关键领域的成熟度特征，从而为后续的能力成熟度评估提供依据和操作标准。本书借鉴已有的软件能力成熟度模型、美国项目管理学会提出的 OPM3 项目管理能力成熟度模型（Fahrenkrog et al. 2003）及克兹纳（Kerzner，2002）提出的五层次项目管理成熟度模型，依据江苏省科技创新工作的实践，初步将江苏省科技创新能力成熟度划分为 5 个层次，依次为松散无序级、初步规范级、战略定义级、赋能提速级和全息优化级，其对应的科技创新范式可以分别概括为外力推动型创新、模仿借鉴型创新、使命驱动型创新、开放探索型创新、整合引领型创新（图 4–10）。

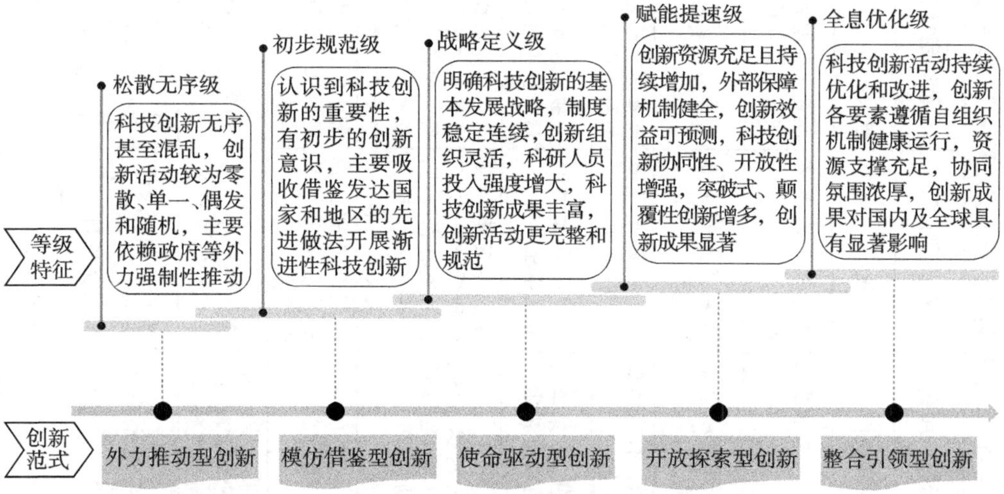

图 4–10　江苏省科技创新能力成熟度等级特征分类及创新范式

4.3.2　江苏省科技创新能力成熟度模型评价

在评价江苏省科技创新能力成熟度等级之前，需要先识别或凝练科技创新的关键过程域（关键过程子域），并明确各关键过程域（关键过程子域）的目标集。针对成熟度等级特征分类，本书将各关键过程域及其目标集设定如下（表 4–1）。

表 4-1 江苏省科技创新能力成熟度等级关键过程域（子域及其目标集）

关键过程域	关键过程子域	松散无序级	初步规范级	战略定义级	赋能提速级	全息优化级
A 资源支撑能力	A1 研发资金投入强度	投入很低	投入低	投入一般	投入高	投入很高
	A2 研发人员投入强度	研发人员数量很少	研发人员数量不足	数量开始增长，但结构不太合理	研发人员充足，结构配置较为合理，人员管理规范	研发人员充足，结构配置非常合理，具有很强的创新意识及能力
	A3 省级以上重点实验室投入使用情况	几乎没有或数量极少	仅有少量的重点实验室	数量和种类均一般	数量显著提升，拥有部分领域重点实验室且具有较强的显示度	量质齐升，拥有各大学科领域的重要实验室和研发平台且发挥重大作用
B 机制保障能力	B1 政策支持作用	很低，仅有零散的政策	低，政策干预性大于引导性	政策具有一定程度的引导作用	政策引导性较强，发挥很好的保障功能	政策支持作用明显，且有很强的示范意义
	B2 政策设计水平	很差，政策工具使用较为混乱	差，政策工具使用互补性不强	一般，政策设计开始注重协同配套	强，政策具有强大的配套性和系统性，工具使用较为合理	很强，政策设计非常科学合理，工具使用非常完善
C 主体主导能力	C1 协同耦合能力	创新意识不强，主体间无协同互动	各主体具有初步的创新合作意识，但沟通存在障碍，信任不足，协同形式大于内容	开始了一定程度和某些领域的创新协同，但在沟通、信任度、协同效率方面差强人意	具备较强的开放合作创新意识，主体突破组织边界，跨界协同活动很多且协同能力很强	科技创新协同氛围浓厚，主体基于全息总体思维，在技术、战略、运营、商业模式及管理各流程开展高效协同
	C2 战略规划能力	无	有规划意识，但未开展实质性规划行动	有一定数量的战略规划机制，但行动不多	制定了一系列战略规划并付诸行动，实施效果较好	制定了完善的战略规划，主体间行动积极，实施调整和优化战略
D 创新产出能力	D1 科研成果产出质量	成果很少，且产出非常随机，具有偶发性	有少量的成果产出，但质量不高	成果产出的数量和质量一般	有一定数量的高水平科研成果产出	有大量的高水平科研成果产出，并具备持续产出和提升的能力
	D2 科研人才培养质量	科研人才培养没有计划	有少量科研人才涌现，但缺乏长效培养机制	出现一定数量的科研人才，但创新性不足且培养缺乏持续性	具有较为科学合理的科研人才培养的顶层设计，人才大量涌现	各领域、各层级的创新型科研人才大量涌现，人才综合实力显著提升，人才培养机制健全
	D3 区域经济社会发展贡献度	几乎没有	贡献很小	具有一定程度的贡献	对地区经济社会发展产生了较强的贡献	对地区经济社会发展产生持续且全面的贡献

在构建江苏省科技创新能力成熟度模型并明确具体的能力等级及其目标集之后，开始实施江苏省科技创新能力成熟度等级具体的评估工作。为保障评估的客观性和准确性，我们建立了评估小组，并邀请由政府机关、高校院所、企业中高管理层等组成的 50 位专家（表 4–2）根据表 4–1 设立的标准，对江苏省科技创新能力的关键过程域（关键过程子域）的目标实现程度进行打分。评估以网络问卷调查方式开展。在调查问卷中，事先以赋值方式确定科技创新能力各等级及目标实现程度（表 4–3），最终取专家评估的算术平均值作为关键过程域（关键过程子域）的目标分值。

表 4–2　评估专家人员构成

单位名称	单位性质	人数 / 人
江苏省科学技术厅	政府机构	5
江苏省工业和信息化厅	政府机构	5
江苏省发展和改革委员会	政府机构	5
江苏省社会科学院	事业单位	3
南京大学商学院	高校	8
南京理工大学公共事务学院	高校	8
南京林业大学经济管理学院	高校	8
中国电子科技集团公司第十四研究所	科研院所	4
国电南京自动化股份有限公司	企业	4

表 4–3　江苏省科技创新能力成熟度调查问卷各等级分值区间设定

等级级别	松散无序级	初步规范级	战略规划级	赋能提速级	全息优化级
分值区间 / 分	[0 ~ 20)	[20 ~ 40)	[40 ~ 60)	[60 ~ 80)	[80 ~ 100]

调研共发放调查问卷 50 份，回收 48 份，剔除 2 份无效问卷，问卷有效回收率为 96%。在统计前，针对问卷内容进行了信度和效度检验。借助 SPSS 20.0 软件分析得出，回收的有效问卷的 Cronbach α 信度系数为 0.84，KMO 值为 0.87，说明问卷回收样本具有较好的信度和效度。经过统计，本书绘制了各关键过程子

域目标分值的戴布拉图（图 4–11），最终得出结论：江苏省在经过了 70 年的科技创新实践之后，目前处于科技创新能力等级的第四阶段，即科技创新能力的赋能提速级，主要采用的科技创新范式为开放探索型创新。该阶段的能力等级特征突出表现为：创新资源充足且持续增加，外部保障机制较为健全，创新效益可预测，科技创新主体之间协同性、开放性明显增强，除了常规的渐进性创新之外，突破性、颠覆式创新也显著增多，创新成果在此期间较为显著。

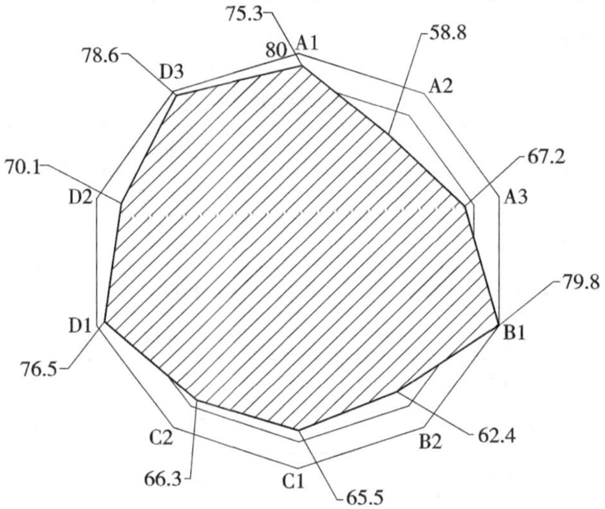

图 4–11　江苏省科技创新能力成熟度关键子域目标得分戴布拉图

4.4　江苏省科技创新能力未来发展

从前述江苏省科技创新能力历时演进的分析来看，经过 70 年的科技创新实践，在“科技是第一生产力”的指导思想下，江苏省的各项科技创新事业都取得了长足的发展和进步。在由“创新驱动”向“创新引领”的跃迁演进中，江苏省始终坚持科学发展，持续深化科技创新和体制机制改革的步伐，科技创新能力不断增强，科技创新为江苏省加快实现产业转型升级和经济社会高质量发展提供了强有力的支撑和保障。但与此同时也要看到，虽然江苏省的科技创新能力在全国处于前列，但与同处于科技创新能力“第一梯队”的广东相比，江苏省仍有许多亟待突破的“能力短板”。概括而言，主要有四点：一是制约科技创新的体制机制障碍仍然存在；二是科教资源与地方经济结合不够紧密；三是激励创新创业的环境氛围不够浓厚；四是关键核心技术受制于人的状况依然严重。针对这些不足，本书具体提出了未来能力提升的对策建议。

4.4.1　优化制度设计：以科技商业模式完善科技体制改革

切斯伯勒和罗森布鲁姆（Chesbrough & Rosenbloom，2002）指出，价值创造是商业模式中最核心的内容要素，只有真正创造了价值，才能有持续的价值交换和价值获取。遵循这一逻辑，江苏省在科技体制改革方面，也应当坚持科技商业模式，将企业视为改革的关键主体，聚焦于企业自主创新能力的培育和引导。政府应坚持市场导向的科技体制改革原则，更多地基于顶层设计而非实践探索的角度开展科技体制改革，以系统化、全局化的思维协同推进改革；合理、充分地利用企业、高校、科研院所、中介服务机构等各类创新主体的核心资源，通过市场竞争而不是行政干预驱动创新，通过价值交换获取创新收益。同时，政策文件要最大限度地发挥功能化而非工具化作用，在保留一定的弹性空间的同时更要注重政策之间的延续性、稳定性和长效性，避免政策冗余、政策空传、政策执行偏误等。对不同创新主体的激励手段要实现精准化、差异化，并增强对政府权力的约束和监督，避免出现权力寻租等腐败行为。

4.4.2　深化螺旋链接：以多主体协同打通成果转化通道

要打通科技与产业结合的“最先一公里”和“最后一公里”，就必须坚持两个创新的战略方向和原则：一是坚持基于用户的“需求式”创新和基于重大理论突破和基础技术发展的“引领式”创新的双向突破；二是坚持基础研究、应用开发、成果转化和产业化紧密结合。在具体实施层面，要顺应创新主体多元、活动多样、路径多变的发展趋势，构建“政产学研用资”等多主体协同耦合的三螺旋式的高水平创新体系，通过在科技创新活动中的互补、协调和合作，实现科技资源配置效率的最大化。可以借鉴创新中心（InnoCentive）、美国 Yet2 技术服务与交易平台等市场化创新网络平台模式，利用“互联网＋科技成果”搭建集聚全球数十万科学家和技术人员、直接联通企业创新供需双方的专业化服务市场，通过发展战略目标搜索、战略交易流服务、授权技术市场化、专利交易、创意提交门户和风险投资等业务，发挥网络化平台优势，为提升江苏省科技成果转化速率和效率提供线上线下相互支撑的解决方案。同时，积极发挥江苏省产业技术研究院“创新纽带”的作用，按照“综合职能部门＋平行专业部门”的模式，加强全省产业技术创新资源的统筹整合，并联合地方和社会资源成立引导性专业创投基金，共同推进早期原创技术的熟化、转化和产业化。

4.4.3 育化创新氛围：以双循环理念打造创新生态雨林

一方面，要进一步优化省内、国内的科技创新环境，着力构建良好的科技创新生态体系，进一步完善政府科技管理机制，大力推进简政放权、放管结合，政府在充分尊重市场经济规律的基础上发挥引导作用，做好顶层设计；完善知识产权运用和保护机制，加快落实“知识产权强省”战略；实施全民科学素质行动，广泛开展面向基层的科普活动，在全社会推动形成尊重科学、崇尚科学、活用科学的良好氛围。另一方面，要以全球视野和国际化范式支持国际科技合作，促进江苏省国际科技创新联盟建设，借助“政府间国际科技创新合作”重点专项及江苏省与国外创新型国家的产业研发合作项目等，广泛开展国际技术交流和合作，进一步推进南京、苏州、无锡等地国际合作重大创新平台建设，积极融入全球创新网络；推动本土企业与国外企业通过专利交叉许可、研发外包、服务外包等多种模式开展国际科技合作，支持创新型领军企业整合国内外创新资源，营造开放包容的国际化氛围，打造集聚国内外优质资源的创新生态雨林。

4.4.4　强化技术攻关：以关键技术突破降低科技安全风险

江苏省要避免未来遭受其他国家或地区的“降维打击”，摆脱关键核心技术受制于人的局面，就必须提升基础研究能力，加强关键核心技术攻关。江苏省要围绕建设自主可控的现代产业体系、提升科技创新能级的目标，聚焦产业发展“卡脖子”技术瓶颈，突出产业需求大、省内研发比较优势突出的领域，凝练一批战略目标产品或关键环节，筛选出一批预期 5 年内能取得重大突破的产业核心关键技术，采取针对性的组织攻关。通过实施前瞻性产业技术创新专项、前沿引领技术基础研究专项等，超前部署前沿技术和基础研究，积极抢占未来产业发展的制高点，着力攻克和转化一批具有自主知识产权的核心技术。同时，要定期发布技术攻关指南，科学划分风险级别。对于关键核心技术掌握在发达国家尤其是美国等几家公司手中、市场高度垄断、风险度极高的项目，要集成优势学科、优势团队和科研精锐力量，努力实现重大突破。遵循科技与产业发展规律，制定综合性国家科学中心、大科学装置集群和江苏省实验室建设等战略规划，围绕产业集群创新需求，布局建设关键领域专业性研究所和企业联合创新中心，强化重大核心技术供给，建成具有江苏省特色的“金字塔”型开放式技术创新平台体系。

对于江苏省而言，科技创新是深入贯彻落实创新驱动发展战略及创建科技强省的核心动力。而提升科技创新能力，则是江苏省在致力于实现经济社会高质量发展目标过程中的关键支撑和主要着力点。只有聚焦科技创新，牢牢把握科技进步的大方向和产业变革的大趋势，才能在未来激烈的国内国际竞争环境中取得持续不断的发展动力。作为区域科技创新“排头兵”的江苏省，在 70 年的创新实践中积累了丰富的经验，但也存在诸多科技创新能力短板。未来，江苏省要在内生式开放性创新模式引领下，不断加强“科技创新”和“体制机制创新”双轮驱动，才能在现有创新高原的基础上创造更多的创新高峰。

第5章　江苏省瞪羚企业成长现状分析

2018年8月，江苏省科技厅出台《江苏省瞪羚企业培育实施方案》（以下简称《方案》），以苏南国家自主创新示范区及省级以上高新区为重点，拓展实施创新型企业培育行动计划，重点围绕大数据、云计算、物联网、人工智能、高端芯片、战略基础材料、生物医药等产业技术前沿领域及分享经济、平台经济、智能经济等新经济领域，培育一批技术含量高、成长速度快、盈利能力强、产业模式新、发展潜力大的瞪羚企业。《方案》提出，2020年，全省培育瞪羚企业700家，其中苏南国家自主创新示范区培育瞪羚企业超过500家的目标。根据实际发展情况，江苏省省生产力促进中心发布的“江苏省高新区暨苏南自创区独角兽企业和瞪羚企业评估结果”显示，截至2020年，全省高新区共遴选出瞪羚企业507家；苏南自创区共遴选出瞪羚企业454家。

南通、苏州、南京先后出台了瞪羚培育扶持政策。2011年3月，南通市科技局出台《南通市瞪羚企业培育工程实施纲要》，围绕动态管理、重点资助培育企业、开辟“绿色通道”、加大科技创新拓展融资渠道、引进高层次紧缺人才、落实扶持政策等措施助力瞪羚企业发展。2013年9月，苏州市科技局下发《重点挂钩中小科技企业（瞪羚计划）服务工作方案》，集成科技资源和创新要素，大力扶持重点挂钩中小科技企业增强自主创新能力，着力推动一批企业在3～5年内成长为 10 亿元级的科技小巨人企业。2018 年 2 月，南京市委、市政府发布《关于建设具有全球影响力创新名城的若干政策措施》，对瞪羚企业、独角兽企业、拟上市企业等开设绿色通道，实行“一企一策”。2018 年 6 月，苏州工业园区管委会出台《苏州工业园区关于实施瞪羚企业培育工程的若干意见》，重点聚焦生物医药、纳米技术应用、人工智能等战略性新兴产业，着力培育一批具有技术含量高、成长速度快、盈利能力强、产业模式新、高端要素集聚的瞪羚标杆企业集群，为园区转型升级、创新发展注入新动能。

5.1　企业基本情况

根据科学技术部火炬高技术产业开发中心、北京市长城企业战略研究所发布的国家高新区瞪羚企业名单，江苏省入选瞪羚企业的情况是 2013 年 141 家、2014 年 164 家、2015 年 207 家、2016 年 300 家，累计入选企业 590 家，分布在江苏省 16 个国家级高新区内。本节将对 2017 年江苏省瞪羚企业发展的基本情况进行分析，其中企业控股和登记注册、高新技术企业认定、持续经营时间等分析以 590 家瞪羚企业为基数；经营状况、从业人员、创新要素投入等分析以 2017 年 522 家瞪羚企业为基数。江苏省国家级高新区瞪羚企业数量如表 5–1 所示。

表 5–1　江苏省国家级高新区瞪羚企业数量

单位：家

江苏省国家级高新区	2013 年	2014 年	2015 年	2016 年	累计
苏州工业园区[1]	27	44	63	82	142
苏州	21	20	30	42	75

[1] 这里需要说明的是，在瞪羚企业统计过程中，由于苏州工业园区相较于兄弟园区表现较为突出，因此，国家有关统计部门和高端智库等单位习惯上是将苏州工业园区单独展示，本书也采用这种做法。

续表

江苏省国家级高新区	2013 年	2014 年	2015 年	2016 年	累计
无锡	15	10	23	30	58
南京	19	19	21	28	57
昆山	7	11	9	22	37
武进	2	2	5	20	23
南通	3	8	8	19	30
常州	40	30	28	18	94
常熟	—	—	0	8	8
江阴	0	6	1	6	12
泰州	4	7	8	6	17
扬州	—	—	1	6	6
镇江	—	0	0	6	6
徐州	3	7	8	3	20
连云港	—	—	1	3	3
盐城	—	—	1	1	2
江苏	141	164	207	300	590
全国	1542	1888	2085	2576	8091

注：—表示当年该高新区尚未批复为国家级高新区。

5.1.1 企业控股和登记注册情况

从企业控股来看（图 5–1），590 家江苏省瞪羚企业中，私人控股企业 406 家，占瞪羚企业总数的 68.81%；国有控股企业 47 家，仅占瞪羚企业总数的 8.00%。从企业登记注册情况来看，有限责任公司和股份有限公司共占瞪羚企业总数的 99.60%。可见，建立起现代企业制度的民营企业是江苏省瞪羚企业的主体。

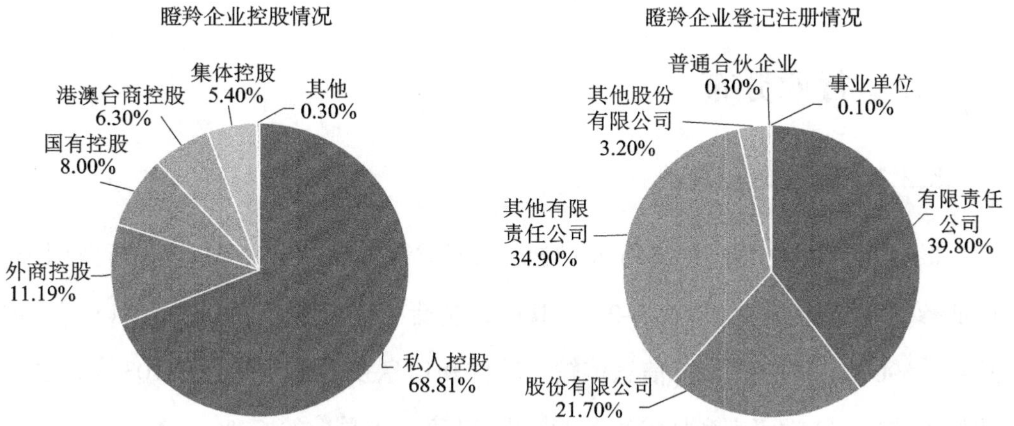

图 5–1　江苏省瞪羚企业控股和登记注册情况

5.1.2　高新技术企业认定情况

2017 年，590 家江苏省瞪羚企业中被认定为国家高新技术企业的有 423 家（如图 5–2），占比为 71.70%。瞪羚企业中高新技术企业的占比明显高于江苏省国家高新区企业的 35.10%。扬州、连云港、南京高新区瞪羚企业中高新技术企业占比排名江苏全省前三，分别为 100%、100% 和 93.00%；泰州、盐城、徐州高新区瞪羚企业中高新技术企业占比排名江苏全省后三，分别为 56.00%、50.00%、35.00%。

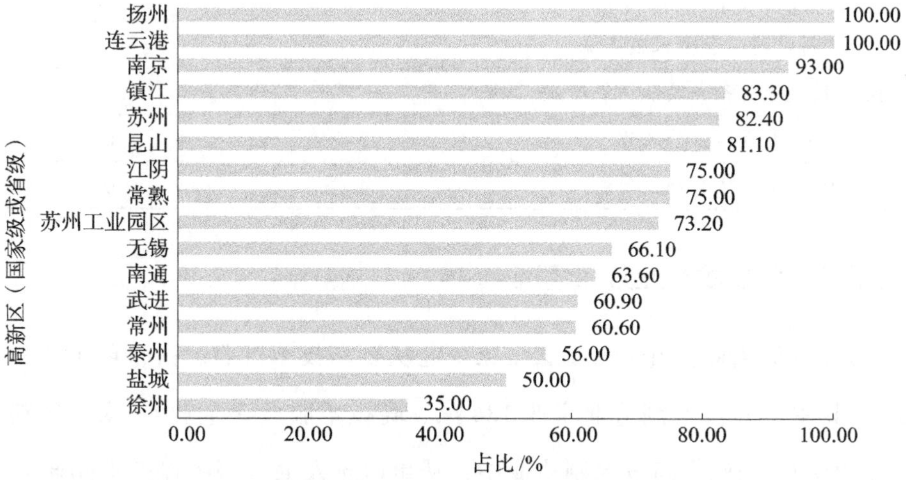

图 5–2　瞪羚企业获得国家高新技术企业认定情况

5.2 行业分布

5.2.1 行业分布情况

根据《国民经济行业代码 2017》，江苏省瞪羚企业分布在 12 个行业门类，行业覆盖率达到 60.0%（表 5-2）。其中，制造业企业数最多，达到 415 家，占总数（590 家）的 70.3%；信息传输、软件和信息技术服务业企业 103 家，占总数的 17.5%；科学研究和技术服务业企业 37 家，占总数的 6.3%。

表 5-2 江苏省瞪羚企业行业门类分布

行业门类	企业数量 / 家	占总数（590家）比例 /%
A 农、林、牧、渔业	1	0.2
C 制造业	415	70.3
D 电力、热力、燃气及水生产和供应业	11	1.9
E 建筑业	2	0.3
F 批发和零售业	5	0.8
I 信息传输、软件和信息技术服务业	103	17.5
J 金融业	1	0.2
L 租赁和商务服务业	2	0.3
M 科学研究和技术服务业	37	6.3
N 水利、环境和公共设施管理业	7	1.2
O 卫生和社会工作	2	0.3
R 文化、体育和娱乐业	4	0.7

5.2.2 高技术产业分布情况

590 家江苏省瞪羚企业中，232 家企业从事高技术行业，占瞪羚企业总数的 39.3%。其中，高技术制造业企业 184 家、高技术服务业企业 48 家，分别占总数的 31.2% 和 8.1%。高技术制造业中，从事电子及通信设备制造业瞪羚企业最多，占总数的 15.4%。高技术服务业中，从事信息服务业瞪羚企业最多，占总数的 4.0%（表 5–3）。

表 5–3 江苏省瞪羚企业在高技术产业分布

高技术产业		企业数量 / 家	占总数（590 家）比例 /%
高技术制造业	电子及通信设备制造业	91	15.4
	医疗仪器设备及仪器仪表制造业	69	11.7
	医药制造业	13	2.2
	计算机及办公设备制造业	7	1.2
	信息化学品制造业	4	0.7
	合计	184	31.2
高技术服务业	信息服务	24	4.0
	研发与设计服务	11	1.9
	环境监测及治理服务	7	1.2
	专业技术服务业的高技术服务	3	0.5
	科技成果转化服务	3	0.5
	合计	48	8.1

5.3 科技要素投入

5.3.1 获得风险投资情况

2017 年，17 家江苏省瞪羚企业获得创业风险投资，占总数 522 家比例为 3.3%；高于同期江苏省国家级高新区企业（2.5%）0.8 个百分点。从获得的资金额度来看，企业平均获得创业风险投资额 4845.0 万元；获得 5000 万元以上投资的瞪羚企业为 6 家，获得小于 1000 万元投资的企业为 5 家（表 5–4）。

表 5-4　江苏省瞪羚企业获得创业风险投资分布

风险投资额区间 / 万元	企业数量 / 家	占比 /%
[0，1000)	5	1.0
[1000，5000)	6	1.1
[5000，10000)	3	0.6
[10000，∞)	3	0.6

5.3.2　与科技企业孵化器关系

江苏省瞪羚企业中，入驻或毕业于科技企业孵化器的瞪羚企业共有 99 家，占瞪羚企业总数的 16.8%。其中，在孵的瞪羚企业有 55 家，占瞪羚企业总数的 9.3%；毕业的瞪羚企业有 44 家，占瞪羚企业总数的 7.5%。从入驻时间上看，2009—2012 年是瞪羚企业入驻孵化器的密集期，这期间入驻孵化器的瞪羚企业达 26 家（图 5-3），占在孵瞪羚企业数的 47.3%。从毕业时间上看，2011—2012 年、2014—2015 年是瞪羚企业毕业的高峰期，共有 26 家瞪羚企业从孵化器毕业（图 5-4），占毕业瞪羚企业的 59.1%。

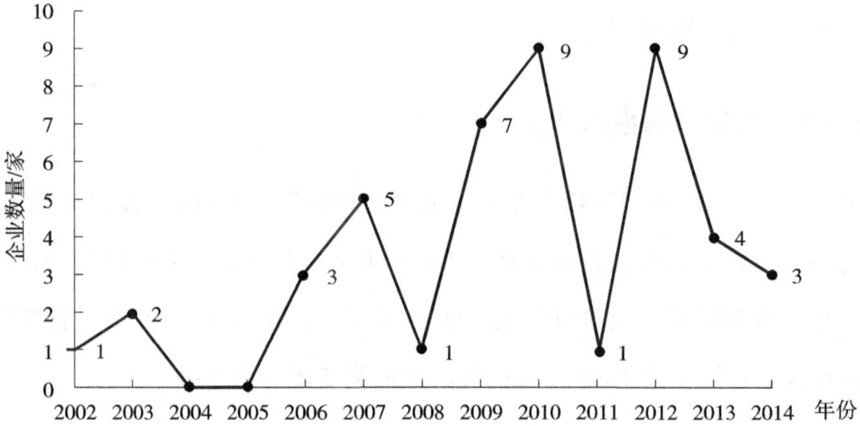

图 5-3　瞪羚企业入驻孵化器时间分布

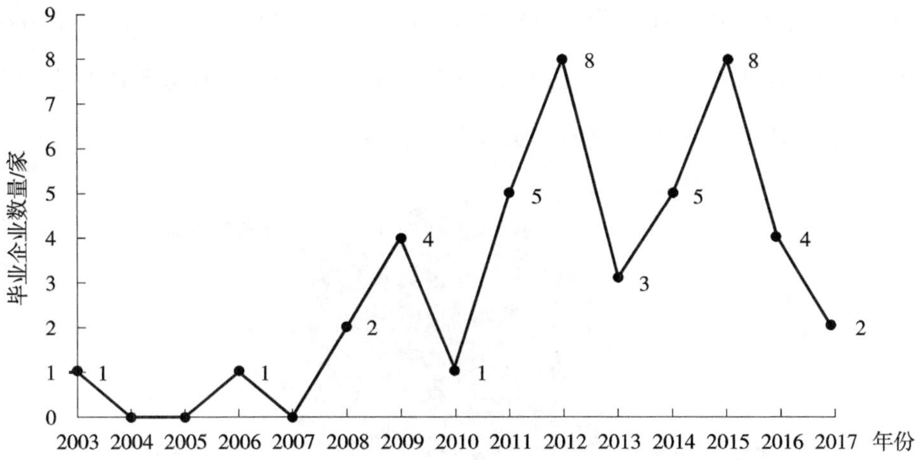

图 5-4　孵化器毕业瞪羚企业毕业时间分布

5.3.3　从业人员

2017 年江苏省瞪羚企业拥有从业人员 18.3 万人，瞪羚企业平均拥有从业人员 350 人，是江苏省国家级高新区企业平均从业人员数（289 人）的 1.2 倍（图 5-5）。其中，从业人员超过 500 人的瞪羚企业 76 家，占比为 14.56%；从业人员 50 ~ 99 人的瞪羚企业最多，共 94 家，占比为 18.01%。江苏省瞪羚企业人员规模偏小，超过一半的企业从业人员数在 200 人以下。

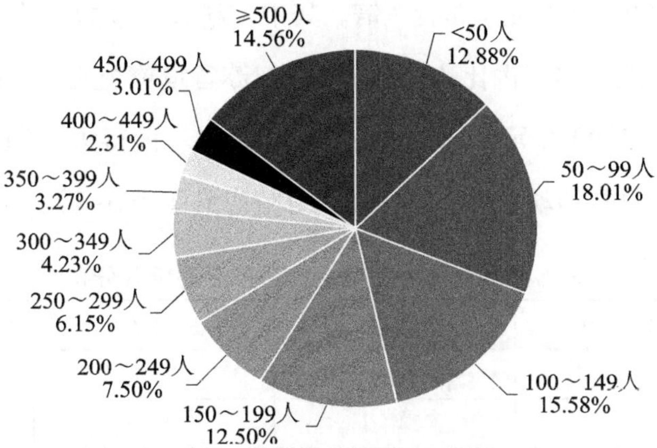

图 5-5　江苏省瞪羚企业从业人员规模

从从业人员学历分布来看，其中本科学历人员 54 905 人，占总数的 30.00%；硕士研究生学历人员 9532 人，占总数的 5.20%（图 5–6）。江苏省瞪羚企业从业人员学历层次较高，接近四成的人员具备本科及以上学历。

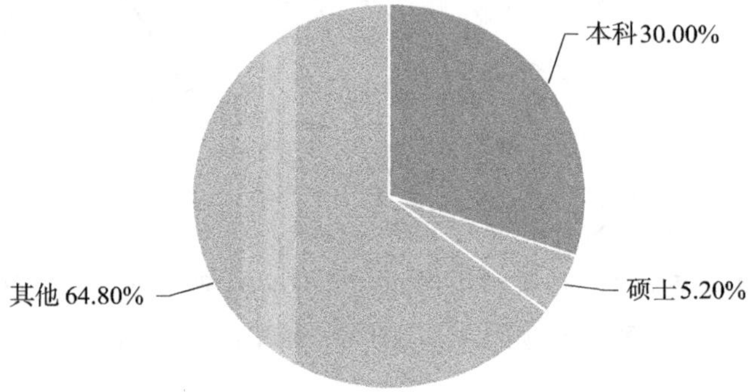

图 5–6　江苏省瞪羚企业从业人员学历分布

5.3.4　研发经费投入

江苏省瞪羚企业创新要素投入活跃：资金投入方面，科技活动投入强度（科技创新投入 / 总投入经费）达到 4.3%；人员投入方面，科技活动人员占比（科技活动人员 / 总人员数）达到 21.9%。

2017 年，江苏省瞪羚企业平均科技活动投入为 2501.9 万元，是江苏省国家级高新区企业（939.2 万元）的 2.7 倍。其中，科技活动投入在 100 万 ~ 500 万元区间的瞪羚企业最多，占比达到 23.4%。江苏省瞪羚企业的科技活动投入主要分布在 100 万 ~ 2000 万元区间，占比达到 62.8%。值得关注的是，还有 11.1% 的瞪羚企业没有科技活动投入，创新能力有待提升（表 5–5）。

表 5–5　江苏省瞪羚企业科技活动投入分布

科技活动收入 / 万元	企业数量 / 家	占比 /%	累计占比 /%
0	58	11.1	11.1
（0，100）	13	2.5	13.6
［100，500）	122	23.4	37.0

续表

科技活动收入 / 万元	企业数量 / 家	占比 /%	累计占比 /%
[500，1000）	102	19.5	56.5
[1000，2000）	104	19.9	76.4
[2000，5000）	70	13.4	89.8
[5000，10000）	28	5.4	95.2
[10000，∞）	25	4.8	100.0

2017 年，江苏省瞪羚企业科技活动投入强度达 4.3%，是江苏省国家级高新区企业（1.9%）的 2.3 倍。其中，科技活动投入强度在 2.5% ~ 5.0% 的企业数最多，达到 155 家；5.0% ~ 7.5% 的企业数较多，达到 107 家（表 5–6）。江苏省瞪羚企业的科技活动经费投入强度主要分布在 2.5% ~ 10.0% 之间，占比达到 60.0%。

表 5–6　江苏省瞪羚企业科技活动投入强度分布

科技活动投入强度 /%	企业数量 / 家	占比 /%	累计占比 /%
0	58	11.1	11.1
（0，2.5）	42	8.1	19.2
[2.5，5.0）	155	29.7	48.9
[5.0，7.5）	107	20.5	69.3
[7.5，10.0）	51	9.8	79.1
[10.0，30.0）	91	17.4	96.6
[30.0，∞）	18	3.4	100.0

2017 年，江苏省瞪羚企业平均拥有科技活动人员 77 人，是江苏省国家级高新区企业（31 人）的 2.5 倍；科技活动人员占总人员数的比例达到 21.9%，是江苏省国家级高新区企业（10.7%）的 2.0 倍。科技活动人员中，93.3% 为项目参加人员，6.7% 为科技管理和服务人员。其中，科技活动人员占比在 10% ~ 20% 的企业数最多，达到 133 家；20% ~ 30% 占比的企业较多，达到 101 家（表 5–7）。

表 5-7　江苏省瞪羚企业科技活动人员分布

科技活动人员占比 /%	企业数量 / 家	占比 /%	累计占比 /%
0	58	11.1	11.1
（0，10）	22	4.2	15.3
[10，20）	133	25.5	40.8
[20，30）	101	19.4	60.2
[30，40）	67	12.8	73.0
[40，50）	47	9.0	82.0
[50，∞）	94	18.0	100.0

5.4　创新成果产出

江苏省瞪羚企业创新产出丰富，新产品产值与收入、技术收入及高新技术产品收入不断提升，瞪羚企业积极取得知识产权，创立自主品牌，专利、商标等知识产权数量不断增加。

2017 年，江苏省瞪羚企业积极开发新产品，305 家企业有新产品投向市场，取得销售收入，占企业总数的 58.4%。实现新产品销售收入 1209.3 亿元，占产品销售收入的 44.0%，是江苏省国家级高新区企业（15.4%）的 2.9 倍。瞪羚企业平均实现新产品销售收入 2.3 亿元，是江苏省国家级高新区企业（7236.0 万元）的 3.2 倍。从新产品销售收入分布区间来看，0 ~ 1 亿元区间的瞪羚企业最多，有 176 家，占比为 33.7%；10 亿元以上的企业 30 家，占比为 5.7%（表 5-8）。

表 5-8　江苏省瞪羚企业新产品销售收入分布

新产品销售收入 / 亿元	企业数量 / 家	占比 /%	累计占比 /%
0	217	41.6	41.6
（0，1）	176	33.7	75.3
[1，2）	38	7.3	82.6
[2，3）	17	3.3	85.9
[3，4）	20	3.8	89.7

续表

新产品销售收入 / 亿元	企业数量 / 家	占比 /%	累计占比 /%
[4，5)	8	1.5	91.2
[5，6)	5	0.9	92.1
[6，7)	2	0.4	92.5
[7，8)	5	1.0	93.5
[8，9)	3	0.6	94.1
[9，10)	1	0.2	94.3
[10，∞)	30	5.7	100.0

截至 2017 年年底，425 家江苏省瞪羚企业拥有有效专利，占比为 81.4%；367 家企业拥有有效发明专利，占比为 70.3%。江苏省瞪羚企业共拥有有效专利 19 344 件，平均每家企业拥有有效专利 37.1 件；瞪羚企业共拥有有效发明专利 6120 件，平均拥有有效发明专利 11.7 件。从瞪羚企业拥有有效专利数量区间来看，0 ~ 20 件区间的企业最多，有 150 家，占比为 28.7%；6.7% 的企业拥有有效专利数超过 100 件（表 5–9）。

表 5–9　江苏省瞪羚企业拥有有效专利数量分布

拥有有效专利数 / 件	企业数量 / 家	占比 /%	累计占比 /%
0	97	18.6	18.6
(0，20)	150	28.7	47.3
[20，40)	143	27.4	74.7
[40，60)	45	8.6	83.3
[60，80)	38	7.3	90.6
[80，100)	14	2.7	93.3
[100，∞)	35	6.7	100.0

瞪羚企业积极创立自主品牌。江苏省瞪羚企业共拥有注册商标 3356 件，瞪羚企业平均拥有注册商标 6.4 件。其中，284 家瞪羚企业拥有注册商标，占比为

54.4%。从企业拥有注册商标数量分布来看，30.6% 的企业拥有注册商标数不超过 5 件；8.4% 的企业拥有注册商标超过 20 件（表 5–10）。

表 5–10　江苏省瞪羚企业拥有注册商标数量分布

拥有注册商标数 / 件	企业数量 / 家	占比 /%	累计占比 /%
0	238	45.6	45.6
（0，5）	160	30.6	76.2
[5，10）	45	8.7	84.9
[10，15）	22	4.2	89.1
[15，20）	13	2.5	91.6
[20，∞）	44	8.4	100.0

5.5　经营与盈利

5.5.1　持续经营时间

大部分江苏省瞪羚企业成立于 2013 年以前，截至 2017 年，平均持续经营时间为 10.1 年。其中，313 家瞪羚企业持续经营时间超过 10 年，占比为 53.0%；持续经营时间在 5 ~ 9 年的瞪羚企业 253 家，占比为 42.9%；持续经营时间不到 5 年的企业 24 家，占比仅为 4.1%。可见，企业从开始创业到实现高速成长，一般至少需要 5 年的积累；15 年以后企业成长速度变缓，进入平稳发展期。江苏省瞪羚企业持续经营时间分布如表 5–11 所示。

表 5–11　江苏省瞪羚企业持续经营时间分布

注册时间	持续经营时间 / 年	企业数量 / 家	占比 /%
2001 年	16	24	4.1
2002 年	15	33	5.5
2003 年	14	60	10.2
2004 年	13	57	9.7
2005 年	12	52	8.8

续表

注册时间	持续经营时间 / 年	企业数量 / 家	占比 /%
2006 年	11	51	8.6
2007 年	10	36	6.1
10 年及以上合计		313	53.0
2008 年	9	56	9.5
2009 年	8	64	10.9
2010 年	7	59	10.0
2011 年	6	49	8.3
2012 年	5	25	4.2
5 ～ 9 年合计		253	42.9
2013 年	4	8	1.4
2014 年	3	13	2.2
2015 年	2	3	0.5
5 年以下合计		24	4.1

5.5.2　上市或挂牌情况

截至 2017 年年底，共有 108 家瞪羚企业上市或挂牌，占江苏省瞪羚企业总数的 18.3%。其中，21 家瞪羚企业上市，占瞪羚企业总数的 3.6%。上市地点以深圳证券交易所和上海证券交易所为主，分别占上市瞪羚企业的 52.4% 和 33.3%；在中国香港上市的瞪羚企业 1 家，在海外上市的瞪羚企业 2 家。

自 2012 年开始，选择在新三板上市的瞪羚企业逐年增多。2017 年，共有 76 家江苏省瞪羚企业在新三板挂牌，占瞪羚企业总数的 12.9%；11 家企业在地方四板挂牌，占瞪羚企业总数的 1.9%。

5.5.3　营业收入

统计数据显示，2017 年江苏省瞪羚企业共实现营业收入 3065.93 亿元，平均每家瞪羚企业营业收入 5.87 亿元，高于江苏省国家级高新区企业平均营业收入规模

（4.68 亿元）25.4 个百分点。从收入区间来看，收入在 1 亿元以下的瞪羚企业 201 家，占比为 38.5%；收入在 1 亿 ~ 5 亿元的瞪羚企业 196 家，占比为 37.5%；收入在 5 亿 ~ 10 亿元的瞪羚企业 47 家，占比为 9.0%；收入超 10 亿元的瞪羚企业 78 家，占比为 15.0%（表 5–12）。可见，江苏省瞪羚企业收入规模偏小，57.3% 的企业收入规模在 2 亿元以下。

表 5–12 江苏省瞪羚企业营业收入分布

收入区间 / 亿元	企业数量 / 家	占比 /%	累计占比 /%
[0，1)	201	38.5	38.5
[1，2)	98	18.8	57.3
[2，3)	58	11.1	68.4
[3，4)	22	4.2	72.6
[4，5)	18	3.4	76.0
[5，6)	16	3.1	79.1
[6，7)	3	0.6	79.7
[7，8)	13	2.5	82.2
[8，9)	9	1.7	83.9
[9，10)	6	1.1	85.0
[10，∞)	78	15.0	100.0

2017 年统计数据显示，江苏省瞪羚企业共实现净利润 230.4 亿元，平均每家企业实现净利润 4413.9 万元。从净利润分布区间来看，净利润在 0 ~ 0.2 亿元之间的瞪羚企业最多，共 271 家，占比为 51.9%；68 家瞪羚企业处于亏损状态，占比为 13.0%（表 5–13），可见江苏省瞪羚企业在实现高速增长的同时，盈利能力还有待进一步提升。

表 5–13　江苏省瞪羚企业净利润分布

净利润区间 / 亿元	企业数量 / 家	占比 /%	累计占比 /%
亏损	68	13.0	13.0
（0，0.2）	271	51.9	64.9
[0.2，0.4）	65	12.5	77.4
[0.4，0.6）	31	5.9	83.3
[0.6，0.8）	16	3.1	86.4
[0.8，1.0）	16	3.1	89.5
[1.0，∞）	55	10.5	100.0

2017 年，江苏省瞪羚企业平均净利润率为 7.7%。从净利润率分布区间来看，73.4% 的瞪羚企业净利润率在 0% ~ 20% 之间，净利润率超过 30% 的瞪羚企业共 17 家，占比为 3.3%（表 5–14）。

表 5–14　江苏省瞪羚企业净利润率分布

净利润率区间 /%	企业数量 / 家	占比 /%	累计占比 /%
亏损	68	13.0	13.0
（0，5）	146	28.0	41.0
[5，10）	117	22.4	63.4
[10，20）	120	23.0	86.4
[20，30）	54	10.3	96.7
[30，∞）	17	3.3	100.0

5.6　区域动态比较

5.6.1　江苏省内比较情况

截至 2016 年，江苏省共有 16 个国家高新区拥有瞪羚企业。本书选取具有代表性的南京高新区、苏州工业园区、泰州医药高新区和徐州高新区作为典型区域，进行江苏省内瞪羚企业成长动态比较。其中，南京高新区地处省会南京，是全国最早的国家级高新区之一；苏州工业园区瞪羚企业数始终位居江苏全省第一，其与南京高新区是苏南代表；泰州医药高新区是重点打造的江苏全省生物技术与新医药产业核心区，是苏中代表；徐州高新区的瞪羚企业数在苏北领先，是苏北代表。

（1）瞪羚企业数和瞪羚率

2013—2016 年，苏州工业园区瞪羚企业数始终位居江苏全省第一；瞪羚企业数三年复合增长率为 44.8%，明显高于南京高新区（13.8%）、泰州医药高新区（14.5%）和徐州高新区（0.0%）。其中，苏州工业园区和南京高新区瞪羚企业数实现四年持续增长，泰州医药高新区和徐州高新区瞪羚企业数保持三年增长后，2016 年明显下滑（图 5–7）。

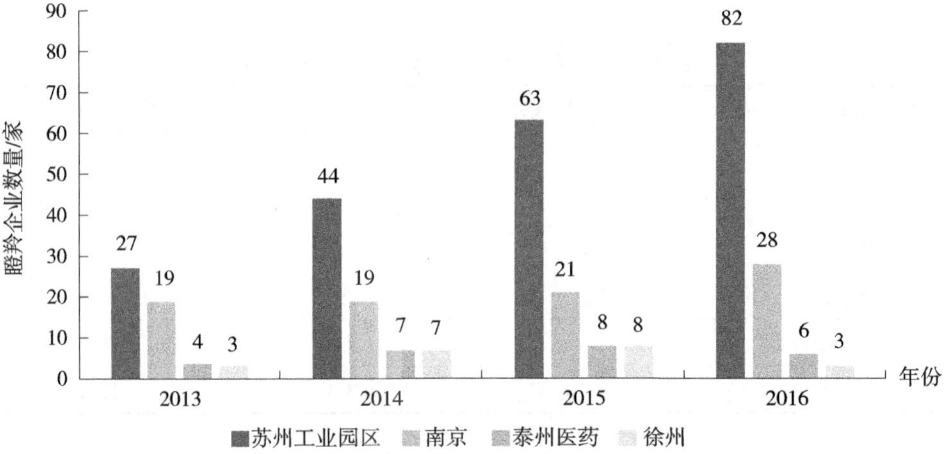

图 5–7 江苏省内部分国家级高新区瞪羚企业数量变化

苏州工业园区瞪羚率持续增长，南京高新区瞪羚率持续下滑。2013—2016 年，苏州工业园区瞪羚率持续增长；南京高新区瞪羚企业数虽然持续增长，但瞪羚率持续下滑（图 5–8）；泰州医药高新区和徐州高新区的瞪羚率在 2013—2015 年持续增长，2016 年出现了较为明显的回落。特别是徐州高新区，2015 年瞪羚率位居全省第一，2016 年瞪羚率降低 4.3 个百分点，排名下滑到江苏全省第 9 位。

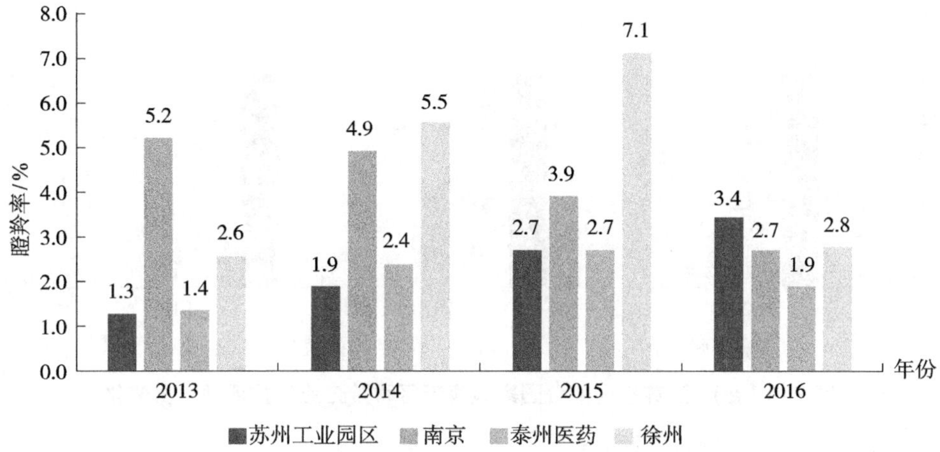

图 5–8　省内部分国家级高新区瞪羚率变化

（2）创新要素投入

苏州工业园区瞪羚企业科技活动人员占比始终位居江苏全省第一，徐州高新区科技活动人员复合增长率江苏全省第一。2014—2016 年，南京高新区和苏州工业园区瞪羚企业平均科技活动人员数持续减少；泰州医药高新区和徐州高新区瞪羚企业科技活动人员数持续增长。其中，徐州高新区瞪羚企业平均科技活动人员数从 2014 年的 53 人增长到 2016 年的 116 人，复合增长率达到 47.9%，增速为江苏全省第一。2014—2016 年，苏州工业园区瞪羚企业科技活动人员占比始终排名江苏全省第一，苏州工业园区、南京高新区、泰州医药高新区瞪羚企业科技活动人员占比波动式下降；徐州高新区科技活动人员占比稳步增长，2015 年超过泰州医药高新区，2016 年接近南京高新区［图 5–9（a）和（b）］。

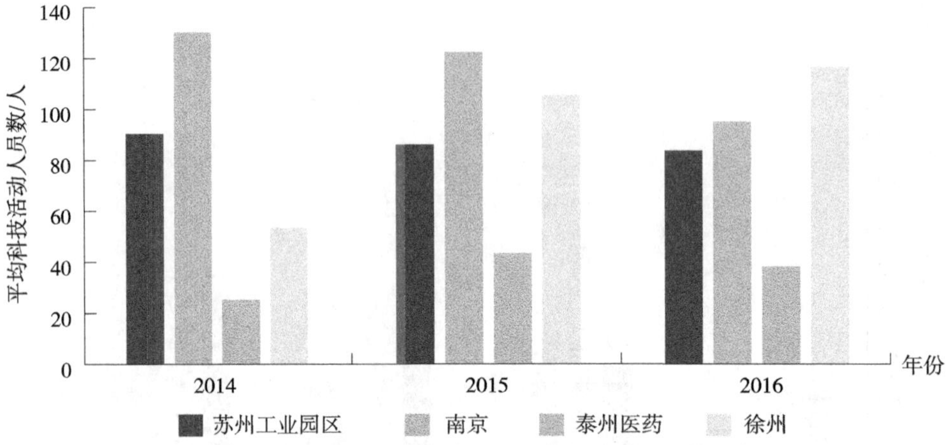

图 5-9（a） 江苏省内部分国家级高新区瞪羚企业科技活动人员变化

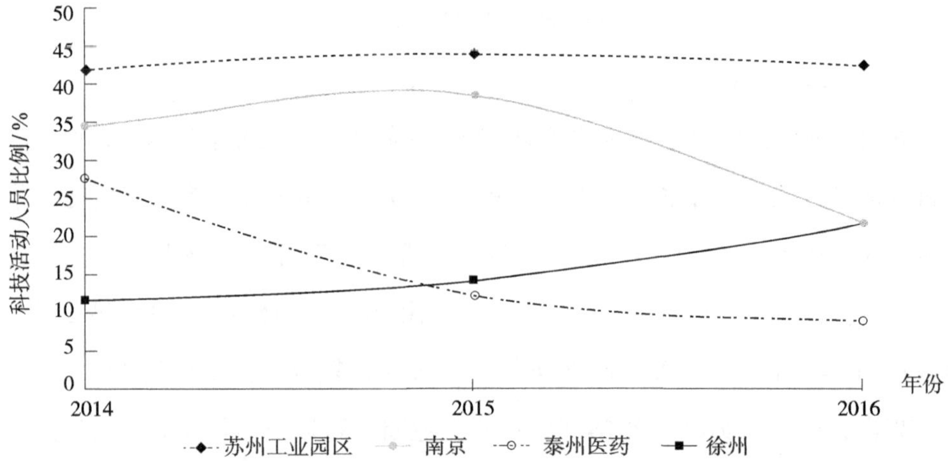

图 5-9（b） 江苏省内部分国家级高新区瞪羚企业科技活动人员比例

苏州工业园区瞪羚企业科技活动投入强度始终位居江苏全省第二，南京高新区瞪羚企业科技活动投入强度持续增长。2014—2016 年，苏州工业园区瞪羚企业科技活动投入强度高位震荡，始终位居江苏全省第二。2014—2016 年，苏州工业园区、泰州医药高新区、徐州高新区科技活动强度波动上升，南京高新区则持续增长（图 5-10）。

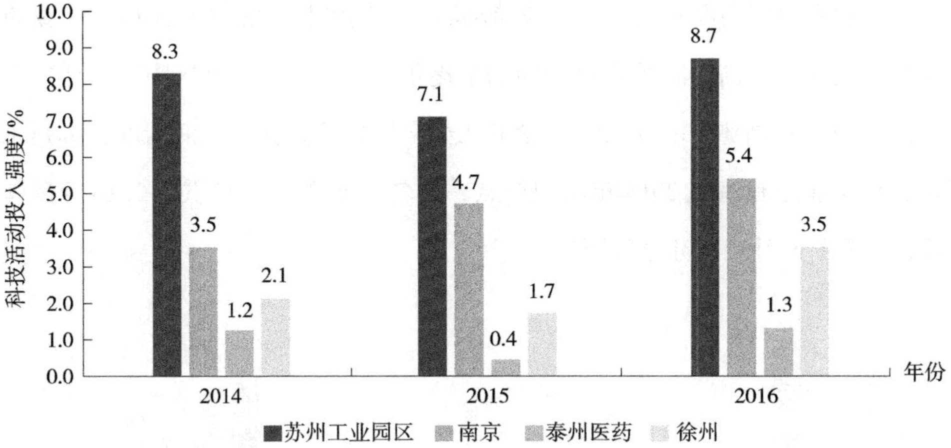

图 5-10　江苏省内部分国家级高新区瞪羚企业科技活动投入强度变化

（3）经营情况

徐州高新区瞪羚企业平均营业收入始终位居江苏全省第一，南京高新区瞪羚企业平均营业收入逐年递减。2014—2016 年，徐州高新区瞪羚企业平均营业收入始终位居江苏全省第一，2015 年出现峰值；苏州工业园区瞪羚企业平均营业收入一直处于低位，始终没有突破 3 亿元。2014—2016 年，苏州工业园区、泰州医药高新区、徐州高新区瞪羚企业平均营业收入逐年增加，南京高新区则逐年递减（图 5-11）。

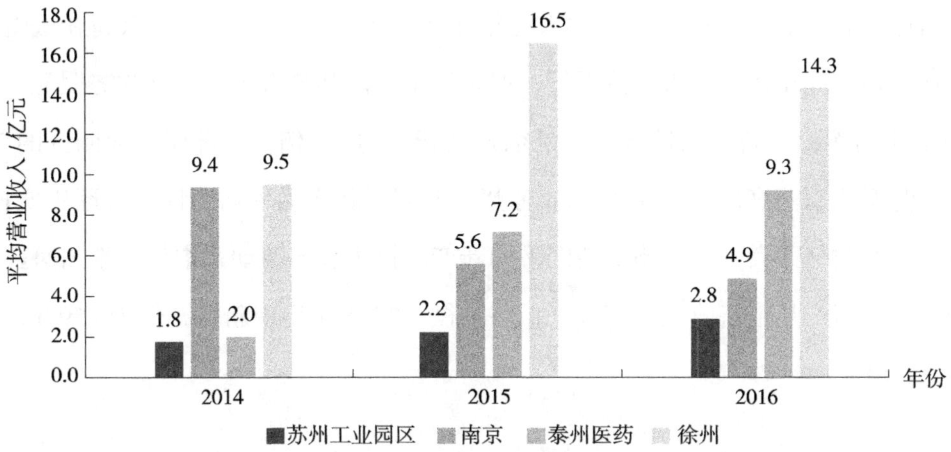

图 5-11　江苏省内部分国家级高新区平均营业收入变化

南京和泰州医药高新区瞪羚企业净利润率持续增长。2014—2016年，南京高新区和泰州医药高新区瞪羚企业净利润率逐年增长，徐州高新区瞪羚企业净利润率整体呈现上升趋势（图5–12）。参考江苏全省瞪羚企业净利润情况，苏州工业园区瞪羚企业净利润率2015年出现低点，排名江苏全省第12位；2016年反弹至高位，又重新回升到江苏全省第二。

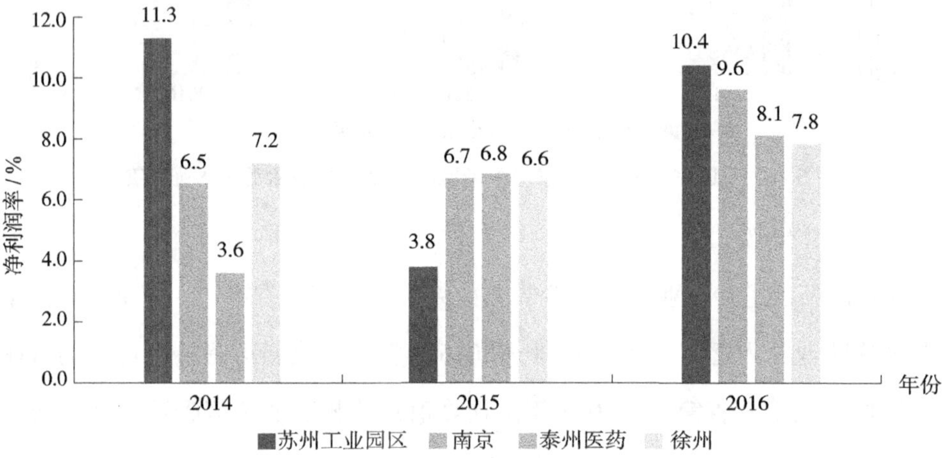

图5–12　江苏省内部分国家级高新区瞪羚企业净利润率变化

（4）创新产出能力

南京高新区瞪羚企业新产品平均销售收入始终位居江苏省第一，苏州工业园区瞪羚企业新产品平均销售收入逐年递增。2014—2016年，南京高新区瞪羚企业平均新产品销售收入震荡下行，但始终位居江苏全省第一，且优势明显；以2016年为例，其新产品销售收入是徐州高新区的1.7倍，是苏州工业园区的2.8倍，是泰州医药高新区的10.7倍。苏州工业园区新产品平均销售收入逐年增长，但尚未突破亿元大关；徐州高新区平均新产品销售收入波动式增长；泰州医药高新区平均新产品销售收入一直处于低谷徘徊，2015年出现新低，仅为259.0万元（图5–13）。

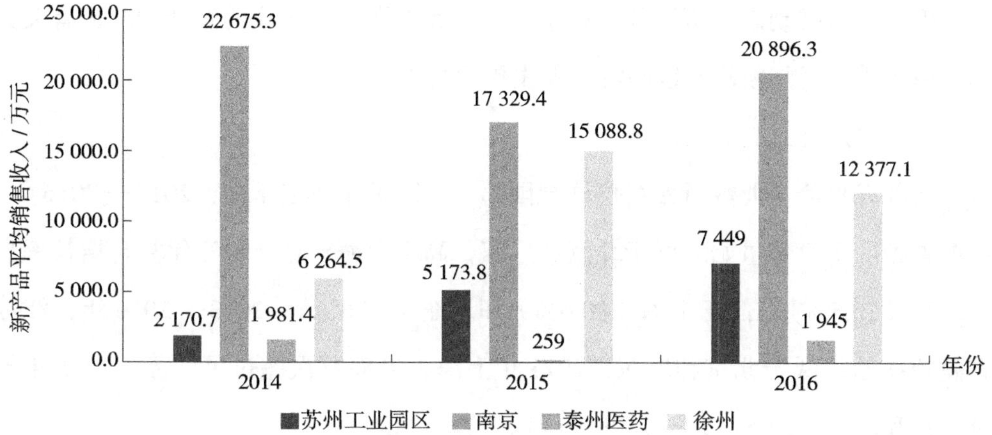

图 5-13　江苏省内部分国家级高新区瞪羚企业新产品平均销售收入变化

徐州高新区瞪羚企业平均有效专利拥有量持续增长，2015 年起跃居江苏全省第一。2014—2016 年，徐州高新区瞪羚企业平均有效专利拥有量逐年递增，2015 年首次超过江苏省其他国家级高新区，跃进江苏全省第一；南京高新区平均有效专利拥有量波动式上涨；苏州工业园区平均有效专利拥有量波动下滑；泰州医药高新区平均有效专利拥有量持续低迷，始终在 10 件以下（图 5-14）。

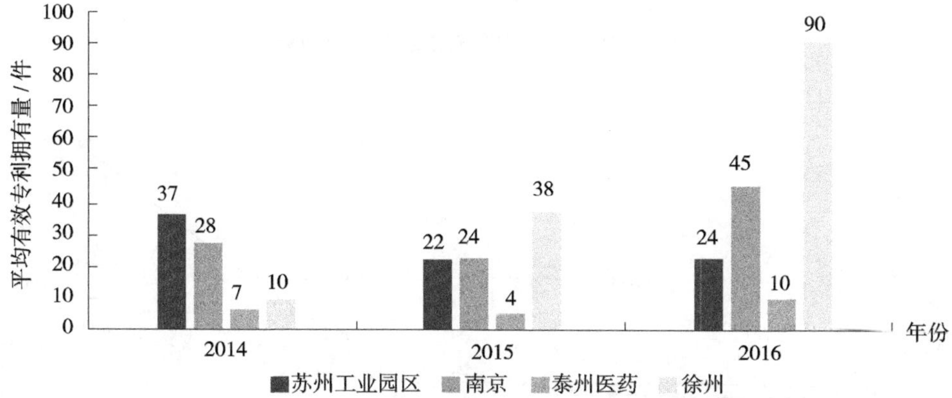

图 5-14　江苏省内部分国家级高新区瞪羚企业有效专利拥有量变化

5.6.2　省际比较情况

从全国区域创新能力排名来看，北京、上海、广东和江苏一直处于第一方阵。因此，本书动态分析江苏、广东、北京和上海瞪羚企业的发展情况，有关数据来源于历年《国家高新区瞪羚企业发展报告》。

（1）瞪羚企业数和瞪羚率

江苏省瞪羚企业数量始终位居全国第三，瞪羚率排名下滑。2013—2016 年，江苏省瞪羚企业数量始终低于北京和广东，高于上海；企业数三年复合增长率高于北京（16.5%），低于上海（80.6%）和广东（29.6%）。2013—2016 年，江苏省瞪羚率始终低于北京和广东，2015 年上海瞪羚率首次超过了江苏，2016 年超过北京和广东［图 5-15（a）和（b）］。

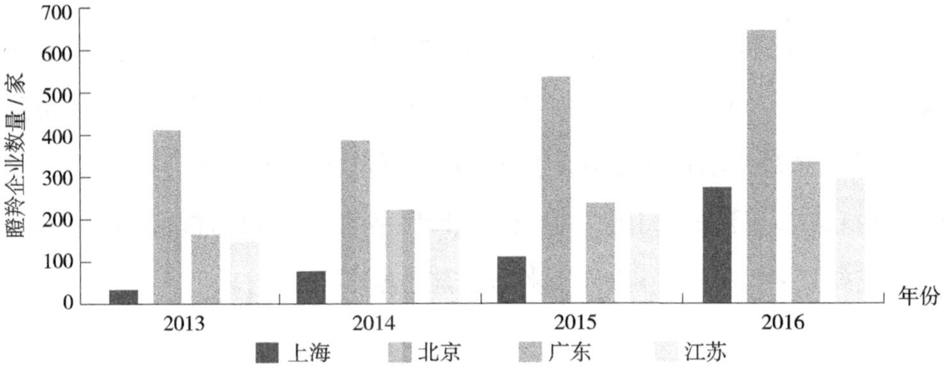

图 5-15（a） 部分省市瞪羚企业数量

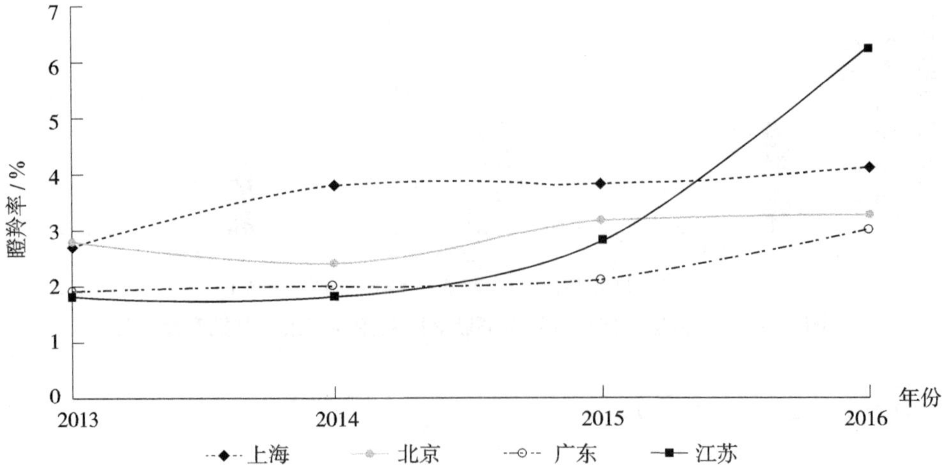

图 5-15（b） 部分省市瞪羚企业瞪羚率变化

2014—2016 年，江苏省瞪羚企业持续入选率始终低于北京、广东和上海，2016 年首次超过全国平均水平。北京和广东瞪羚企业持续入选率震荡下行，2016 年虽然有所回升，但仍然没有超过 2014 年的水平。上海瞪羚企业持续入选率持续增长，从 2014 年的 42.6% 增长到 2016 年的 45.7%（图 5–16）。

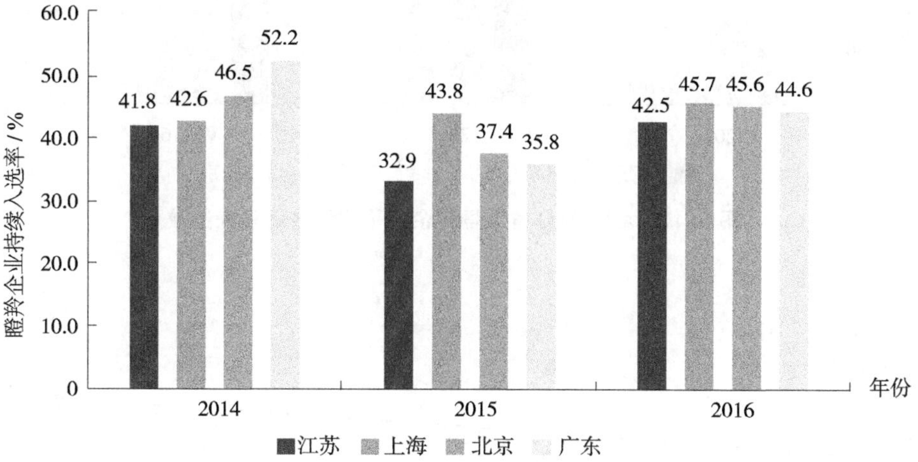

图 5–16　部分省市瞪羚企业持续入选率

（2）创新要素投入

江苏省瞪羚企业平均科技活动人员数始终低于全国平均水平，科技活动人员占比持续下滑。2014—2016 年，江苏省瞪羚企业平均科技活动人员数始终低于全国平均水平，且明显落后于上海、广东和北京。2014—2016 年，江苏、上海、广东瞪羚企业科技活动人员占比都呈现下滑趋势，江苏省瞪羚企业科技活动人员占比降幅达到 28.2%，远超上海（16.8%）、广东（5.5%）。北京瞪羚企业科技活动人员占比的趋势与全国保持一致，呈逐年上升趋势 [图 5–17（a）和（b）]。

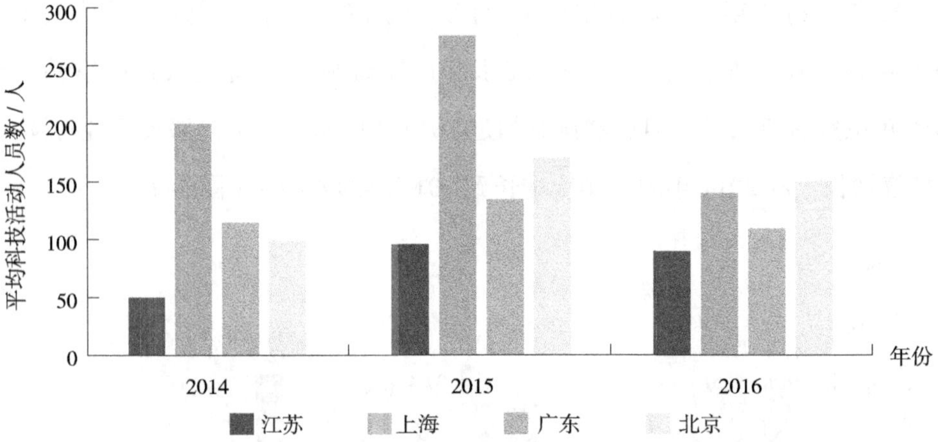

图 5-17（a） 部分省市瞪羚企业平均科技活动人员数

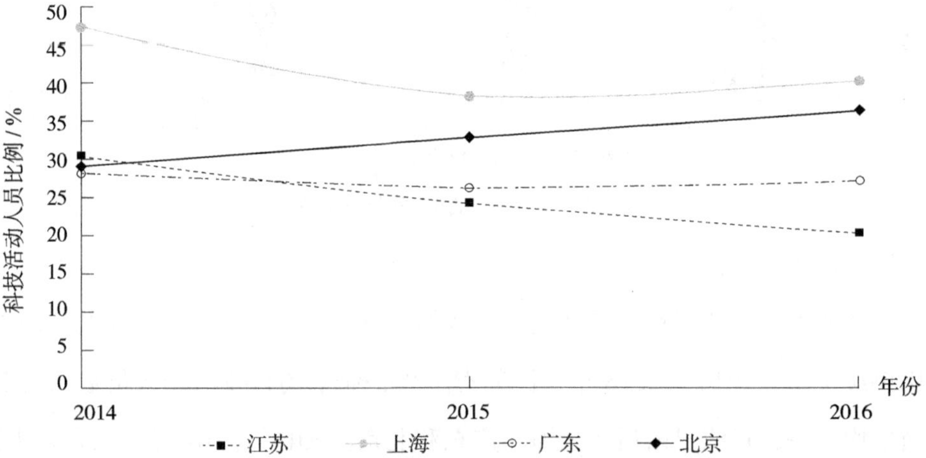

图 5-17（b） 部分省市瞪羚企业科技活动人员比例

江苏省瞪羚企业科技活动投入强度始终低于全国平均水平。2014—2016 年，江苏省瞪羚企业科技活动投入强度低于全国水平，明显落后于上海、北京。北京瞪羚企业科技活动投入强度在 2016 年实现了爆发式增长，达到 9.5%。上海则一直处于高位震荡，一直保持在 7.0% 以上（图 5-18）。

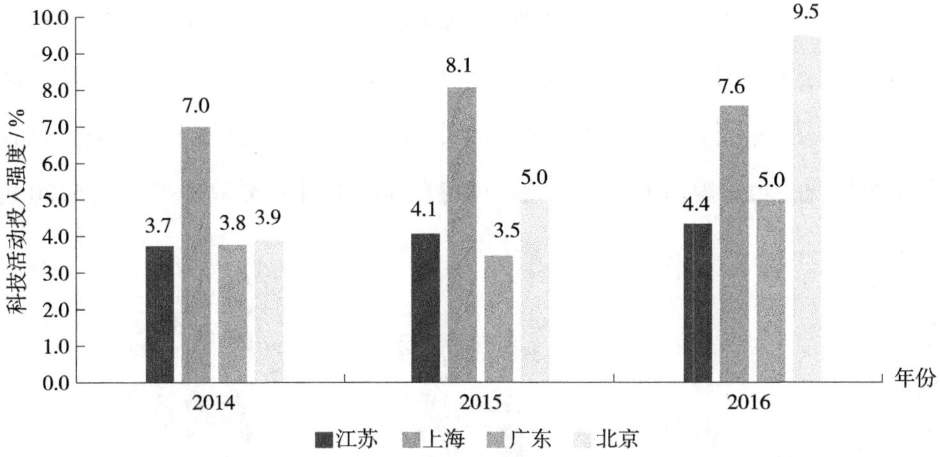

图 5-18　部分省市瞪羚企业科技活动投入强度变化

（3）经营情况

江苏省瞪羚企业平均营业收入持续增长，但始终低于全国平均水平。2014—2016 年，江苏、广东瞪羚企业平均营业收入震荡上行；上海、北京瞪羚企业平均营业收入震荡下行，峰值都出现在 2015 年。2016 年，江苏省瞪羚企业平均营业收入首次超过上海、北京，但仍然低于全国平均水平（图 5-19）。

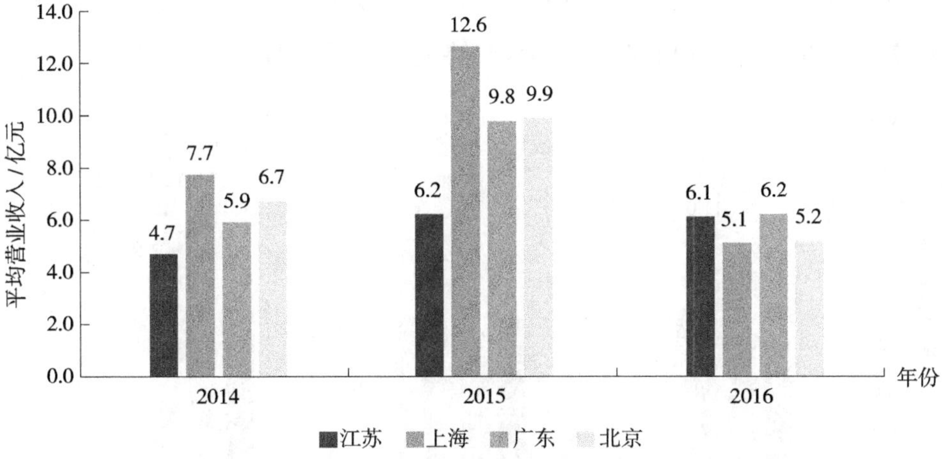

图 5-19　部分省市瞪羚企业平均营业收入变化

江苏省瞪羚企业营业收入三年复合增长率持续增长，2015 年首次超过全国平均水平。2014—2016 年，江苏省瞪羚企业营业收入三年复合增长率持续增长，2015 年超过上海，且首次超过全国平均水平；2016 年超过广东、北京。广东瞪羚企业营业收入三年复合增长率高位震荡，北京瞪羚企业营业收入三年复合增长率则与全国情况一致，震荡下行，但始终维持在 50% 以上的较高水平（图 5–20）。

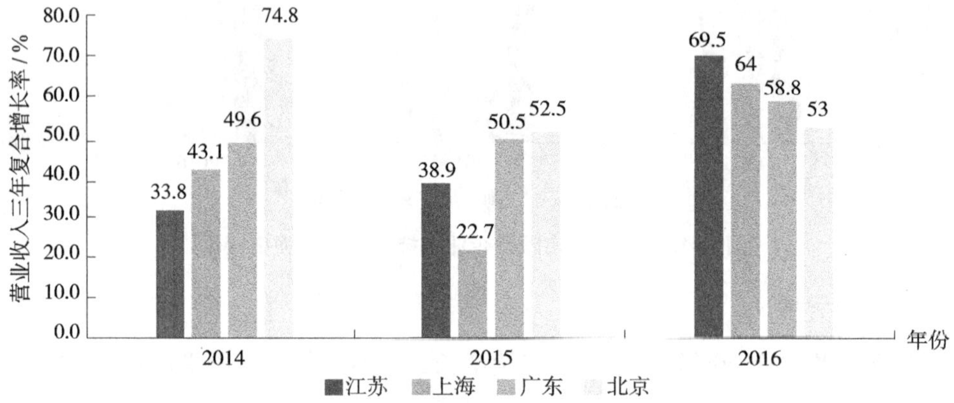

图 5–20 部分省市瞪羚企业营业收入三年复合增长率变化

2014—2016 年，江苏省瞪羚企业净利润率虽持续增长，但始终低于全国水平。2016 年，其被北京赶超，排名持续下滑。2014—2016 年，江苏、北京瞪羚企业净利润率发展趋势与全国一致，呈现持续增长态势。上海、广东瞪羚企业净利润率虽在 2015 年出现低点，但整体趋势上涨（图 5–21）。

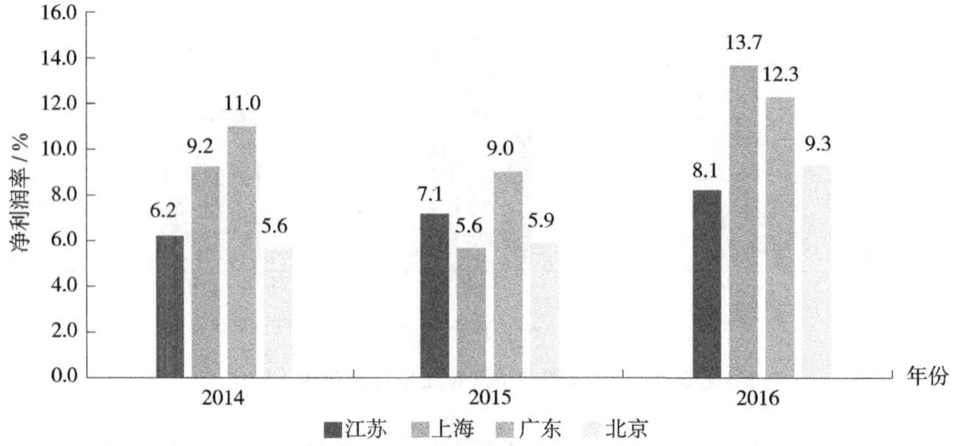

图 5–21 部分省市瞪羚企业净利润率变化

第 6 章　瞪羚企业成长的特征与基本问题

6.1　主要特征

6.1.1　人力资本驱动优势显著

人力资本作为知识和技能的主要载体，逐步取代物力资本成为构筑瞪羚企业核心竞争力的关键因素之一。江苏省瞪羚企业注重人才引进与培养，人才队伍呈现高素质化，超半数为本科及以上学历人员。纵向来看，研究生学历人员占比持续增长，中专及以下学历人员占比显著下降。科技活动人员作为技术创新和产品创新的核心，是瞪羚企业至关重要的战略资源。2013—2016 年，江苏省瞪羚企业平均科技活动人员数始终是江苏全省高新区企业平均值的 2 倍以上；科技活动人员占比始终保持在 20% 以上，是江苏全省高新区企业平均水平的 2 倍以上。

6.1.2　产品“硬科技”含金量上升

“硬科技”不同于商业模式创新的“软科技”，是指具备核心技术的高精尖科技，难以被模仿。“硬科技”是瞪羚企业提升核心竞争力的必备要素，瞪羚企业持续开发“硬科技”，才能在激烈的市场竞争中把握先机、赢得主动，实现可持续发展。江苏省瞪羚企业覆盖了电子信息、先进制造与自动化、新材料等八个高新技术领域，与江苏全省产业发展方向高度契合。其中，39.3% 的瞪羚企业从事高技术行业，94.1% 的瞪羚企业掌握核心技术。“硬科技”产品的市场接受度是瞪羚企业面临的重要挑战，江苏省瞪羚企业“硬科技”产品市场接受度不断提升。2013—2016 年，江苏省瞪羚企业高新技术产品收入占产品销售收入的比例始终保持在 57% 以上，新产品销售收入占比始终保持在 40% 以上。

6.1.3 结构高效集约轻资产化

基于杠杆原理，“轻资产”的运营模式充分利用了各种内外部资源，将自身资源投置于产业链利润附加值较高阶段，进而大幅提高企业的盈利能力。调研发现，江苏省瞪羚企业资产配置逐步呈现轻资产化，固定资产在瞪羚企业资产结构的占比下降，无形资产和流动资产占比上升。2017 年，江苏省瞪羚企业平均拥有固定资产 1.37 亿元，占年末资产总计的 19.8%，同比下降 1.6 个百分点。可以看出，轻资产的运营模式推动了江苏省瞪羚企业高效集约发展。2013—2016 年，江苏省瞪羚企业人均营业收入和人均利润大幅增长。同时，企业资产周转率明显提升，经营期间全部资产从投入到产出的流转速度加快。

6.1.4 国际市场布局意识凸显

国际化是企业为了持续性成长，不断增强自身竞争实力和环境适应性而制定的发展规划。在江苏开放型经济省份建设背景下，江苏省瞪羚企业紧紧抓住全球化机遇，加速布局国际关系网络与合作平台。2017 年，江苏省瞪羚企业出口总额达到 10.1 亿元，三年复合增长率达到 9.2%。同时，已经有超过 10 家的瞪羚企业设立海外研发机构，利用全球创新资源，吸纳海外高端人才，开拓海外市场。江苏省瞪羚企业还积极参与海外知识产权布局，PCT 专利申请量持续上涨，2017 年超过 100 件。

6.2 成长瓶颈与主要问题

6.2.1 培育支持体系碎片化

随着瞪羚企业对于区域经济发展增效作用的显现，越来越多的省市及高新区开始制定瞪羚培育工作计划，出台瞪羚培育计划的区域不断增多。然而，江苏省瞪羚企业培育支持体系存在碎片化现象：一是尚未出台全省层面的瞪羚政策。已有《江苏省瞪羚企业培育实施方案》范围仅包括苏南国家自主创新示范区及省级以上高新区；设区市仅有南通、苏州、南京出台了瞪羚培育扶持政策；南京仅有顶层设计的框架，没有具体的政策措施。二是瞪羚企业遴选标准不同，企业政策获得感较差。存在多个渠道发布的瞪羚企业，如科学技术部火炬高技术产业开发中心、北京市长城企业战略研究所发布的国家高新区瞪羚企业名录，江苏省苏南国家自主创新示范区建设促进服务中心发布的苏南自创区瞪羚企业名录，南京市宏观经济研究中心、鲸准研究院发布的南京市瞪羚企业目录。国家高新区和南京市瞪羚企业都是通过大数据遴选，不需要企业提供申报材料，企业并不清楚是否被认定为瞪羚企业，政策获得感较差。三是尚未建立“创业—瞪羚—独角兽”的新经济企业全链条成长的支持体系。例如，北京中关村、武汉东湖给瞪羚企业评定星级，不同星级的企业享受不同的贷款贴息和奖励政策，鼓励瞪羚企业成长为独角兽企业。然而，江苏政策还停留在统一层面，缺乏对不同层次瞪羚企业的差异化政策支持。

6.2.2 总量偏少且区域分布失衡

依据《国家高新区瞪羚企业发展报告》公布的瞪羚企业清单，江苏累计入选瞪羚企业数 590 家，低于北京（1346 家）和广东（681 家）。以 2017 年为例，江苏全省 18 个国家级高新区中，仅有 7 个入选瞪羚企业数超过 20 家，与江苏拥有国家高新区数全国第一形成强烈反差。北京中关村、上海张江、深圳、广州高新区当年入选瞪羚企业数分别为661家、296家、123家和116家，分别占瞪羚企业总数的23.1%、10.4%、4.3%和4.1%。江苏仅有苏州工业园区进入全国瞪羚企业数量前十（这10个高新区拥有瞪羚企业数接近全国六成），排名第五，当年入选瞪羚企业100家，占国家高新区瞪羚企业总数的3.5%，远低于同等发展水平的高新区。苏州工业园区、苏州高新区、南京高新区、无锡高新区、昆山高新区、常州高新区、南通高新区等7家高新区当年入选瞪羚企业数接近全省的80%，其余国家高新区入选数均为个位数，淮安和盐城高新区尚未实现零的突破。

6.2.3 成长持续性支持乏力

2013—2016年，江苏省入选瞪羚企业数分别为141家、164家、207家和300家，其中，88家连续2年入选瞪羚企业，23家连续3年入选瞪羚企业，15家连续4年入选瞪羚企业。江苏省瞪羚企业持续入选率从2014年的57.9%降低到2016年的38.1%，持续入选率逐年降低。上海瞪羚企业持续入选率从2014年的42.6%上升到2016年的45.7%，瞪羚持续入选率逐年递增。可以看出，江苏省瞪羚企业成长后续乏力，瞪羚持续入选率低。《江苏省瞪羚企业培育实施方案》及苏州、南京、南通的扶持政策都停留在年度认定层面，未涉及鼓励瞪羚企业持续入选的政策支持。

6.2.4 创新要素投入有效性不足

随着国家提出创新驱动发展战略，各地重点扶持高成长性企业创新发展，全国瞪羚企业科技活动人员占比稳中有升，从2014年的27.8%上升到2016年的29.0%。其中，部分省市明显高于全国平均水平，如上海瞪羚企业平均科技活动人员始终保持在前列，2015年达到279人，为同期江苏的3.2倍。江苏形势不容乐观，瞪羚企业科技活动人员占比持续下滑，由2014年的29.1%下降到2016年的 20.9%，下降了 8.2 个百分点，与北京、上海、广东的差距逐渐拉大。以 2016 年为例，江苏省瞪羚企业科技活动人员占总人员数比例为 20.9%，瞪羚企业平均科技活动人员为 81 人，不仅低于上海、北京、广东，且低于全国平均水平。

2014—2016 年，江苏省瞪羚企业科技活动投入强度虽然保持持续增长，但是增幅并不明显，始终在 4% 左右徘徊。特别是与上海、北京相比，江苏省瞪羚企业科技活动投入强度处于较低的水平。以 2016 年为例，上海、北京、广东瞪羚企业科技活动投入均大幅增长，如北京提升 4.5 个百分点，科技活动投入强度达到 9.5%，跃居全国第一；而江苏省瞪羚企业科技活动投入强度增幅不足 1 个百分点，科技活动投入强度仅为 4.4%，低于全国平均水平（6.2%）。

6.2.5　盈利能力有待进一步提升

盈利能力是反映瞪羚企业获取利润的能力，是企业的资金或资本增值能力。盈利能力指标主要包括营业利润率、净资产收益率等。2014—2016 年，全国瞪羚企业平均营业收入总体上涨，由 5.4 亿元增加到 6.8 亿元，特别是在 2015 年出现峰值，达到 9.1 亿元。相较于全国的良好形势，江苏省瞪羚企业平均营业收入虽有小幅增加，却始终低于全国平均水平，与北京、上海、广东等省份相比有较大差距。这一点，在《国家高新区瞪羚企业发展报告 2018》瞪羚企业高成长 100 强榜单中也可窥见一斑：2017 年，江苏（6 家）远低于北京（39 家）、广东（17 家）、上海（16 家）。在企业净利润方面，2014—2016 年，全国瞪羚企业净利润率逐年提高，由 2014 年的 7.4% 增长到 2016 年的 9.6%，增幅达 2.2 个百分点。在全国瞪羚企业净利润总体形势向好的趋势下，江苏由 2014 年的 6.2% 增长到 2016 年的 8.1%，虽较自身有小幅增幅，但一直低于同期全国平均水平，且净利润率增幅与全国平均水平的差距持续拉大。

6.2.6 创新产出能力差异性显著

江苏省瞪羚企业创新产出成果逐年增加。2013—2016 年，江苏省瞪羚企业有效专利拥有量三年复合增长率达 16.9%，但仍有近 20% 的瞪羚企业没有实现专利零的突破，且发明专利占比不高，不到有效专利数量的三成。以 2016 年为例，16.8% 的瞪羚企业没有专利，28.5% 的瞪羚企业没有有效发明专利；仅有 28.2% 的有效专利是发明专利，专利质量有待进一步提升；79 家拥有有效专利数超过 60 件的企业的有效专利数占瞪羚企业拥有的有效专利数的 57.6%。2013—2016 年，江苏省瞪羚企业新产品销售收入三年复合增长率为 46.6%，但取得新产品销售收入的企业占比却在 2016 年出现了明显的降幅。以 2016 年为例，仅有 61.8% 的瞪羚企业开发了新产品，并得到市场认可，实现了新产品销售收入。29 家新产品销售收入超过 10 亿元的企业实现的新产品销售收入占总收入的 64.1%。可以看出，江苏省瞪羚企业丰富的创新成果仅得益于小部分瞪羚企业，大部分瞪羚企业创新驱动力不足，科技创新成果产出有待提升。

6.2.7 高端平台与金融服务供给羸弱

随着企业分工领域越来越细，企业越来越需要专业化高端服务。瞪羚企业往往是细分市场中处于领先地位的企业，而目前政府和园区建设的平台载体大多只能提供基础的公共服务，难以满足瞪羚企业的专业化需求。问卷调查显示，仅有 16.4% 的江苏省瞪羚企业享受过专业化技术服务，20.8% 的江苏省瞪羚企业享受过认证认可服务，23.3% 的江苏省瞪羚企业享受过检验检测服务，9.4% 的江苏省瞪羚企业享受过产业化服务，3.1% 的江苏省瞪羚企业享受过中试服务，6.3% 的江苏省瞪羚企业享受过仪器共享服务，10.1% 的江苏省瞪羚企业享受过开发设计服务，这与瞪羚企业旺盛的需求存在强烈反差。同时，瞪羚企业科技金融供给不足。瞪羚企业已跨过创业艰难期，进入高成长阶段，对资金的需求迅速加大。

瞪羚企业这类新型创新创业企业普遍轻资产化，难以引起社会创投机构的注意。2017 年，仅有 3.3% 的瞪羚企业获得过创业风险投资。尽管一些银行开设知识产权质押服务，但价值评估难度大，限制了融资规模。目前，江苏省瞪羚企业在国内外各类板块上市或者挂牌的还不多，关键在于资金缺乏，直接导致企业硬件、研发投入不足，从而影响企业进一步成长。

6.3　研究结论与讨论

本章对瞪羚企业成长的基本特征和瓶颈问题进行了凝练总结。瞪羚企业成长呈现四个显著特征，但其成长过程仍存在瓶颈与障碍，体现在七个方面。瞪羚企业是优质科技型企业的典型代表，其高成长性受到青睐，有其独有的成长特征，这是其他企业无法比拟的特质。即使瞪羚企业的成长充满艰辛，也无法抑制我们对瞪羚企业及其高成长现象的着迷。本书余下章节，尝试从实证研究、案例分析的角度探讨瞪羚企业高成长逻辑。

第7章　跨界搜索与瞪羚企业创新：关系资本的中介效应

当前，世界经济不稳定不确定性因素在增加，全球价值链分工新体系逐渐形成和发展，科技型企业站在高质量发展的起跳板上，成为产业链、创新链和价值链融合的焦点，加强培育和发展科技型企业具有十分重大的战略和现实意义。特别是在新一轮科技革命和产业变革中，涌现出一大批以技术创新和商业模式创新双擎驱动，在创立几年、十几年内实现井喷式、裂变式业绩增长的科技型企业，美国麻省理工学院教授戴维·伯奇将其称为“瞪羚企业”（gazelle enterprise）。“瞪羚企业”是指成功跨越创业死亡谷后，商业模式得到市场认可，进入快速增长阶段的创新型企业，也被称为“高成长企业”。在知识经济时代，瞪羚企业是创新全球化进程中区域崛起的标志，代表着新经济发展的未来，成为新经济的领导者和高新区创新发展的新引擎（张志宏、王德禄，2017）。2003年，北京中关村率先实施“瞪羚计划”，2010年后多个高新区和地方政府出台并实施了支持瞪羚企业的相关政策，取得明显成效。

瞪羚企业产生于科技型企业，多数是高新技术企业，具备核心自主知识产权和原创型技术，在发展过程中利用新技术和新商业模式从产业链分解融合中寻找机会，重构产业链环节，成为地区产业结构调整承上启下的关键环节。作为新经济的典型代表，瞪羚企业是天生的创新者，通常具备超常的创造力，其通过自主创新、技术吸收或改进创新等形式推出新产品，提供新服务，应用新技术，拓展新市场，创建新模式或构建新业态，实现技术和商业模式的突破，获得相关领域领先优势，引领着新经济的发展方向（康鑫、常洁，2018）。跨界搜索作为创新的一种手段或方式，为瞪羚企业创新提供了科学、技术和市场等方面的知识。

由于瞪羚企业是新生事物，国内对于瞪羚企业的研究整体停留在初级阶段。基于瞪羚企业发展现状探讨瞪羚企业扶持政策，张仕龙、刘明婕和宋运行（2018）以南宁高新区为例，通过梳理瞪羚企业税收政策，分析企业税源、缴税和优惠等税收情况，剖析政策取得的效果和执行中存在的问题，提出完善瞪羚企业税收政策、促进经济高质量发展的建议。齐嘉（2019）基于企业不同生命周期分类，分析了我国瞪羚企业政策存在问题，提出促进瞪羚企业高质量发展的政策建议。庄雷（2019）基于企业成长链视角，从瞪羚企业成长的金融需求与供给两个方面分析瞪羚企业成长链金融的基本现状、理论基础与体系。目前来看，鲜有关于影响瞪羚企业创新成长因素的文献研究，瞪羚企业及其成长过程仍是一个具有很强“黑箱性质”的问题。为弥补现有研究不足，本章以关系资本为中介变量，研究瞪羚企业如何通过市场知识跨界搜索和技术知识跨界搜索，突破自身资源、行业限制，从而提升创新绩效，为瞪羚企业增强跨界搜索能力、积累社会资本和提升创新绩效提供借鉴。

7.1　理论回顾与研究假设

7.1.1　理论回顾

（1）瞪羚企业跨界搜索

跨界搜索由组织搜索理论发展而来。组织搜索是指基于环境不确定性，组织为解决问题或发现机会而进行信息搜索的过程（Nelson & Winter，1982）。与本地搜索相对应，可以从跨界内容上将跨界搜索定义为跨组织边界（空间）和跨技术边界（技术）的搜索活动（Tortoriello & Krackhardt，2010）。跨界搜索被视为一种应对不确定性竞争的有效战略，对组织发掘潜在市场机会、拓展技术知识域、加速产品创新及维系竞争优势具有重要作用。根据知识类型边界，可以将跨界搜索分为科学知识搜索、技术知识搜索和市场知识搜索（Li et al.，2008）。有研究者从技术和市场两个维度考察搜索与产品创新的关系，认为开发新技术、服务新客户即为跨界（Danneels，2008）。本书认为，跨界搜索是指在同质竞争、异质覆盖环境下，瞪羚企业打破地理限制、技术隔膜和领域壁垒多重界限，扩大搜索范围，搜索更多信息资源，弥补自身资源缺陷。

（2）瞪羚企业关系资本

关系资本是“嵌入来自于并浮现在关系网络之中实际或潜在的资源总和，这种资源与长期拥有的制度化共同熟识和认可的关系网络有关”（董峰、王霄、彭坚，2017）。关系资本是社会成员从各种不同的社会结构中获得的利益，是一种根植于社会关系网络的优势。企业发现有利可图机会仅意味着实现价值创造的可能性，迅速获取、利用与配置资源才是实现机会价值的途径（杨俊，2008）。一个孤立的企业往往无法同时掌握开发必需的全部资源，所以必须从外部环境中获取所欠缺的资源。在获取资源的过程中，公开市场交易往往遭遇滑铁卢，以关系网络为纽带的社会交易扮演着重要角色，因此企业多选择利用关系网络获得相关资源和信息支持。关系资本适用性的测量方式有两种：一种是对企业与客户、供应商、其他企业、科研院所、高校、技术中介组织、政府部门及行业协会等对象联系的衡量；另一种根据获得的政府补助力度、社会投资和其他资源支持强度进行衡量。本书将关系资本分为关系资源和关系强度，结合现有研究和瞪羚企业关系资本情况，以瞪羚企业与孵化器的关系作为补充，从政府补助、社会投资类别、与孵化器关系三个角度测量关系强度。

（3）瞪羚企业创新绩效

企业创新活动需要通过多种创新要素，经历复杂的价值创造的互动作用才能实现（李振华、赵寒、吴文清，2017）。目前，企业创新绩效研究主要分为质性研究和量化评价研究两类。质性研究方面，现有研究多采用问卷量表形式测量，测量市场对企业发明创造的反馈情况。从概念产生到产品发明再到投入市场的过程，企业取得的发明、技术、创造等成果是其创新绩效的核心要素（陈朝月、许治，2018）。量化研究方面，目前国内外学者主要采用专利数、技术合同交易额、新产品、新服务、市场份额等结果类指标（马柯航，2015；刘凤朝、楠丁，2018；李梅、余天骄，2016）。创新绩效是创新活动的结果，能给企业带来经济效益，增加技术积累，提高企业竞争能力，是企业价值的体现。瞪羚企业创新基因与生俱来，其通过关系资本提供的知识、技术、机会等多重资源取得创新成果，体现在瞪羚企业产品或者服务的技术水平和市场开拓水平上，可以从质性和量化两方面衡量。

7.1.2　研究假设

跨界搜索对瞪羚企业创新绩效的影响有直接和间接两条路径。一方面，跨界搜索通过搜索外部异质性知识创造组合，提升瞪羚企业创新能力，形成竞争比较优势；另一方面，跨界搜索还能够通过提升瞪羚企业的关系资本（关系资源和关系强度）促进创新。

（1）瞪羚企业跨界搜索与创新绩效

跨界搜索可以帮助企业从外部获取知识，丰富企业知识库，不同知识的交互作用有利于产生异质性知识，进而提高企业创新绩效（吴增源、谌依然、伍蓓，2015）。基于专利数据，有学者（Rosenkopf & Nerkar，2002）分析了光盘行业跨界搜索活动，发现本地搜索对后续技术演化无显著影响，跨组织边界搜索对光盘领域内的后续技术演化有很大影响，而跨组织边界和技术边界的激进搜索对光盘领域外后续技术演化有显著影响。胡畔和于渤（2017）构建了一个以能力进化和能力替代为中介变量、以战略柔性为调节变量的跨界搜索影响企业创新绩效的被调节中介模型。其通过对国内 290 家制造企业的调研问卷进行假设检验，得出以下结论：跨界搜索通过两种能力重构的完全中介作用对企业创新绩效产生积极影响。彭本红和武柏宇（2017）结合创新搜索理论和动态能力理论，系统研究跨界搜索、动态能力及开放式服务创新绩效之间的关系，并以参与网络平台商业生态系统活动的关键物种为调查对象进行实证检验。结果表明：跨界搜索嵌入模式和路径模式不仅直接影响开放式服务创新绩效，而且通过动态能力间接影响开放式服务创新绩效。跨界搜索为瞪羚企业增加了新的异质性知识，提升了瞪羚企业知识库的多样性，使瞪羚企业通过知识重组创造新价值，促进了瞪羚企业持续丰富与更新知识，提升了瞪羚企业服务创新潜能。基于上述分析，本书提出以下假设：

假设 H1a：技术知识跨界搜索对瞪羚企业创新绩效具有正向影响；

假设 H1b：市场知识跨界搜索对瞪羚企业创新绩效具有正向影响。

（2）瞪羚企业跨界搜索与关系资本

企业间绩效差异源于知识创新和非对称的利用机制（姚艳虹、张翠平，2019）。瞪羚企业与来自不同地域、行业的企业或组织合作，其中，既包括以高校和科研机构为代表的技术知识源，又包括以顾客、竞争对手和供应商为代表的市场知识源，这为瞪羚企业搭建了跨越地理、组织和知识边界搜索外部异质性知识的桥梁，有利于瞪羚企业跨界搜索和获取与服务创新相关的技术知识及市场知识。蔡贼贼（2018）基于组织搜索理论、协同创新理论和开放式创新理论，研究了技术和市场两类知识跨界搜索对企业社会关系协同创新能力的作用机制。研究结果表明：技术知识跨界搜索和市场知识跨界搜索对社会关系协同创新能力有显著的正向影响。王琳和魏江（2017）基于社会网络理论和组织搜索理论，构建了知识密集服务嵌入、跨界搜索与制造企业服务创新间的理论模型，并利用 236 家制造企业的调研数据对模型和假设进行实证分析。结果表明：关系强度、关系质量、关系数量与关系多样性与制造企业跨界搜索能力呈现正向影响。基于以上分析，本书提出如下假设：

假设 H2a：技术知识跨界搜索对瞪羚企业关系资源具有正向影响；

假设 H3a：技术知识跨界搜索对瞪羚企业关系资源具有负向影响；

假设 H2b：市场知识跨界搜索对瞪羚企业关系强度具有正向影响；

假设 H3b：市场知识跨界搜索对瞪羚企业关系强度具有负向影响。

（3）瞪羚企业关系资本与创新绩效

开放式创新背景下，面对日益加剧的技术复杂化、市场环境的动态变化和创新资源的融合，创新行为不再是单个创新主体决策的结果。它通过与供应商、客户、大学、科研机构、政府和中介机构等外部主体协同互动，消化吸收异质性知识，转化和共享创新成果，提高了企业的创新绩效（蔡赕赕，2018）。赵息和李文亮（2016）以 208 家高新技术企业为调研对象，探讨企业社会资本在知识特征与突破性创新关系中的调节作用。结果表明：复杂性知识对突破性创新具有显著影响，结构维度正向调节隐性知识与突破性创新的关系，而认知维度正向调节复杂性知识与突破性创新的关系。程聪等（2013）将网络中企业社会资本划分为内部社会资本与外部社会资本两种类型，构建了“网络关系—内外部社会资本—技术创新”理论模型。基于以上分析，本书提出如下假设：

假设 H4a：关系资源对瞪羚企业创新绩效具有正向影响；

假设 H4b：关系强度对瞪羚企业创新绩效具有正向影响。

7.2　研究设计

7.2.1　样本选择与数据来源

本书以科学技术部火炬高技术产业开发中心、北京市长城企业战略研究所发布的国家级高新区瞪羚企业为研究对象，选取问卷数据和报表数据作为分析数据。调查问卷设计了选择题和李克特式 5 点量表两种题型，其中选择题分为单选和多选，李克特式5点量表由弱到强为1~5分。调查问卷要求了解企业日常运营管理情况，由熟悉科技工作的中高层管理人员填写，以期客观、真实反映企业情况。通过随机抽取企业，在问卷星平台填写问卷，共回收有效问卷752份（153家瞪羚企业，599家非瞪羚科技型企业），有效回收率为93.9%。瞪羚企业经济数据来自2016年、2017年的《国家高新技术产业开发区企业统计报表》，其他数据来源于调查问卷。被调查瞪羚企业的基本情况见表7–1。

表7–1 瞪羚企业样本特征

类目	产业领域	样本数量/个	比例/%
按产业领域统计	电子信息	54	35.29
	先进制造与自动化	24	15.69
	生物与新医药	20	13.07
	新材料	16	10.46
	高技术服务	15	9.80
	资源与环境	12	7.84
	新能源与节能	10	6.54
	航天航空	2	1.31
按成立时间统计	[0～5年)	2	1.31
	[5～10年)	56	36.60
	[10～15年)	61	39.87
	[15～20年)	34	22.22
按员工人数统计	[0～100人)	46	30.07
	[100～200人)	40	26.14
	[200～300人)	24	15.69
	>300人	43	28.10

7.2.2 变量定义与选取

（1）变量定义

跨界搜索。借鉴王素娟和王建智（2016）、王琳和魏江（2017）的研究，技术知识跨界搜索由 4 个指标构成：该公司非常清楚“行业内先进技术工艺”的发展资讯；该公司搜集不同行业“使用同类技术”的信息资讯；该公司随时关注“产品技术领域”潜力强的公司资讯；该公司密切关注“供应商产品（技术工艺）升级”的信息资讯。

市场知识跨界搜索由 5 个指标构成：该公司密切关注同行业“替代产品”的公司资讯；该公司清楚了解跨行业“替代产品”的公司资讯；该公司密切关注同行业“互补产品”的公司资讯；该公司经常搜集跨行业“互补产品”的公司资讯；该公司准确把握“顾客对产品或服务偏好变化”的资讯。

关系资本。关系资源和关系强度的测量在赖珍珠（2016），白楠楠（2016），李飞、邵怀中和陈劲（2017）等研究的基础上分别设计了不同的指标。关系资源指：该公司从政府获取知识信息，该公司从高校院所获取知识信息，该公司从供应链上下游获取知识信息，该公司从同行企业获取知识信息。关系强度指：该公司是否获得政府补助，该公司获得的社会投资类别根据该公司获得的社会投资类别数量赋值，该公司与孵化器的关系按照无关、在孵和毕业赋值。

创新绩效。企业的创新绩效分为客观绩效和主观绩效两个维度。客观绩效是指企业的财务指标；主观绩效可以通过企业的一些非财务指标来衡量。本书选取质性研究和量化研究结合的方式测量瞪羚企业的创新绩效，因为单一测量指标可能使研究结论不准确。量化研究绩效指标为：有效专利数，技术合同交易额，新产品销售收入占比。质性研究指标为：所处行业地位，通过知识资产保值增值形成的创新成果，根据该公司形成的创新成果类别数量赋值。

（2）变量选取

根据调查问卷反馈，将影响瞪羚企业与非瞪羚科技型企业创新绩效的相关指标进行对比，然后进行描述性分析。因篇幅限制，本书仅对比分析瞪羚企业和非瞪羚科技型企业跨界知识搜索能力。跨界知识搜索是影响瞪羚企业创新绩效的关键因素之一，划分为技术知识搜索和市场知识搜索。从瞪羚与非瞪羚科技型企业技术知识搜索能力对比来看，四个方面的得分都高于非瞪羚科技型企业，瞪羚和非瞪羚科技型企业都最关注“行业内先进技术工艺”的发展资讯（图 7–1）。

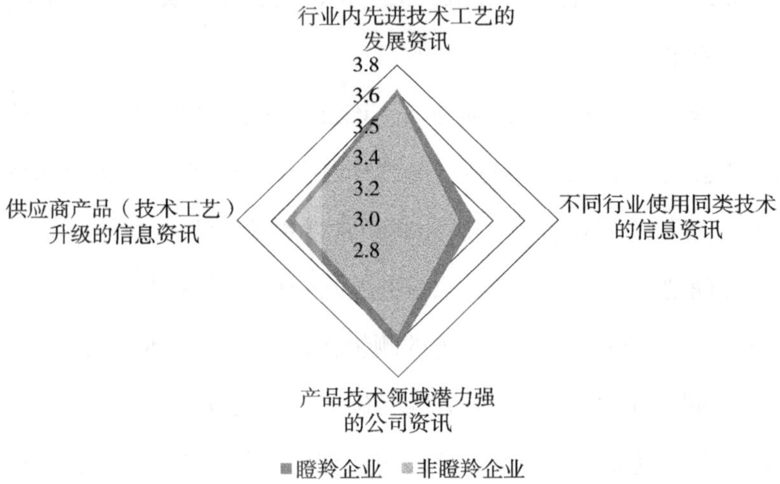

图 7–1　瞪羚与非瞪羚科技型企业技术知识跨界搜索能力对比

从瞪羚与非瞪羚科技型企业市场知识搜索能力对比来看，瞪羚企业和非瞪羚科技型企业最关注顾客对产品或服务偏好变化。瞪羚企业更重视跨行业“互补产品”和“替代产品”的资讯（图 7–2）。

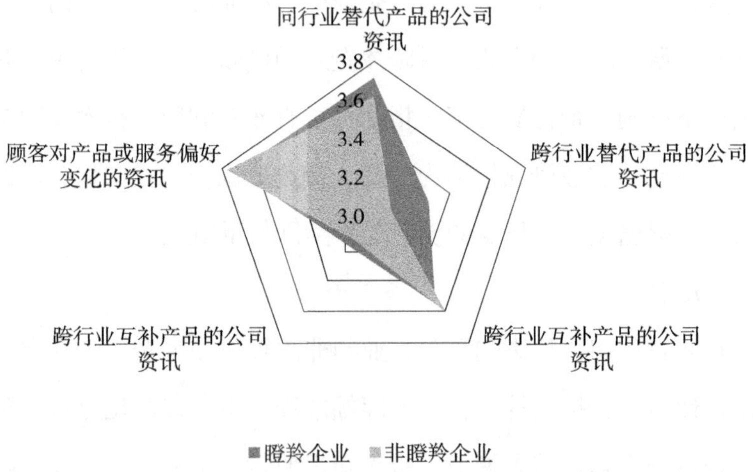

图 7–2　瞪羚与非瞪羚科技型企业市场知识跨界搜索能力对比

7.3　实证结果与分析

7.3.1　数据质量分析

本书所涉及的数据均采用 SPSS24. 0 软件检验信度和效度，采用内部一致性系数 Cronbach's α 值检验评价量表的稳定性和可靠性。变量的 Cronbach's α 值都大于 0.7，最小的为 0.727，说明数据稳定性强。KMO 统计量和 Bartlett 球形测量工具结果与真实情况的符合程度，能够很好地体现测量的正确性。通过测量，因子载荷系数均大于 0.5，KMO 值均大于 0.7，结果显示各变量测量具有良好的效度。

本章对回收的问卷进行 Harman 单因素检验。数据分析结果显示，有 5 个因子的特征值大于 1，累计解释率 68.291%。在未旋转时得到的第一个主成分只解释 31.220% 的变异，由此推知同源性偏差的影响较小，但并不影响后续进一步的研究。

7.3.2　相关性分析

本章对各变量进行均值和标准差及相关系数进行分析。表 7–2 表明，变量间的相关系数具备显著性。从自变量对因变量的影响关系来看，基本上每个变量之间均呈现正向相关关系，这些关系的机理将在后文的分析中作进一步的检验。

表 7–2　各变量描述性统计及 person 相关系数

变量	均值	标准差	1	2	3	4
技术知识跨界	3.5507	0.90064	1	—	—	—
市场知识跨界	3.5085	0.96545	0.541**	1	—	—
关系资源	3.8725	0.82921	0.148	0.306**	1	—
关系强度	2.6253	0.38677	0.574**	0.627**	0.330**	1
创新绩效	2.1961	0.55306	0.206*	0.166*	0.071	0.210*

注：* 表示 $p \leqslant 0.1$ 水平上显著，** 表示 $p \leqslant 0.05$ 水平上显著。

7.3.3 假设检验

相关分析用于解释数据间存在相关关系的可能性，而回归分析则能够通过控制样本的部分变量进一步对相关系数指明方向，从而验证变量间的因果关系。

（1）跨界搜索与关系资本的多元回归分析

与基本模型相比，加入跨界搜索的模型 2 比模型 1 对创新绩效的解释力有所提高，使可调整的 R^2 从 0.161 上升到 0.209，F 值是 9.034，并且在统计上表现显著，即跨界搜索在总体上与创新绩效呈现正相关关系（表 7–3）。可以说，技术知识跨界搜索和市场知识跨界搜索对瞪羚企业创新绩效有正向影响。假设 H1a、H1b 通过验证。

在已有基本模型的基础上加入跨界搜索的模型 2 比模型 1 对关系资源的解释力有所提高，使可调整的 R^2 从 0.014 上升到 0.091，F 值是 4.029，并且在统计上表现显著，即跨界搜索在总体上与关系资源呈现正相关关系（表 7–3）。同理，跨界搜索在总体上与关系强度呈现正相关关系。因此，假设 H2a、H3a、H2b、H3b 通过验证。

表 7–3　跨界搜索和关系资本、创新绩效的多元回归分析

		关系资本				创新绩效	
		模型 1		模型 2		模型 1	模型 2
		关系资源	关系强度	关系资源	关系强度		
变量	成立时间	0.201**	−0.158*	−0.178**	−0.167***	0.134*	0.092
	员工人数	0.043	−0.081	0.068	−0.068	0.392***	0.362***
	行业特征	0.013	0.128*	0.004	0.162***	−0.292***	−0.255***
自变量	技术知识跨界搜索	—	—	0.140*	0.420***	—	0.275**
	市场知识跨界搜索	—	—	0.295***	0.387***	—	0.212***
	R^2	0.034	0.043	0.121	0.525	0.178	0.235
	调整后的 R^2	0.014	0.024	0.091	0.509	0.161	0.209
	F	1.738	2.238	4.029	32.515	10.757	9.034

注：* 表示 $p \leqslant 0.1$ 水平上显著，** 表示 $p \leqslant 0.05$ 水平上显著，*** 表示 $p \leqslant 0.01$ 水平

上显著。

（2）关系资本与创新绩效的多元回归分析

与基本模型相比，加入关系资本的模型 2 比模型 1 对创新绩效的解释力有所提高，使可调整的 R^2 从 0.161 上升到 0.166，F 值从 10.757 变化到 7.032，并且在统计上表现显著，即关系资本在总体上与创新绩效呈现正相关关系（表 7–4）。但是，模型 2 中，关系资源在统计上不显著（$p \geqslant 0.1$）。因此，假设 H4a 未通过验证，表明瞪羚企业与供应商、客户、大学、科研机构、政府和中介机构等外部主体的互动较弱，未建立起互联共通的信任关系，从而对瞪羚企业的创新绩效增长没有效用。假设 H4b 通过验证。

表 7–4　关系资本与创新绩效的多元回归分析

		创新绩效	
		模型 1	模型 2
变量	成立时间	0.134*	0.152**
	员工人数	0.392***	0.418***
	行业特征	−0.292***	−0.295***
自变量	关系资源	—	0.023
	关系强度	—	0.173*
	R^2	0.178	0.193
	调整后的 R^2	0.161	0.166
	F	10.757	7.032

注：* 表示 $p \leqslant 0.1$ 水平上显著，** 表示 $p \leqslant 0.05$ 水平上显著，*** 表示 $p \leqslant 0.01$ 水平上显著。

7.4　研究结论与讨论

7.4.1　结论

本书试图以关系资本为路径，探索在开放式创新环境中跨界搜索对瞪羚企业创新绩效的影响，通过理论分析和实证检验，得到如下三大结论。

第一，跨界搜索是瞪羚企业丰富知识库多样性、整合外部知识进行创新的有效措施。研究结果表明：无论是技术知识跨界搜索还是市场知识跨界搜索，对关系资本的程度都有着显著影响。但对于不同领域的瞪羚企业，侧重点可能有所不同：对于服务型企业，市场知识跨界搜索的调适能力最重要；对于生产型企业，技术知识跨界搜索的调适能力就显得突出一些。

第二，跨界搜索有助于提升瞪羚企业关系资本。研究结果表明：跨界搜索（技术知识跨界搜索和市场知识跨界搜索）与关系资本（关系资源和关系强度）都呈正相关关系。这意味着在跨界搜索过程中，瞪羚企业的关系强度提高，关系资源丰富，关系网络改善。

第三，关系资本是从跨界搜索到创新的中介变量。研究结果表明：跨界搜索在直接促进瞪羚企业创新绩效的同时能够提升关系资本，而关系资本的提升又促进瞪羚企业创新绩效；关系资源对企业创新绩效影响不显著，说明组织之间如果未建立信任和互惠关系，不能共同解决问题和分享成果，则对于企业创新绩效的增长是没有效用的。

7.4.2 启示

创新往往涉及技术领域的交汇融合。技术领域需要不断更新经验、知识和技能储备，这可能因为原有技术是初代，提升空间大，也可能因为竞争对手拥有更加成熟的创新理念，导致瞪羚企业当前的知识储备无法满足创新需求。这种情况下，加强与不同知识源的紧密联系，有利于瞪羚企业掌握外部不同知识源的知识资源库，补充有效创新的内部基础，而这种深层次的关系必须建立在一个连续的相互作用的基础上。此外，瞪羚企业的创新也可以建立广泛的开源主体网络，深入了解潜在客户和现有客户的潜在需求。

技术知识和市场知识的跨界搜索能够使瞪羚企业打破对资源的固有认知，不断挑战传统局限、探索资源的新用途，始终处于不断探索发展的状态，更好地应对环境变化，帮助企业抓住机遇、开辟新的市场。但是，跨界搜索行为也存在高风险、高成本的特性，如果过度关注跨界信息知识资源却无法及时合理利用，可能导致财务、人力资源的浪费，也可能会影响决策的可靠性。同时，研发创新过度依赖跨界搜索，不利于瞪羚企业创新绩效的提升。因此，瞪羚企业要利用好与外部开放源主体之间的知识重叠度来获取外部知识，提高知识的利用率，从而进行创新。

第 8 章　企业家精神与瞪羚企业绩效关联性分析

当前，我国经济发展处于新旧动能转换的关键时期，创新创业成为推动新动能发展和经济结构升级的重要力量。那些跨过“死亡谷”进入高成长期的瞪羚企业，凭借其活力和对区域经济增长的突出贡献，成为新经济和高质量发展的重要动能。管理学理论提出，企业发展的关键要素是存在一个良好的外部资源环境和一支由优秀企业家领导的团队。对于初创企业来说，这两个因素尤为重要。因此，本章以瞪羚企业为剖析对象，探究企业家精神与企业创新成长之间的关联性，以期更好地认识企业家在高成长型企业中发挥的作用，为企业管理者推动企业成长提供有益的参考。

8.1　企业家精神

企业家精神随着时代而改变，每个时代的企业家精神都有不同的内涵。早在 20 世纪 30 年代，著名经济学家熊彼特指出，企业家精神的实质是创新性破坏，是对个人价值的实现。谢洪明、葛志良和王成（2008）通过实证研究企业绩效的影响因素，得出组织学习创新是推动企业成长的关键要素。有研究者（Gatignon & Xuereb，1997）分别以服务业和制造业为研究对象，表明学习创新对企业绩效一样存在显著正向关系。毛良虎、王磊磊和房磊（2016）认为学习创新所带来的附加价值（新观点、新思想）赋予员工新的知识、新的技能，而这些新知识、新技能是提高工作效率、提升企业绩效的重要保证。因此，可将学习创新力作为企业家精神的重要指数。

李元旭和曾铖（2019）认为，一个地区的企业家精神越丰富，意味着该地区在空间情境上具备了良好的空间集聚效应、社会网络效应、人才流动机制。通过这种知识溢出创业的方式，原本研发投入低的小企业或新企业可以对大企业、大学或科研机构生产的新知识进行探索，从而大大提高创新的产出效应。因此，可将技术掌控力作为企业家精神的重要指数。

陈云娟（2010）研究了企业家精神与企业创新动力机制的关系，通过调查分析发现，企业市场竞争力的关键在于企业家是否具有敏锐的市场洞察力。孙秀丽和蒋春燕（2011）提出，企业在主动探索新技术和新产品市场、开发已有技术和产品市场的活动中可以获得大量有用的组织知识，激发企业家组织学习能力，提高企业的业绩水平；同时，不断创新的先动性精神使企业获得领先于竞争者的市场基点，并增强对市场变化作出快速反应的能力，为组织提升竞争力和获得有利竞争地位奠定基石。因此，可将市场洞察力作为企业家精神的重要指数。

唐贵瑶等（2016）提出，在高质量组织沟通下，中小企业可以促进员工相互信任、尊重、支持等友好关系的形成，促进知识、信息等资源的共享，进而激发员工的创新行为。高阶理论提出，首席执行官在资源调配、人才使用和战略制定等方面被赋予最高决策权，他们在组织权力分配中处于关键地位，是影响企业战略选择和结果的最重要因素之一（赵曙明、孙秀丽，2016）。因此，可将组织沟通力作为企业家精神的重要指数。

诸多学者在研究企业治理问题中提到，管理者能力是企业治理问题的核心。例如，在管理者的学历背景方面，陈晓红、张泽京和曾江洪（2006）研究了企业高管团队能力与企业绩效的关系，实证检验发现高管学历水平对企业成长具有明显促进作用。杨超和山立威（2016）从管理者从业时间角度进行研究，发现企业家从业时间与企业绩效呈“U”形变动效应关系。周阳敏、赵亚莉和桑乾坤（2019）认为，企业家从业年限越长、企业家获取的行业经验和人际关系网络越丰富，越有利于企业制定正确的战略决策，提高企业的盈利能力。因此，可将行业专注力作为企业家精神的重要指数。

庄子银（2005）从市场竞争角度分析企业家在产业创新中的作用程度，研究得出企业家科技研发活动的策略会影响企业产品市场的边际利润，从而影响企业绩效水平。何瑛和张大伟（2015）通过研究企业家特性与企业资产负债问题之间的逻辑关系，将企业负债融资水平作为中介变量，验证了企业家冒险意识会提高企业负债融资，从而推动企业创新成长，提高企业绩效水平。因此，可将危机意识作为企业家精神的重要指数。

综合以往学者对企业家精神的界定和时代背景，本书创新性地将企业家精神分为六个指数：学习创新力、技术掌控力、市场洞察力、组织沟通力、行业专注力和危机意识。

8.2 企业绩效

8.2.1 营业收入

2017 年，江苏省瞪羚企业共实现营业收入 3065.93 亿元，平均每家瞪羚企业营业收入 5.87 亿元，高于江苏省国家级高新区企业平均营业收入规模（4.68 亿元）25.4%。从收入区间来看，收入在 1 亿元以下的瞪羚企业 201 家，占瞪羚企业总数的 38.5%；收入在 1 亿～5 亿元的瞪羚企业 196 家，占瞪羚企业总数的 37.5%；收入在 5 亿～10 亿元企业 47 家，占瞪羚企业总数的 9.0%；收入超 10 亿元的瞪羚企业 78 家，占瞪羚企业总数的 15.0%。

8.2.2　科技活动投入

2017 年，江苏省瞪羚企业平均科技活动投入为 2501.9 万元，是江苏省国家级高新区企业（939.2 万元）的 2.7 倍。其中，科技活动投入在 100 万 ~ 500 万元的瞪羚企业最多，占瞪羚企业总数的比例达到 23.4%。2017 年，江苏省瞪羚企业科技活动投入强度达 4.3%，是江苏省国家级高新区企业（1.9%）的 2.3 倍。

8.2.3　科技活动人员

2017 年，江苏省瞪羚企业平均拥有科技活动人员 77 人，是江苏省国家级高新区企业（31 人）的 2.5 倍；科技活动人员占总人员数的比例达到 21.9%，是江苏省国家级高新区企业（10.7%）的 2.0 倍。科技活动人员中，93.3% 为项目参加人员，6.7% 为科技管理和服务人员。其中，科技活动人员占瞪羚企业总人数的比例在 10% ~ 20% 的企业最多，达到 133 家；其次是人数占比在 20% ~ 30% 的企业较多，达到 101 家。

8.2.4　新产品产值

2017 年，江苏省瞪羚企业积极开发新产品，305 家企业有新产品投向市场，取得销售收入，这类企业占企业总数的 58.4%。同时，江苏省瞪羚企业共实现新产品销售收入 1209.3 亿元，占产品销售收入的 44.0%，是江苏省国家级高新区企业产品销售收入（15.4%）的 2.9 倍。瞪羚企业平均实现新产品销售收入 2.3 亿元，是江苏省国家级高新区企业（7236.0 万元）的 3.2 倍。从新产品销售收入分布区间来看，0 ~ 1 亿元的瞪羚企业最多，有 176 家，占比为 33.7%；10 亿元以上的企业 30 家，占比为 5.7%。

8.3 实证分析——瞪羚与非瞪羚企业比较

从绩效对比分析可以看出，瞪羚企业的成长绩效普遍高于国家高新区企业平均水平。为进一步分析企业家精神对企业绩效的影响因素，本章在江苏省国家级高新区随机选取了250家瞪羚企业和800家非瞪羚科技型企业，发放调查问卷1050份，回收问卷801份，去除49份无效问卷，得到有效问卷752份。其中，瞪羚企业153份，非瞪羚科技型企业599份。153家瞪羚企业作为实证研究样本，599家非瞪羚科技型企业作为参照对象。

8.3.1 企业负责人特质

结合上文提出的企业家精神指数划分，通过调查问卷五级量表（1～5由弱到强）对企业负责人所具备特质进行打分（表8–1）。

表 8–1 企业负责人具备特质量表打分均值

类别	市场洞察力	组织沟通力	技术掌控力	学习创新力	行业专注力	危机意识
瞪羚企业	4.74	4.66	4.61	4.71	4.74	4.64
非瞪羚科技型企业	4.67	4.64	4.61	4.69	4.78	4.62

经过分析，瞪羚企业负责人所具备的特质得分水平均高于非瞪羚企业。具体来看，市场洞察力和技术掌控力是非瞪羚企业负责人的短板（图8–1），由此可知精准把控市场、掌握自主可控的核心竞争力是瞪羚企业成长的关键点。

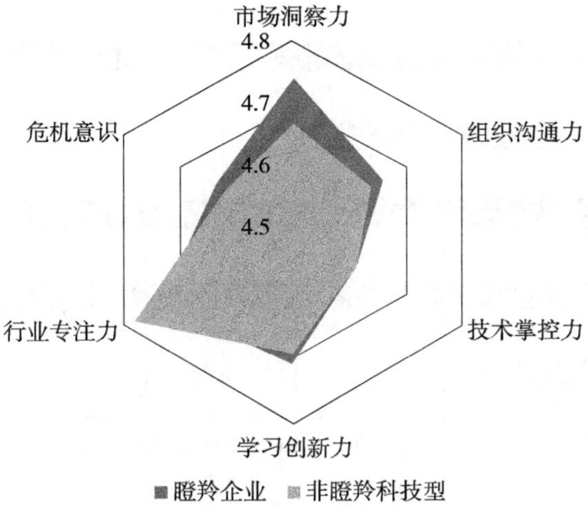

图 8-1　瞪羚与非瞪羚科技型企业负责人具备特质对比

8.3.2　企业负责人学科背景

在调查问卷设计中，本书将企业负责人学科背景划分为文科、理科、工科、经济管理、交叉学科。设置交叉学科选项是为了了解瞪羚企业负责人是否具有多种学科背景，为企业跨界发展提供支撑。从图 8-2、图 8-3 可以看出，瞪羚与非瞪羚科技型企业负责人学科背景中占比较大的是理科、工科和交叉学科，这从侧面体现了企业负责人学科背景并不是影响企业成长的主要因素。

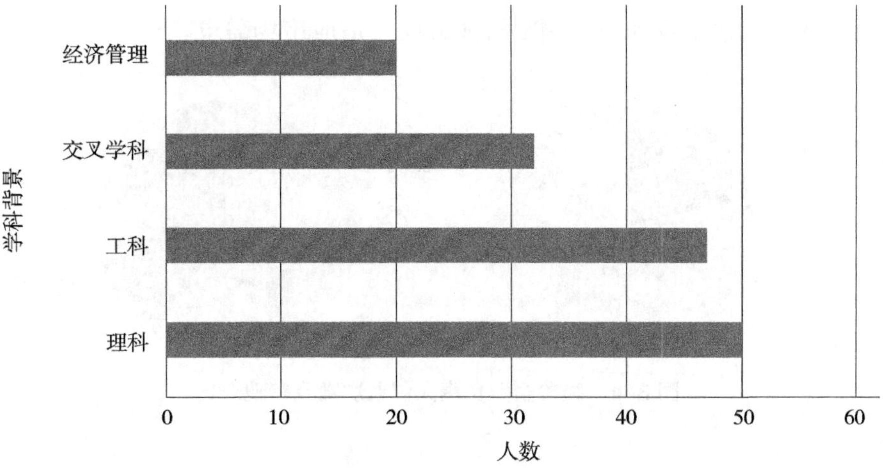

图 8-2　瞪羚企业负责人学科背景

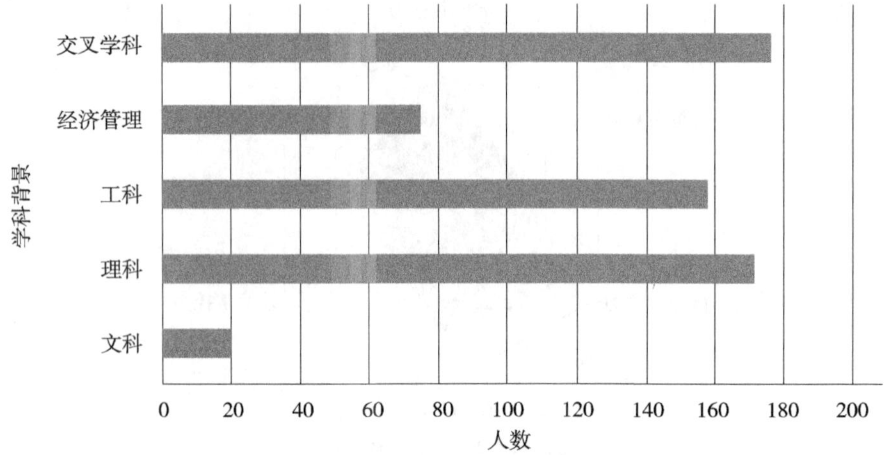

图 8-3 非瞪羚科技型企业负责人学科背景

8.3.3 企业负责人创业经历

从图 8-4 和 8-5 可以看出，78.6% 的瞪羚企业负责人是一次创业，87.1% 的非瞪羚科技型企业负责人是一次创业；21.4% 的瞪羚企业负责人是多次创业，12.9% 的非瞪羚科技型企业是多次创业。企业负责人多次创业的经验，有利于创业更容易成功。此外，非瞪羚科技型企业负责人在同一行业多次创业占比高于跨行业创业。瞪羚企业负责人跨行业次数多的原因可能在于其具有较高的市场洞察力，能够敏锐观察市场动向，调整行业方向，适应市场需求。

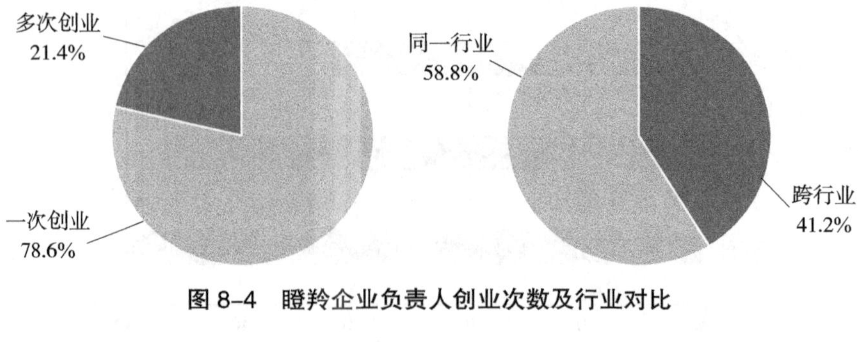

图 8-4 瞪羚企业负责人创业次数及行业对比

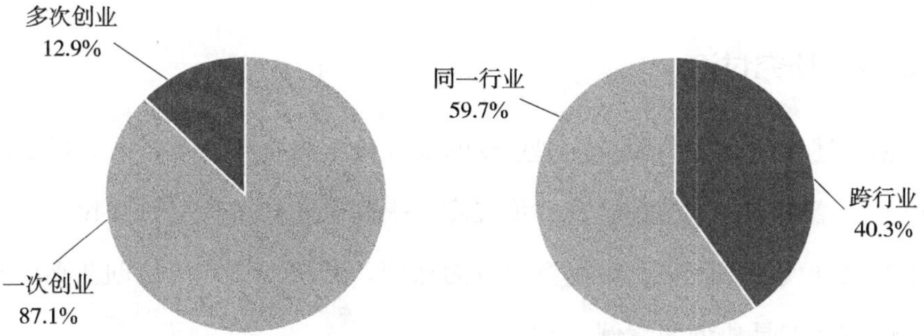

图 8-5　非瞪羚科技型企业负责人创业次数及行业对比

8.4　研究结论与讨论

8.4.1　研究结论

综合以往学者对企业家精神的界定和时代背景，本书创新性地将企业家精神分为市场洞察力、组织沟通力、技术掌控力、学习创新力、行业专注力和危机意识六个指数，通过面板数据与问卷调研结果相结合的方法，探讨了企业家精神对高成长性企业绩效的影响。具体结论如下。

第一，企业家精神是高成长型企业成长过程中的关键要素，企业家创新思维与企业绩效呈正相关关系。

第二，企业家市场洞察力正相关影响企业绩效，瞪羚企业家的市场洞察力指数远高于非瞪羚科技型企业家市场洞察力的指数，表明企业家敏锐的市场洞察力有利于增强高成长型企业竞争性。

第三，企业家技术掌控力正相关影响企业绩效，瞪羚企业家的技术掌控力指数远高于非瞪羚科技型企业家的技术掌控力指数，表明企业家技术掌控力是企业快速成长的关键要素。

第四，企业家的危机意识与企业绩效的关系并不显著。瞪羚企业和非瞪羚科技型企业的企业家冒险精神指数都相对偏低。

8.4.2 研究讨论

根据上述结论，为实现科技型企业的高成长，需要从以下方面进行改进。

第一，增强对技术产品研发的重视度，提高企业技术产品研发投入。科创企业技术产品迭代频率较快，市场竞争较为激烈，若忽视技术产品创新则会被市场淘汰，诺基亚就是典型的案例。

第二，提高企业生产规模，拓展企业市场占有率。企业若想立足市场，持续成长，企业家要具有较为强烈的竞争意识和创新意识，安于现状、不求上进是不可能使企业持续发展下去的。尤其对于科创型中小企业，努力扩大产品生产和市场规模是提高企业竞争力的重要手段。

第三，提高企业家市场洞察水平，增强企业市场响应速度。在当今竞争异常激烈的世界，比拼竞争优势本质上是比拼市场洞察力。敏锐的市场洞察力有利于增强高成长型企业的竞争性，因此要重视市场调查的作用，开阔眼界，善用调查工具。

第四，适度冒险，增加负债比率。高成长型企业大部分是规模较小的民营企业，面临较大的融资约束问题，因此，如何获得内外部融资成为企业成长的关键。作为企业家，通过适度举债、提高杠杆率为企业获得发展资金是很有必要的。

第9章 知识资本视域下瞪羚企业高成长实证分析

本章通过因子分析、结构方程模型对知识资本视域下瞪羚企业成长进行实证研究，同时进一步将实证研究结果与专家评分结果进行对比性分析，挖掘知识资本视域下瞪羚企业成长的关键因素。

9.1 调查问卷设计

本书遵循综合性、科学性和可行性原则，对调查问卷进行了较为严格的设计与检验，以期尽量减少影响数据质量的外部性因素。为方便问卷填写者厘清逻辑思路，问卷内容按照投入产出的过程进行设计，分别为企业及填写者基本信息、知识资本投入、知识资本产出和知识资本增值保值。问卷设计了选择题和李克特式5点量表两种题型，其中选择题分为单选和多选，李克特式5点量表由弱到强打分，即1，2，3，4，5。调查问卷要求了解企业日常运营管理情况、熟悉科技工作的中高层管理人员填写，以期全面反映企业情况。

（1）企业及填写者基本信息

问卷第一部分为企业及填写者基本信息，其中企业基本信息包括企业名称、所在高新园区、与科技企业孵化器关系等。填写者基本信息主要是为了摸清填写者的背景，便于了解填写者的情况，以此判断问卷数据来源的可靠性，从而进行问卷数据的筛选。

（2）知识资本投入

问卷第二部分为知识资本投入，主要包括企业负责人学科背景、企业负责人具有的特质、企业负责人创业经历及其从事行业、信息数据库建设、资讯分析部门及人员配备情况、获得的社会投资、享受的各类服务情况。

（3）知识资本产出

问卷第三部分为知识资本产出，请企业立足自身发展状况，按重要性在“有效专利拥有量、PCT专利申请量、专利所有权转让及许可、新产品销售收入、科技论文、注册商标、软件著作权、技术合同交易、国家或行业标准、劳动生产率、人均利润率”题项中选取6项最能够代表“知识产出效果效率”的指标，按重要性在“营业利润增长率、营业收入增长率、出口总额、江苏省创新型企业百强、三年内获省级以上科技进步奖、拥有省部级以上名牌产品、拥有国家驰名商标、设立境外营销服务机构/境外技术研发机构/生产制造基地”题项中选取5项最能够代表“知识产出效益”的指标。该部分指标数据在《国家高新技术产业开发区企业统计报表》中均有体现，此处进行问卷调查的主要目的是校验企业对“知识资本产出”指标的重视程度，为遴选指标提供参考。

（4）知识资本增值保值

问卷第四部分为“知识资本增值保值”，其是介于知识资本投入和知识资本产出这两个显性要素之间的“黑匣子”。对此，我们设计了8个题项来测量，分别为：知识获取来源及其重要性；已采用的知识获取方式及其重要性；已实施“技术知识跨界搜索”的内容及其节点；已实施“市场知识跨界搜索”的内容及其节点；现阶段跨部门学习创新活动；以知识资本为信用，已获得的社会投资；通过知识资产保值增值形成的创新成果；已采用的创新方式。

9.2　研究方法

9.2.1　因子分析方法

因子分析是利用降维的思想，从研究原始变量相关矩阵内部的依赖关系出发，把一些具有错综复杂关系的变量归结为少数几个综合因素的一种多变量统计方法。假设有 n 个样品，k 个观测变量，为了消除量纲和数量级的影响，首先将样本观测数据进行标准化处理。将标准化后的观测变量用 X_i 表示，公共因素用 F_i 表示，特殊因素用 ε_i 表示，因子分析的数学模型就是把 k 个评价指标分别表示为 p（$p<k$）个公共因素和一个特殊因素的线性函数，即

$$X_i=\alpha_{i1}F_1+\alpha_{i2}F_2+\cdots+\alpha_{ip}F_p+\varepsilon_i \tag{9-1}$$

其中，系数 α_{ij} 是第 i 个变量在第 j 个公共因素上的系数，它表明的是变量 X_i 与公共因素 F_i 之间的相依程度，或称公共因素 F_i 对于 X_i 的载荷量。

9.2.2　结构方程模型

结构方程模型 SEM（structural equation modeling）是通过潜在变量描述，分析潜变量特征及其相互关系的验证性技术。在现实生活中，部分变量虽然客观存在，但由于人的认知水平或事物本身的抽象性和复杂性，很难直接测量，这类变量称为潜变量。

结构方程模型是一种建立、估计和检验因果关系模型的方法。模型中既包含了可观测的显变量，也可能包含无法直接观测的潜变量。结构方程模型建模分析数据是一个动态的不断修改的过程。在建模的过程中，要通过每次建模计算得到的结果分析这个模型的合理性，然后依据经验及前一模型的拟合结果不断调整模型的结构，最终得到一个合理的与事实相符的模型。结构方程模型分为测量模型与结构模型。测量模型能够求出观测指标与潜变量之间的关系；结构模型能够求出潜在变量与可观察变量之间的关系。

与传统的回归分析不同，结构方程分析能估计整个模型的拟合程度，同时处理多个因变量，以及估计因子结构和因子关系，容许自变量和因变量含测量误差。

9.3 小样本探索性分析

考虑到现有文献研究对知识资本结构维度划分等尚未形成统一性认识，国内学者对知识资本理论的本土化研究尚不够充分，本章采用探索性因子分析的方法（exploratory factor analysis，EFA）对知识资本视域下瞪羚企业成长指标进行检验。小样本数据来源于南京高新区 12 家瞪羚企业，共发放 36 份调查问卷，有效回收率 100%。结合文献梳理研究，本章将知识资本的结构划分为人力资本、结构资本、关系资本和市场资本四个维度，并提出相应研究假设。

9.3.1 结构量表分析

本书使用 SPSS 24.0 软件以主成分分析方法（principal components）进行因素抽取，选取特征值大于 1 的因素；采用最大方差正交转轴法进行因素转轴，对各个因素下的指标取舍、判断。然后，通过对小样本问卷指标数据进行因素抽取和转轴，将知识资本结构量表指标进行降维处理。

本书通过 KMO 检验和 Bartlett 球形检验对指标是否适合采用主成分分析进行考察，然后采用内部一致性系数即 Cronbach's α 值对知识资本视域下瞪羚企业成长指标体系进行信度检验。结果如表 9–1 所示，基于标准化项目的 Cronbach's α 值为 0.768，信度系数大于 0.70，指标体系信度良好。

表 9–1　瞪羚企业成长指标体系信度检验表

Cronbach's $\overline{\alpha}$	基于标准化项目的 Cronbach's $\overline{\alpha}$	项数
0.741	0.768	29

接下来，采用 KMO 检验和 Bartlett 球形检验来测量指标体系的结构效度。结果如表 9–2 所示，KMO 检验为 0.677，大于 0.5，指标有较强相关性；Bartlett 球形检验显著性水平为 0.000，小于 0.05，表示指标间独立。

表 9–2　瞪羚企业成长指标体系 KMO 和 Bartlett 检验表

KMO 取样适切性量数	Bartlett 球形度检验		
0.677	近似卡方	自由度	显著性
	2303.948	406	0.000

本章采用主成分分析法对数据作降维处理。根据特征值大于 1 的条件选取了 4 个公共因子，这 4 个公共因子的累积方差贡献率达到 70.65%。其中，第一个公因子包括高新技术产品销售占比、新产品销售收入占比、国际化水平、拥有品牌价值和营业利润增长率 5 个指标，反映瞪羚企业的市场资本；第二个公因子包括市场开发人员占比、研发人员占比、高学历人员占比和劳动生产率 4 个指标，反映瞪羚企业的人力资本；第三个公因子包括市场知识跨界搜索、技术知识跨界搜索、资讯分析配备度、成果转化形式、信息数据库建设和跨部门学习阶段 6 个指标，反映瞪羚企业的结构资本；第四个公因子包括商务性服务享受情况、生产性服务享受情况、政策性服务享受情况、知识获取来源和知识获取方式 5 个指标，反映瞪羚企业的关系资本。瞪羚企业成长评价指标体系因子分析旋转后的成分矩阵见表 9–3。

表 9–3　瞪羚企业成长评价指标体系因子分析旋转后的成分矩阵

公共因子	指数	组件			
		1	2	3	4
第一个公共因子（市场资本）	高新技术产品销售占比	0.867	0.078	−0.028	−0.086
	新产品销售收入占比	0.790	0.182	−0.046	−0.072
	国际化水平	0.753	0.241	−0.101	−0.030
	拥有品牌价值	0.534	0.120	0.098	−0.040
	营业利润增长率	0.527	0.187	0.076	−0.142

续表

公共因子	指数	组件			
		1	2	3	4
第二个公共因子（人力资本）	市场开发人员占比	0.242	0.939	−0.009	0.050
	研发人员占比	0.271	0.907	0.020	0.052
	高学历人员占比	0.252	0.879	0.057	0.039
	劳动生产率	0.638	0.687	−0.008	−0.051
第三个公共因子（结构资本）	市场知识跨界搜索	−0.028	0.046	0.864	0.042
	技术知识跨界搜索	0.037	0.092	0.854	−0.028
	资讯分析配备度	0.050	0.041	0.673	0.223
	成果转化形式	−0.082	0.007	0.601	0.292
	信息数据库建设	0.146	−0.134	0.598	0.103
	跨部门学习阶段	−0.233	0.062	0.403	0.314
第四个公共因子（关系资本）	商务性服务享受情况	−0.086	0.063	0.125	0.800
	生产性服务享受情况	0.066	−0.167	−0.010	0.750
	政策性服务享受情况	−0.120	0.036	0.114	0.685
	知识获取来源	−0.050	−0.014	0.256	0.628
	知识获取方式	−0.085	0.097	0.083	0.320

注：旋转方法采用凯撒正态化最大方差法。

9.3.2 研究假设

人力资本是企业经营和运作的基础，企业创造价值的所有活动都离不开人力资本的支持，人力资本在任何企业的成长过程中都发挥着关键作用。邓学芬等（2012）研究表明，人力资本存量对企业绩效有显著的促进作用，且成长型企业的作用效果更为明显。高素英等（2016）通过实证检验得出人力资本对企业竞争优势有促进作用。曹玉红、尤建新和王瑞（2017）认为，人才尤其是特殊人才，需要提前储备和培养，企业应该根据自身发展及对人才的异质性需求，有针对性地规划和投资人力资本。基于以上分析，本章提出如下假设：

H1：在瞪羚企业成长模型中，人力资本对瞪羚企业成长具有显著正效应。

杨友才和梁岳（2016）发现，结构资本影响创新型企业的生存与成长。冉秋红和任重（2012）认为，结构资本反映了企业整合各类资源、发挥系统效率的竞争能力，是企业不可或缺的资本要素。因此，结构资本是转化个体人力资本为企业人力资本的有效机制，有利于稳定企业秩序和提高生产效率，不同的结构资本影响知识的获取效率和资源的整合效果。基于以上分析，本章提出如下假设：

H2：在瞪羚企业成长模型中，结构资本对瞪羚企业成长具有显著正效应。

在知识资本向市场价值转化的过程中，关系资本可以看作结构资本的外延和扩张，是人力资本和结构资本发挥作用的重要条件。任宏达和王琨（2018）指出，社会关系网络能够促进资源的有效转移，提高资源的利用效率。李振华、赵寒和吴文清（2017）认为，社会关系资本可以提高企业获取外部资源的效率。吴晓莹和吴清烈（2009）指出，利益相关者能够为企业提供不同资源，有利于企业发展和壮大。因此，关系资本能够促进知识、信息等资源的流动，降低交易费用，促进技术创新，助力企业成长。基于以上分析，本章提出如下假设：

H3：在瞪羚企业成长模型中，关系资本对瞪羚企业成长具有显著正效应。

解学梅和余生辉（2021）认为，如果企业能够通过开发新产品、新服务满足市场的潜在需求，那么这个企业未来就可能引领市场。肖振鑫、高山行和高宇（2018）指出，市场资本是指企业利用市场机制作用形成的无形资本，包括企业市场容量、市场开拓与创新表现。李燕（2009）认为，市场资本是企业与外部市场环境相关联的、有助于企业获得潜在利益的无形资产总和。基于以上分析，本章提出如下假设：

H4：在瞪羚企业成长模型中，市场资本对于瞪羚企业成长具有显著正效应。

9.4　大样本验证性分析

9.4.1　研究样本的选取

调研团队从江苏 590 家瞪羚企业中随机选取了 250 家瞪羚企业和 800 家非瞪

羚科技型企业，发放调查问卷 1050 份，共回收问卷 801 份，去除 49 份无效问卷，得到有效问卷 752 份（瞪羚企业 153 份、非瞪羚科技型企业 599 份）。为便于比较，本书对数据进行无量纲化处理，使用极值法将原始数据统一转换为介于［0，1］范围的标准化数据，公式为

$$x_{ij}^{*}=\frac{x_{ij}-m_j}{M_j-m_j} \tag{9.2}$$

其中，$M_j=\max_i\{x_{ij}\}$，$m_j=\min_i\{x_{ij}\}$，$x_{ij}^{*}\in[0,1]$。

9.4.2 大样本描述性分析

（1）与科技企业孵化器的关系

25.7% 的瞪羚企业与科技企业孵化器存在关系，其中 13.80% 为在孵企业，11.90% 为孵化器毕业企业；74.30% 的瞪羚企业与科技孵化器无关。20.50% 的非瞪羚科技型企业与科技孵化器存在关系，其中 12.00% 为在孵企业，8.50% 为孵化器毕业企业；79.50% 的非瞪羚科技型企业与科技企业孵化器无关（图 9-1）。总体来看，瞪羚企业与科技企业孵化器关系更为密切，但是两者之间差距不大，原因可能是一方面科技企业孵化器对瞪羚企业成长的促进效果并不显著；另一方面是科技企业孵化器提供的服务并不能满足瞪羚企业的需求。

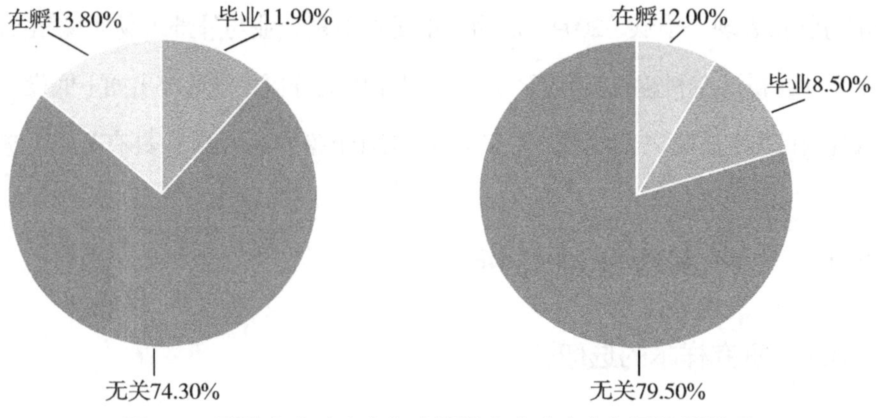

图 9-1 瞪羚企业（左）与非瞪羚企业（右）与孵化器关系

（2）信息数据库建设

由图 9-2 可以看出，瞪羚企业在信息数据库的建设和完备程度上明显高于非瞪羚科技型企业，如 37.10% 瞪羚企业拥有市场动态资讯系统，而非瞪羚科技型企业这一比例只有 27.90%；58.30% 的非瞪羚科技型企业未建立任何信息数据库，而瞪羚企业这一比例为 42.80%。

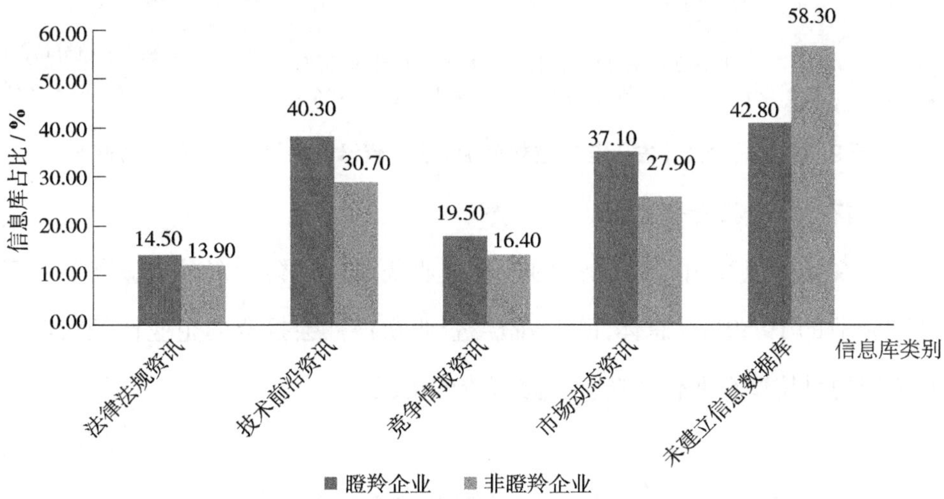

图 9-2　瞪羚与非瞪羚企业信息库建设对比

（3）资讯分析部门及人员配备

图 9-3 反映了瞪羚与非瞪羚科技型企业资讯分析部门及人员配备的情况。可以看出，33.30% 的瞪羚企业设置了资讯分析部门，占比明显高于非瞪羚科技型企业（22.00%）；45.90% 的瞪羚企业配备了资讯分析专职人员（瞪羚企业独立资讯分析部门和非独立资讯分析部门的专职人员比例之和），非瞪羚科技型企业这一比例只有 39.70%。可见，瞪羚企业更重视资讯信息分析，人员配备更完善。

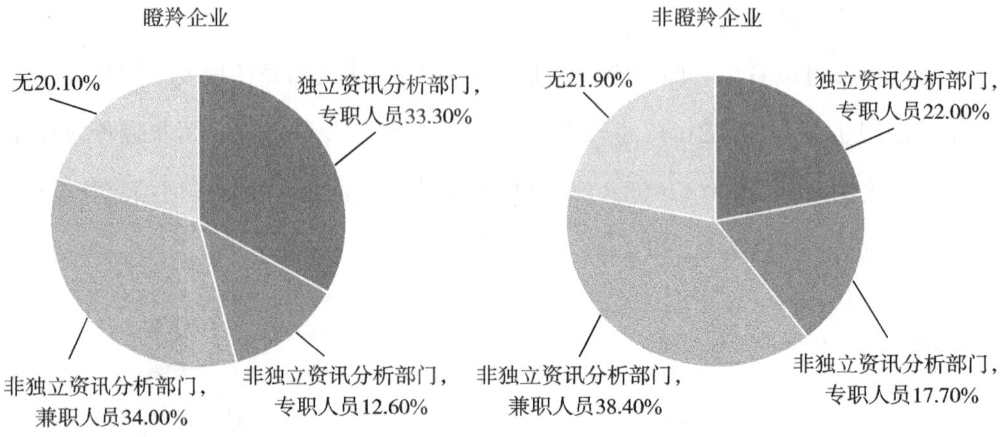

图 9–3 瞪羚企业（左）与非瞪羚企业（右）资讯分析部门及人员配备情况

（4）获得社会投资情况

从图 9–4 可以看出，32.10% 的瞪羚企业获得过社会投资，明显高于非瞪羚科技型企业的 19.50%。总体而言，瞪羚企业获得社会投资的企业比例较低，说明轻资产的科技型企业仍普遍存在融资难的情况。

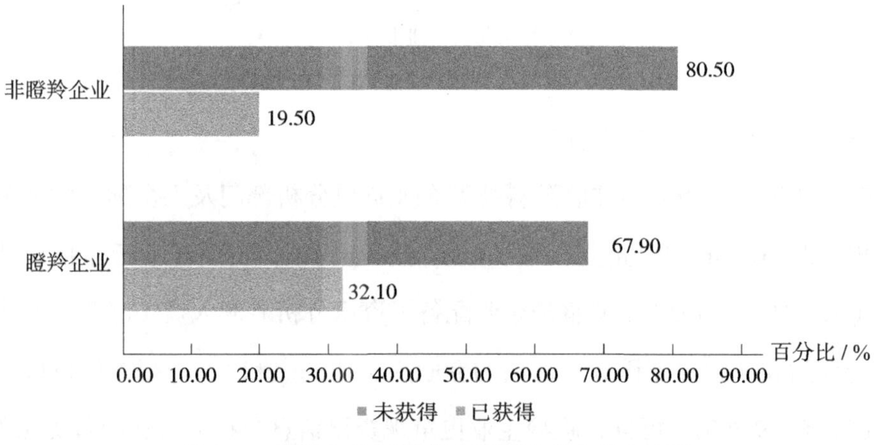

图 9–4 瞪羚与非瞪羚企业获得的社会投资情况

在已获得社会投资的企业中，瞪羚企业和非瞪羚企业获得私募股权投资（private equity，PE）投资的比例均高于种子投资（seed capital，SC）、天使资金（angel investment，AI）和风险投资（venture capital，VC）。创业投资是解决企业融资难问题的良药，但现在大量的创新资金更多地倾向 PE，而非 VC，这与创业投资的本质有很大差距。从社会投资来源来看，20.20% 的瞪羚企业和 28.60% 的非瞪羚科技型企业的社会投资来自于其他省份，这表明江苏的投融资环境还有待进一步改善。瞪羚企业获得的社会投资类别与投资来源如图 9–5 所示，非瞪羚企业获得的社会投资类别与投资来源如图 9–6 所示。

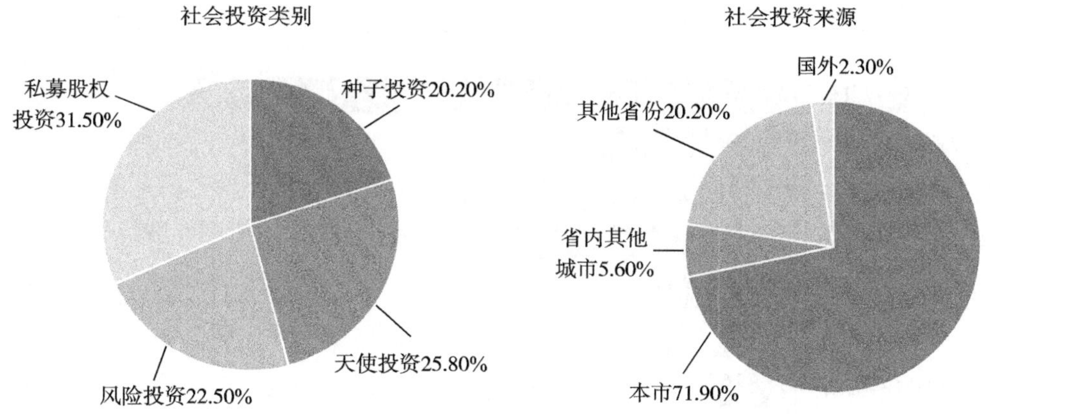

图 9–5　瞪羚企业获得社会投资的类别与来源

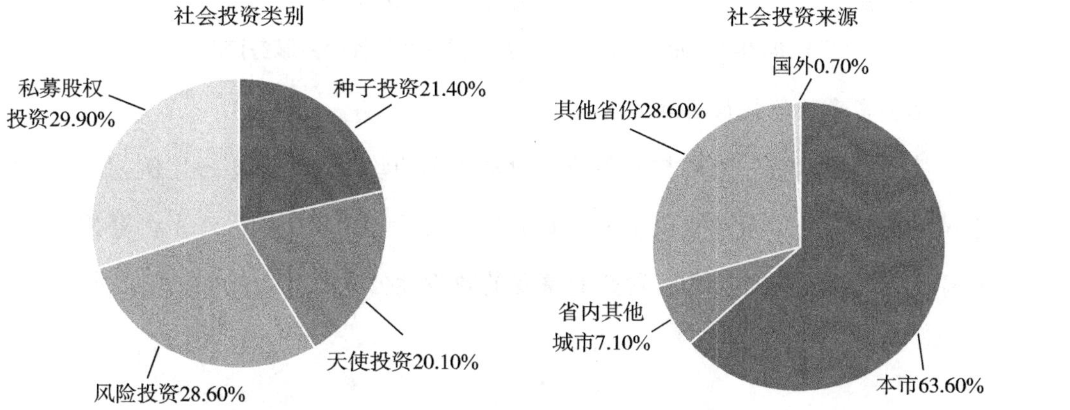

图 9–6　非瞪羚企业获得社会投资的类别与来源

（5）享受的生产性公共服务

从图 9–7 可知，非瞪羚企业享受的生产性公共服务中，认证认可服务、检验检测服务、开发设计服务占比均高于瞪羚企业。尤其在认证认可服务上，非瞪羚企业比瞪羚企业高 8.1 个百分点，原因可能是瞪羚企业已经发展到一定规模，较为基础的认证认可公共服务已经无法满足企业的需要。“其他”选项可归纳为现阶段没有享受到生产性公共服务，57.20% 的瞪羚企业选择这一选项，与项目组实地调研情况相符合，所调研的瞪羚企业均表示现阶段未享受到生产性公共服务。

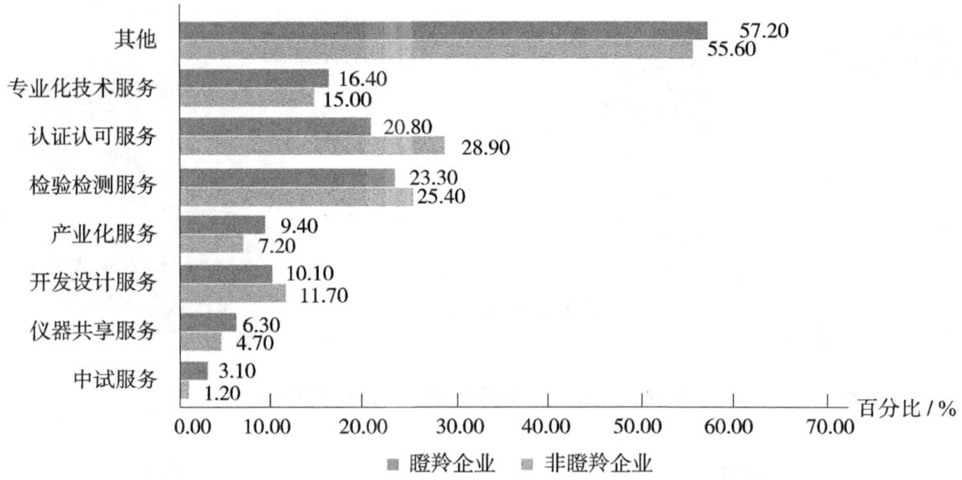

图 9-7 瞪羚与非瞪羚企业享受的生产性公共服务情况

（6）享受的政策性公共服务

从问卷数据看，瞪羚与非瞪羚企业享受到的政策性公共服务比例相近，资质申请、资金资助申报和立项申请等服务比例接近。这表明园区、平台等相关政策服务比较完善。瞪羚与非瞪羚企业享受的政策性公共服务对比如图 9-8 所示。

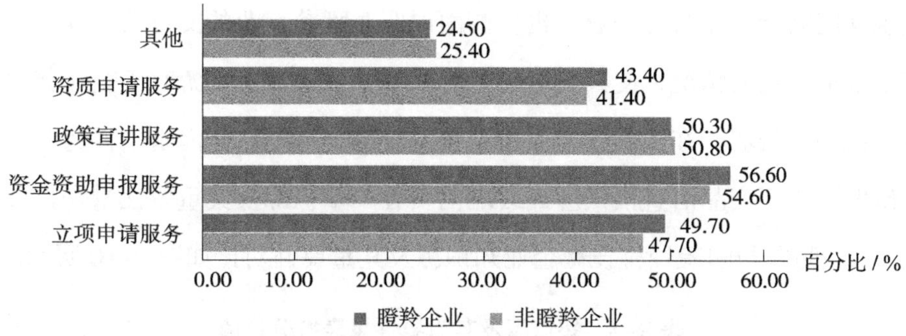

图 9–8　瞪羚与非瞪羚企业享受的政策性公共服务情况

（7）享受的商务性公共服务

瞪羚与非瞪羚企业享受到的各项商务性公共服务类别占比接近，如 49.10% 的瞪羚企业和 50.90% 的非瞪羚企业都享受过知识产权服务，表明企业越来越重视知识产权保护和维权。仅有 3.10% 的瞪羚企业和 2.00% 的非瞪羚企业享受过海外咨询服务，这体现了国际化发展趋势下企业对海外咨询的旺盛需求与供给存在明显错位。瞪羚与非瞪羚企业享受的商务性公共服务对比如图 9–9 所示。

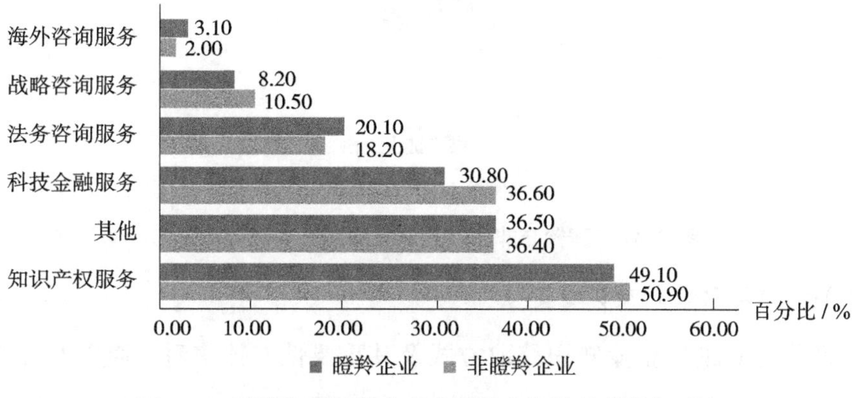

图 9–9　瞪羚与非瞪羚企业享受的商务性公共服务对比

（8）知识获取来源及其重要性

从瞪羚与非瞪羚企业对知识来源及重视程度对比来看，瞪羚企业对从高校、供应链上下游、同行企业获取知识的重视度均高于非瞪羚企业。瞪羚企业对政府的重视程度略低于非瞪羚企业，也从侧面说明对瞪羚企业的支持政策碎片化，存在多个渠道认定的情况，使其政策感知度较低。供应链上下游对于企业获取知识的重要性相对较弱，在于部分企业不存在供应链上下游，如南京中科药业有限公司，研发、生产产品后直接供应到终端消费者。知识源及其重要性量表打分均值见表 9-4。瞪羚与非瞪羚科技型企业知识源及其重要性对比如图 9-10 所示。

表 9-4　知识源及其重要性量表打分均值

类别	政府	高校	供应链上下游	同行企业
瞪羚企业	3.97	3.84	3.75	3.92
非瞪羚企业	3.98	3.74	3.68	3.81

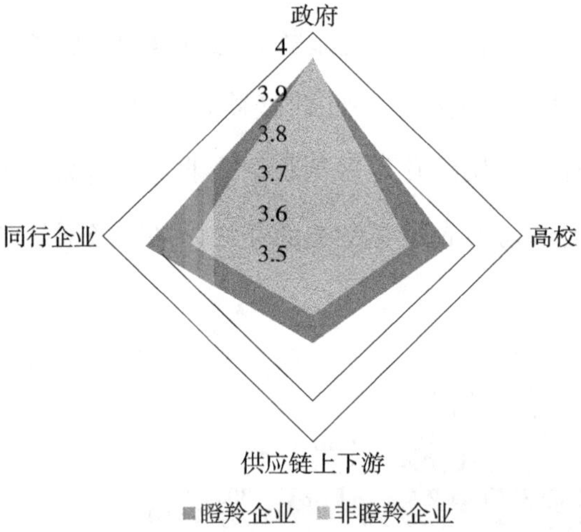

图 9-10　瞪羚与非瞪羚企业知识源及其重要性对比

（9）知识获取方式及其重要性

从瞪羚与非瞪羚企业知识获取方式及其重要性对比来看，瞪羚与非瞪羚科技型企业基本相同。技术研讨、技术培训是企业获取知识的主要方式。瞪羚企业更重视展览展示，表明瞪羚企业更注重市场。知识获取方式及其重要性量表打分均值如表 9-5 所示。瞪羚与非瞪羚企业知识获取方式及其重要性对比如图 9-11 所示。

表 9-5　知识获取方式及其重要性量表打分均值

类别	技术研讨	评标评审	展览展示	技术培训
瞪羚	4.21	3.70	3.75	4.04
非瞪羚企业	4.18	3.71	3.67	3.99

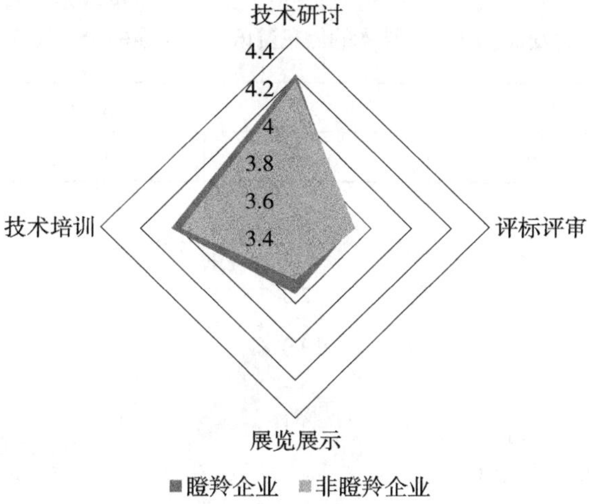

图 9-11　瞪羚与非瞪羚企业知识获取方式及其重要性对比

（10）实施“技术知识跨界搜索”的内容及其节点

跨界搜索被视为一种应对不确定性竞争的有效战略，对组织发掘潜在市场机会、拓展技术知识域、加速产品创新及维系竞争优势具有重要作用。一方面，较强的跨界搜索能力为企业内部资源的利用提供了丰富的机会。企业在组织内部搜索创新机会的能力有限，而企业的跨界搜索则能够使组织从广阔的外部环境中搜寻和识别创新的机会。较强的技术搜索能力能够帮助企业从组织外部获取差异化的技术知识，这些技术信息能够帮助企业更好地了解技术发展趋势。较强的市场搜索能力则能够帮助企业建立良好的顾客关系，更好地预测顾客需求，发现顾客尚未满足的潜在需求和市场发展趋势。基于此，本书将跨界知识搜索作为评价瞪羚企业成长的关键因素之一，并划分为技术知识搜索和市场知识搜索。从打分结果来看，瞪羚企业 4 项得分都高于非瞪羚企业，瞪羚和非瞪羚企业都最关注“行业内先进技术工艺的发展资讯”。实施“技术知识跨界搜索”的内容及其节点量表打分均值如表 9–6 所示。瞪羚与非瞪羚企业技术知识跨界搜索能力对比如图 9–12 所示。

表 9–6 实施“技术知识跨界搜索”的内容及其节点量表打分均值

类别	行业内先进技术工艺的发展资讯	不同行业使用同类技术的信息资讯	产品技术领域潜力强的公司资讯	供应商产品（技术工艺）升级的信息资讯
瞪羚企业	3.64	3.29	3.62	3.50
非瞪羚企业	3.60	3.18	3.54	3.45

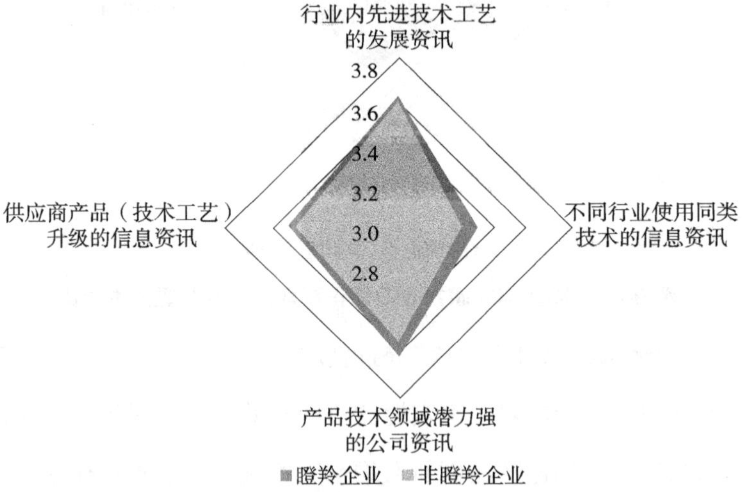

图 9–12 瞪羚与非瞪羚企业技术知识跨界搜索能力对比

（11）实施“市场知识跨界搜索”的内容及其节点

从瞪羚与非瞪羚企业市场知识跨界搜索能力对比来看，瞪羚企业和非瞪羚企业都最关注“顾客对产品或服务偏好变化的资讯”。瞪羚企业更重视跨行业互补产品和替代产品的资讯，说明瞪羚企业更重视市场跨界。实施“市场知识跨界搜索”的内容及其节点量表打分均值如表 9–7 所示。瞪羚与非瞪羚企业市场知识跨界搜索能力对比如图 9–13 所示。

表 9–7　实施“市场知识跨界搜索”的内容及其节点量表打分均值

类别	同行业替代产品的公司资讯	跨行业替代产品的公司资讯	同行业互补产品的公司资讯	跨行业互补产品的公司资讯	顾客对产品或服务偏好变化的资讯
瞪羚企业	3.72	3.28	3.53	3.18	3.72
非瞪羚企业	3.62	3.09	3.58	3.13	3.78

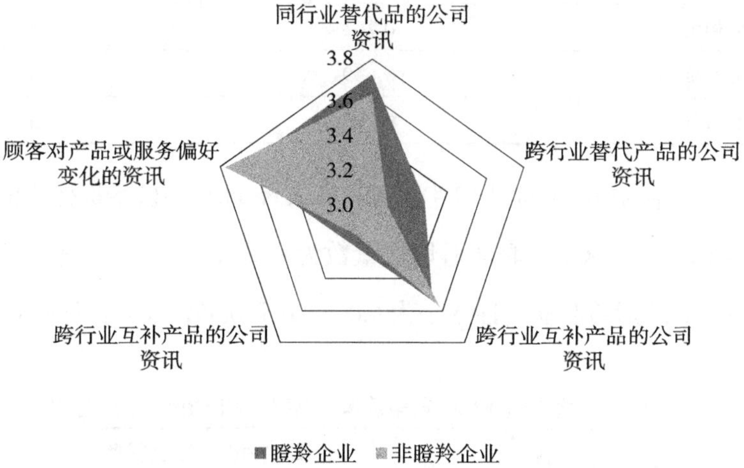

图 9–13　瞪羚与非瞪羚企业市场知识跨界搜索能力对比

9.5　大样本数据实证分析

9.5.1　信度效度

本书采用内部一致性系数即 Cronbach's α 值对知识资本视域下瞪羚企业成长指标体系进行信度检验，结果见表 9–8，基于标准化的 Cronbach's α 值为 0.774，信度系数大于 0.70，指标体系信度良好。

表 9–8　瞪羚企业成长指标体系信度检验表

Cronbach's α	基于标准化项目的 Cronbach's α	项数
0.733	0.774	20

表 9–9 展示了每个潜变量的信度检验结果，各分量表的系数均为中和高信度，表明此量表的可靠性较高。

表 9–9 瞪羚企业成长评价指标体系潜变量信度检验表

潜变量	Cronbach's α	项数
人力资本	0.935	4
结构资本	0.761	6
关系资本	0.649	5
市场资本	0.765	5

紧接着，采用 KMO 取样适切性量数和 Bartlett 球形检验指标体系的结构效度，结果如表 9–10 所示。KMO 取样适切性量数为 0.664，大于 0.5，表明指标有较强相关性；Bartlett 球形检验显著性水平为 0.00，小于 0.05，表明指标间独立。

表 9–10 瞪羚企业成长指标体系 KMO 和 Bartlett 检验表

KMO 取样适切性量数	Bartlett 球形度检验		
	近似卡方	自由度	显著性
0.664	1787.113	190	0.000

9.5.2 初始模型建立

在探索性因子分析结果的基础上，得到 4 个潜在变量和 20 个观测变量：在人力资本层面选择研发人员占比、市场开发人员占比、高学历人员占比和劳动生产率作为观测变量；在结构资本层面选择信息数据库完整性、资讯分析配备度、跨部门学习阶段、技术知识跨界搜索、市场知识跨界搜索和成果转化形式作为观测变量；在关系资本层面选择生产性服务享受情况、政策性服务享受情况、商务性服务享受情况、知识获取来源和知识获取方式作为观测变量；在市场资本层面选择拥有品牌价值、高新技术产品销售占比、新产品销售收入占比、国际化水平和营业利润增长率作为观测变量（图 9–14）。接着，应用 Amos24.0 软件构建知识资本视域下瞪羚企业成长指标体系的结构方程初始模型。

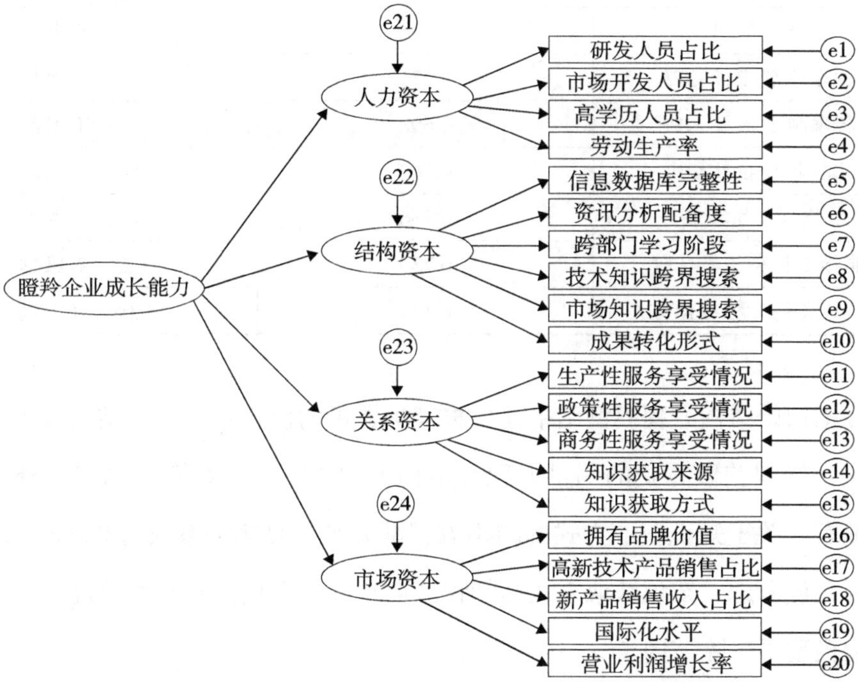

图 9–14　瞪羚企业成长评价指标体系结构方程初始模型

注：e 是标准化估计的缩写，即 standardized estimates，e1~e20 为误差变量。

9.5.3　修正模型

表 9–11 展示了初始假设模型总体拟合检验结果。其过程为：计算绝对适配统计量中卡方值（Chisquare）为 568.859，显著性概率值 $P = 0.000$，小于 0.05，由此得出卡方自由度比 CMIN/DF = 3.406，大于 3，表示初始假设模型与观察数据无法适配。通过计算近似误差均方根 RMSEA = 0.129，大于 0.08，得出拟合优度指标 GFI = 0.771，小于 0.9，说明瞪羚企业成长评价指标体系初始结构方程模型有待进一步修正。

表 9–11　初始模型总体拟合检验结果

拟合指标	指标值	拟合结果
CMIN/DF	3.406	<5，理想
拟合优度指标 GFI	0.771	<0.8，不理想
标准拟合指数 NFI	0.698	<0.8，不理想
比较拟合指数 CFI	0.763	<0.8，不理想
增长拟合指数 IFI	0.766	<0.8，不理想
非标准拟合指数 TLI	0.730	<0.8，不理想
近似误差均方根 RMSEA	0.129	>0.08，不理想

根据初始结构方程模型结果输出报表中提供的修正指标值，结构方程模型得以修正：知识获取方式的测量方程和结构方程（除与关系资本的路径外）系数都不显著。关于知识获取方式的结构方程部分平方复相关系数为 0.048，非常小；从实际角度考虑，知识获取方式与知识获取来源所含信息重复性较高，因此在结构方程模型中去除该因子。

根据初始结构方程模型结果输出报表中提供的修正指标值，结合实际情况不断调整，删除并分别将部分指标的残差两两建立共变关系以消除路径偏差，最终得到跟数据拟合较好的模型，各项指标能够满足标准拟合指数。修正模型总体拟合检验结果如表 9–12 所示。

表 9–12　修正模型总体拟合检验结果

拟合指标	指标值	拟合结果
X^2/DF	2.841	<5，理想
拟合优度指标 GFI	0.825	>0.8，理想
标准拟合指数 NFI	0.883	>0.8，理想
比较拟合指数 CFI	0.845	>0.8，理想
增长拟合指数 IFI	0.848	>0.8，理想
非标准拟合指数 TLI	0.813	>0.8，理想
近似误差均方根 RMSEA	0.013	<0.08，理想

基本拟合标准要求测量误差不能为负，因子载荷适中且达到显著性水平。表 9–13 汇总了修正后的结构方程模型路径系数参数估计结果，由表 9–13 可知，潜变量之间的路径系数和协方差大部分显著。

表 9–13　修正的结构模型的参数估计值及显著性检验结果

项目	估计值	估计参数的标准误（S.E.）	检验统计量（C.R.）	*P*
瞪羚企业成长 ◄---- 人力资本	0.995	—	—	—
瞪羚企业成长 ◄---- 结构资本	0.054	0.010	3.310	***
瞪羚企业成长 ◄---- 关系资本	0.083	0.016	5.198	***
瞪羚企业成长 ◄---- 市场资本	0.443	0.013	14.759	***
人力资本 ◄---- 研发人员占比	0.966	—	—	—
人力资本 ◄---- 市场开发人员占比	0.998	0.026	37.845	***
人力资本 ◄---- 高学历人员占比	0.836	0.059	16.888	***
人力资本 ◄---- 劳动生产率	0.767	0.077	13.645	***
结构资本 ◄---- 信息数据库完整性	0.384	—	—	—
结构资本 ◄---- 资讯分析配备度	0.514	0.296	4.878	***
结构资本 ◄---- 跨部门学习阶段	0.298	0.440	2.851	0.004
结构资本 ◄---- 技术知识跨界搜索	0.876	0.497	4.603	***
结构资本 ◄---- 市场知识跨界搜索	0.928	0.570	4.585	***
结构资本 ◄---- 成果转化形式	0.455	0.421	3.686	***
关系资本 ◄---- 生产性服务享受情况	0.490	—	—	—
关系资本 ◄---- 政策性服务享受情况	0.610	0.290	5.248	***
关系资本 ◄---- 商务性服务享受情况	0.963	0.392	4.404	***
关系资本 ◄---- 知识获取来源	0.397	0.235	4.505	***
市场资本 ◄---- 拥有品牌价值	0.340	—	—	—
市场资本 ◄---- 高新技术产品销售占比	0.831	0.430	4.438	***
市场资本 ◄---- 新产品销售收入占比	0.810	0.518	4.266	***
市场资本 ◄---- 国际化水平	0.790	0.439	4.150	***
市场资本 ◄---- 营业利润增长率	0.776	0.257	4.046	***

注：*** 代表 *P* 值小于 0.01。

根据分析运算瞪羚企业数据，修正后的瞪羚企业成长评价体系结构方程模型如图 9–15 所示：

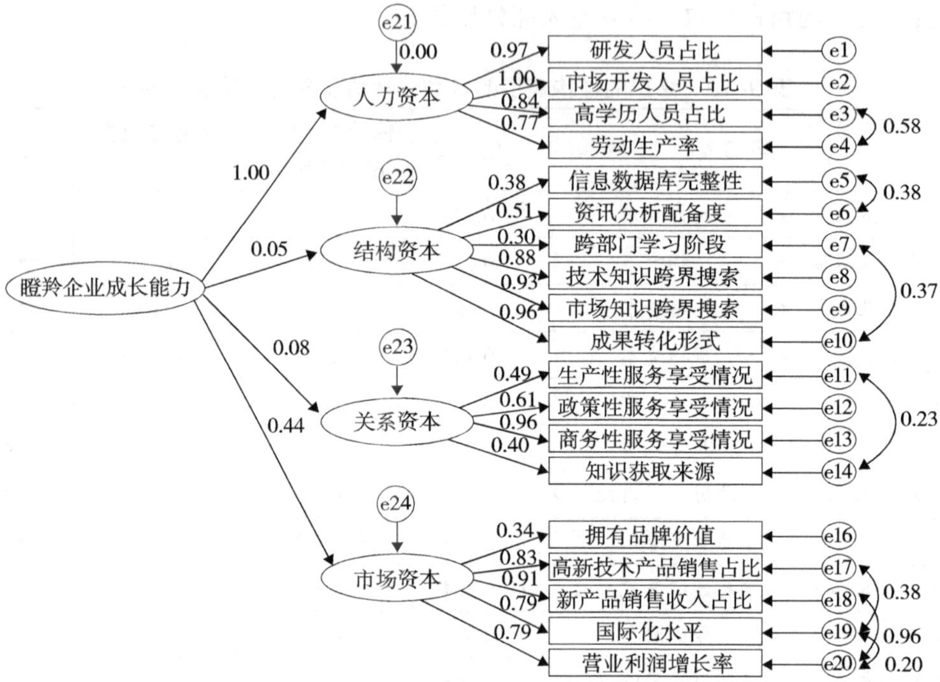

图 9–15　修正的瞪羚企业成长评价指标体系结构方程模型

注：e 是标准化估计的缩写，即 standardized estimates，e1~e20 为误差变量。

9.5.4　实证结果分析

（1）人力资本

人力资本对瞪羚企业成长载荷系数的标准化估计值为 0.995，表明人力资本因素影响瞪羚企业成长，且为正效应。其中，载荷系数显示：市场开发人员占比 > 研发人员占比 > 高学历人员占比 > 劳动生产率，说明市场开发人员是瞪羚企业人力资本最重要的影响因素。

人力资本对瞪羚企业成长有显著正向促进作用。瞪羚企业依靠高学历人员和高劳动生产率实现初创期的快速成长。当前，市场竞争激烈，瞪羚企业只有不断创新，才能抢占市场先机，基本垄断某个或某些产品的市场，才能为瞪羚企业带来丰厚的创新回报，而作为技术创新和产品创新载体的研发人员是瞪羚企业成长至关重要的战略资源。瞪羚企业创新能力强，但进技术需要通过市场转化为生产力和财富。而科技创新产品最大的挑战是缺乏市场接受度，没有市场，就无法验证产品可靠性，无法优化初期产品，也无法收回研发投入。调查显示，江苏省瞪羚企业负责人具备较高的市场洞察力，但是多为技术专业人才，更重视市场开发人员的作用。

（2）结构资本和关系资本

结构资本对瞪羚企业成长载荷系数的标准化估计值为 0.054，关系资本对瞪羚企业成长载荷系数的标准化估计值为 0.083，均远低于 0.350。为了保证知识资本视域下瞪羚企业成长评价结构的完整性，了解结构资本和关系资本对瞪羚企业成长影响程度，此处保留结构资本和关系资本，并简单分析结构资本和关系资本的观测变量对瞪羚企业成长的影响程度。

通过实证分析，结构资本和关系资本对瞪羚企业成长呈显著正相关关系。由于瞪羚企业发展并不成熟，结构资本和关系资本尚不完善。因此，瞪羚企业有必要发挥行动力强、敢于突破的优势，逐步完善结构资本和关系资本。结构资本是人力资本实现价值的基础设施，瞪羚企业制度文化、流程和组织结构的不断优化，能够促进瞪羚企业持续成长。载荷系数显示：市场知识跨界搜索 > 技术知识跨界搜索 > 资讯分析配备度 > 成果转化形式 > 信息数据库完整性 > 跨部门学习，可见跨界搜索能力是瞪羚企业结构资本最重要的影响因素。信息数据库建设和资讯分析配备度是企业发展到一定阶段的产物，为企业提供信息服务，提高企业运营效率。跨界搜索是瞪羚企业获得异质性知识的重要方式，瞪羚企业通过改变拥有的异质性知识数量与质量促进企业创新，进而促进企业形成竞争优势。调查显示，瞪羚企业对知识跨界搜索的重视程度明显高于非瞪羚科技型企业。

关系资本有力地支撑瞪羚企业向更有生命力的新事业领域延伸，其通过资源的有效整合，发挥作用，更好地满足消费者不断变化的需求。载荷系数显示：商务性服务享受情况 > 政策性服务享受情况 > 生产性服务享受情况 > 知识获取来源，可见商务性服务享受情况是瞪羚企业关系资本最重要的影响因素。政策性服务与生产性服务有一定的局限性，如政府扶持政策一般有准入门槛限制；瞪羚企业往往是细分市场中处于领先地位的企业，随着企业分工领域越来越细，企业越来越需要专业化高端服务，而现有的公共生产性服务平台基本只能提供基础性公共服务，难以满足瞪羚企业精准服务需求。商务性服务基本把控瞪羚企业的各个环节，为瞪羚企业解决实际问题效果显著。

（3）市场资本

市场资本对瞪羚企业成长载荷系数的标准化估计值为 0.443，表明市场资本因素影响瞪羚企业成长，且为正效应。载荷系数显示：高新技术产品销售占比 > 新产品销售收入占比 > 国际化水平 > 营业利润增长率 > 拥有品牌价值。

市场资本对瞪羚企业成长有显著正向促进作用。高新技术产品具有较高的技术含量、良好的经济效益和广阔的市场前景，开发高新技术产品，能够取得良好的经济效益。市场竞争促使瞪羚企业不断开发新产品，瞪羚企业的市场竞争力体现在其产品满足消费者需求的程度及其领先性上。

基于上述分析，在瞪羚企业高速成长过程中，企业技术风险明显降低，主要风险集中在企业管理和市场方面。当初创企业步入成熟期，经营方式和管理模式趋于固化，企业稍有不慎就会掉进“衰退的陷阱”，甚至出现发展停滞现象。因此，瞪羚企业需要在成长阶段，提前通过管理创新、组织创新、技术创新、产品创新及市场创新等方式进入“二次创业”，从而实现持续发展。

9.5.5 计算权重

本书根据修正结构方程模型计算，通过标准化路径系数的归一化计算得到三级指标和二级指标的权重，见表 9–15，计算公式为

$$W_{ij} = \frac{\gamma_{ij}}{\sum_{j=1}^{n_i} |\gamma_{ij}|} \tag{9-3}$$

其中 i=1，2，3，4；n 为该指标所在维度指标数量；W 为各自权重；γ 为指标数值。

表 9-15　结构方程模型评价指标体系标准化路径系数及权重

一级指标	二级指标		三级指标	
	指标及系数	权重	指标及系数	权重
瞪羚企业成长评价指标体系	人力资本 0.995	0.632	市场开发人员占比 0.998	0.280
			研发人员占比 0.966	0.271
			高学历人员占比 0.836	0.234
			劳动生产率 0.767	0.215
	结构资本 0.054	0.034	市场知识跨界搜索 0.928	0.269
			技术知识跨界搜索 0.876	0.254
			资讯分析配备度 0.514	0.149
			成果转化形式 0.455	0.132
			信息数据库完整性 0.384	0.111
			跨部门学习阶段 0.298	0.086
	关系资本 0.083	0.053	商务性服务享受情况 0.963	0.391
			生产性服务享受情况 0.490	0.199
			政策性服务享受情况 0.610	0.248
			知识获取来源 0.397	0.161
	市场资本 0.443	0.281	高新技术产品销售占比 0.831	0.234
			新产品销售收入占比 0.810	0.228
			国际化水平 0.790	0.223
			拥有品牌价值 0.340	0.096
			营业利润增长率 0.776	0.219

9.5.6　综合分析

根据结构方程模型进行分析，结构资本和关系资本对瞪羚企业成长的影响不显著。结构资本和关系资本是隐性的、不可测的，属于瞪羚企业成长的“黑匣子”，容易被忽视。问卷调查数据显示，瞪羚企业结构资本和关系资本管理水平明显高于非瞪羚企业。为了客观分析各知识资本维度对瞪羚企业成长的影响，基于前文专家学者对指标体系的多轮打分，总结得出一套判断矩阵，归一化计算得到三级指标和二级指标的权重。专家评分的评价指标体系权重见表 9–16。

表 9–16　专家评分的评价指标体系权重

一级指标	二级指标		三级指标	
	指标	权重	指标	权重
瞪羚企业成长评价指标体系	人力资本	0.284	市场开发人员占比	0.211
			研发人员占比	0.263
			高学历人员占比	0.263
			劳动生产率	0.263
	结构资本	0.240	市场知识跨界搜索	0.167
			技术知识跨界搜索	0.167
			资讯分析配备度	0.125
			成果转化形式	0.208
			信息数据库完整性	0.125
			跨部门学习阶段	0.208
	关系资本	0.225	商务性服务享受情况	0.267
			生产性服务享受情况	0.200
			政策性服务享受情况	0.200
			知识获取来源	0.333
	市场资本	0.251	高新技术产品销售占比	0.238
			新产品销售收入占比	0.238
			国际化水平	0.143
			拥有品牌价值	0.190
			营业利润增长率	0.190

由结构方程模型得到的指标权重是基于瞪羚企业现阶段经营发展情况的数

据，专家评分得到的指标权重是基于企业高成长的一般规律，即结构方程模型探索瞪羚企业实现既往高成长的关键因素，专家评分探索瞪羚企业未来成长的关键因素。因此，结构方程模型与专家评分得到的指标权重存在较大差距，结合实地调研情况，本章对两者存在的差距进行综合分析，探索瞪羚企业实现持续成长的关键因素。

（1）人力资本

结构方程模型得到的人力资本权重（0.632）明显高于专家评分得到的人力资本权重（0.284）。经济全球化加速了企业对各类人才的需求，瞪羚企业多数是细分领域的"精专特"，因此对专业型高层次人才的渴求远高于一般性企业，对人力资本投资的认知更加清晰，其人力资本管理优于一般性企业，人力资本管理成效显著。

结构方程模型结果显示，市场开发人员占比的权重高于其他人力资本指标（研发人员占比、高学历人员占比和劳动生产率）。研发人员面对前端研发，市场开发人员面对终端消费。多数瞪羚企业目前仍是市场导向型企业，高成长很大程度得益于强大的市场开发团队。而根据专家打分，研发人员占比、高学历人员占比和劳动生产率权重相同，高于市场开发人员占比。研发人员、高学历人员和劳动生产率是企业生命之源和核心竞争力。

综合来看，市场开发人员是实现瞪羚企业既往高成长的关键因素，研发人员、高学历人员和劳动生产率则助力瞪羚企业未来高成长。

（2）结构资本

结构方程模型得到的结构资本的权重（0.034）明显低于专家评分得到的结构资本权重（0.240）。瞪羚企业在创业初期，由于尚未形成良好的管理模式，企业组织力有待提高。伴随着瞪羚企业的成长，瞪羚企业管理模式日益成熟，组织系统效率不断提升，积累了大量结构资本，使其在人才市场上具备较强的吸引力；同时，高层次人才愿意留在企业实现自我价值，推动瞪羚企业长期、持续、稳定发展。

结构方程模型结果显示，知识跨界搜索权重高于资讯分析配备度、成果转化形式、信息数据库完整性和跨部门学习阶段的权重。调查问卷显示，20.1% 的瞪羚企业负责人有复合学科背景，41.2% 的瞪羚企业负责人有跨行业的创业背景，复合学科背景和跨行业的创业背景开拓了企业负责人的眼界，有利于瞪羚企业打破传统，创新发展。而根据专家判断，成果转化形式和跨部门学习阶段权重相同，高于知识跨界搜索、资讯分析配备度和信息数据库完整性。成果转化形式体现瞪羚企业创新水平；跨部门学习增加了员工之间的知识流动，促进了交流沟通，有利于发现和分享彼此的隐性知识，发掘和研究更深层次知识，进而激发产生新知识。

综合来看，知识跨界搜索是实现瞪羚企业既往高成长的关键因素，丰富的成果转化形式和跨部门学习则助力瞪羚企业未来高成长。

（3）关系资本

结构方程模型得到的关系资本权重（0.053）明显低于专家评分得到的关系资本权重（0.225）。可见，多数瞪羚企业仍然是脆弱的初创企业，尚不重视关系资本。关系资本通过对资源有效整合形成，对关系资本的开发、使用使瞪羚企业在很大程度上摆脱了物质资源有限性的约束，拓展了瞪羚企业的发展空间。关系资本能够支撑瞪羚企业具有持续的竞争优势，在不断变化和发展的环境中长期发挥作用，为瞪羚企业注入活力，使瞪羚企业在市场竞争中快速成长。

结构方程模型结果显示，商务性服务享受情况权重高于政策性服务享受情况、生产性服务享受情况和知识获取来源的权重。而根据专家打分，知识获取来源权重高于商务性服务享受情况、生产性服务享受情况和政策性服务享受情况。获得并维持竞争优势，必须不断地吸纳外部知识，而瞪羚企业新的经营机会可能来自于外部知识。调查问卷显示，瞪羚企业对高校、供应链上下游、同行企业获取知识的重视度均高于非瞪羚科技型企业，但是对政府的重视程度相对较弱。

综合来看，商务性服务享受情况是实现瞪羚企业既往高成长的关键因素，知识获取助力瞪羚企业未来高成长。

（4）市场资本

结构方程模型得到的市场资本权重（0.281）略高于专家评分得出的市场资本权重（0.251），与专家打分基本吻合。市场资本是瞪羚企业实现高成长的先决要素，为瞪羚企业可持续发展奠定良好的基础。

结构方程模型结果与专家判断结果一致，“高新技术产品销售占比”和“新产品销售收入占比”的权重高于国际化水平、拥有品牌价值和营业利润增长率。多数瞪羚企业处于初创期，没有足够的实力“造船出海”，基本“借船出海”，国际化水平对瞪羚企业高成长和可持续发展的影响有限。

综合来看，开发新产品、拓展高新技术产品销售渠道不仅是实现瞪羚企业既往高成长的关键因素，也是助力瞪羚企业未来高成长的关键因素。

9.5.7　假设检验的结果

对比结构方程模型得出的指标权重与专家评分得出的指标权重，参考瞪羚企业现实发展情况，检验结果如下。

H1：在瞪羚企业成长模型中，人力资本对于瞪羚企业成长具有显著正效应。

在结构方程初始和修正模型中，人力资本对瞪羚企业成长的显著正效应通过了验证，假设成立。

H2：在瞪羚企业成长模型中，结构资本对于瞪羚企业成长具有显著正效应。

在结构方程初始和修正模型中，结构资本对瞪羚企业成长的显著正效应没有通过估计系数的检验，但是根据专家判断修正，假设成立。

H3：在瞪羚企业成长模型中，关系资本对于瞪羚企业成长具有显著正效应。

在结构方程初始和修正模型中，关系资本对瞪羚企业成长的显著正效应没有通过估计系数的检验，但是根据专家判断修正，假设成立。

H4：在瞪羚企业成长模型中，市场资本对于瞪羚企业成长具有显著正效应。

在结构方程初始和修正模型中，市场资本对瞪羚企业成长的显著正效应通过了验证，假设成立。

9.6 研究结论与讨论

基于以上分析及其结果检验，我们得出如下结论。

第一，知识资本的各结构维度对瞪羚企业成长的影响程度存在差异性。从专家评分评价指标体系来看，人力资本、市场资本、结构资本和关系资本的权重分别是 0.284、0.251、0.240 和 0.225。在瞪羚企业成长过程中，各结构维度重要程度为：人力资本 > 市场资本 > 结构资本 > 关系资本。

第二，市场开发人员、知识跨界搜索能力、享受商务性服务、高新技术产品和新产品研发能力是实现瞪羚企业既往高成长的关键因素。研发人员、高学历人员、劳动生产率、跨部门学习、知识获取、成果转化、高新技术产品和新产品研发能力是助力瞪羚企业未来继续高成长的重要因素。

第 10 章　困境中科技型企业成长韧性分析

重大突发公共卫生事件导致了广泛的社会经济动荡（WHO，2020）。21 世纪以来，先后暴发非典（SARS，2002）、甲型流感（H1N1，2009）、中东呼吸综合征（MERS，2012）、埃博拉病毒（Ebola virus，2014）及新冠肺炎疫情（COVID-19，2019）等突发公共卫生事件。疫情除了对公共卫生和健康产生冲击，也带来广泛而深刻的社会经济影响。

高新技术企业是国家创新体系建设的重要组成部分，不仅是产业转型升级、自主创新驱动发展的中流砥柱，而且对保障科技安全、增强国际竞争力具有十分重要的战略意义。2018 年，全国高新技术企业累计 17.23 万家，工业总产值达到 28.87 万亿元，上缴税额 1.80 万亿元，出口创汇 0.68 万亿美元（科技部火炬高技术产业开发中心，2019）。然而，疫情加大了科技风险，保障科技安全，就必须构建系统、完备、高效的国家创新体系，这一体系建设的着力点是强化企业创新主体地位，加快培育一批科技创新型企业（王志刚，2020）。对此，我们不禁思考：当前，科技型企业逐渐复苏，化“危”为“机”面临哪些困境和政策诉求？政策方案如何既重点考虑精准扶持科技型企业的短期发展，又要充分引导企业由“站得住”向“跑得快”转变，从不确定性中获得成长，以此实现后疫情时代科技型企业“塔勒布超越”？上述均是本章需要进一步探讨的问题。

10.1 不确定性对经济社会的影响

自从20世纪90年代初，社会学家安东尼·吉登斯（Anthony Giddens）提出“风险社会”（risk society）概念以来，人们普遍认识到风险社会既不是历史某个时期也不是指代特定国家发展阶段，而是对人类所处时代体征的本体描绘，它或许能够提供一个替代性的社会图景（杨雪冬，2005；贝克、邓正来、沈国麟，2010）。“风险社会”这一概念随着人们对风险的认识不断深化（Hajer & Kesselring，1999）或者说因为某些突发公共事件引发潜在的社会灾难（Christoph，1991）而形成。由风险社会的衍生逻辑，可以发现整个社会非自主性卷入公共危机事件。至于风险社会的风险类别，可分为技术/公共卫生（technical/public health）、财务（financial）、系统与结构（systems and structures）、政治/治理（political/governance）、声誉（reputational）5类。这些类别之间并不相互排斥，其中一种风险可能引起其他的风险。本节重点梳理新冠肺炎疫情暴发当年对经济社会发展影响的相关文献，这些研究主要集中在以下三个方面。

第一，国际贸易影响。沈国兵（2020）认为，新冠肺炎疫情对国际贸易产生影响，它不仅放大了贸易保护主义，对国际贸易需求端产生非对称冲击，而且全球贸易三大动力引擎（美国、欧盟和东亚）尚陷入疫情之中，造成中国中间品交付和资本品进口受到限制，进而严重影响国际贸易供给端。祝坤福等（2020）重点分析了新冠肺炎疫情对中国产业链的（潜在）影响，考虑到复工复产难度较大，且存在很大的不确定性，中国产能缺口已成必然。若这种不利形势没有得到有效控制，则会导致跨国企业外流，届时中国将面临产业链加速外移的风险。

第二，中国经济与产业影响。郑江淮、付一夫和陶金（2020）基于对“非典”前后的宏观层面和消费经济两个方面的复盘分析，将其与新冠肺炎疫情比较，认为新冠肺炎疫情将对随后的消费经济产生影响。张晓晶和刘磊（2020）基于对全球视野下的债务浪潮与杠杆率周期进行全景回溯，以此对比中国债务浪潮新进展，指出新冠肺炎疫情对宏观杠杆率产生一定影响，中国在解决经济问题的同时，要达成稳增长与稳杠杆之间的平衡面临不小的挑战。

第三，微观企业发展影响。蒋涛（2020）将 1990—2018 年企业银团贷款数据与全球疫情数据相结合，实证探究新冠肺炎疫情对企业融资的影响机制。张夏恒（2020）通过对山东省 116 家中小微企业的问卷调查，探究了新冠肺炎疫情对中小微企业的影响及企业相应的政策诉求。王铁山和张青（2020）通过梳理全球突发公共卫生事件影响外贸的典型案例，从企业生存、外贸压力和企业转型三个方面重点研究新冠肺炎疫情对中国外贸企业的影响。李维安等（2020）认为，新冠肺炎疫情既是挑战也是契机，企业需要在数字化、发展模式、组织管理模式等五个方面积极作出变革应对。肖土盛、孙瑞琦和袁淳（2020）运用事件研究法分析和检验上市公司现金持有水平对疫情影响下的市场反应程度，发现企业现金持有的预防价值在企业现金流压力大及外部融资环境较差时更具有意义。

综上所述，关于新冠肺炎疫情对经济社会发展的影响，产生了大量的研究成果，为未来探究重大公共卫生事件的深层次影响机理奠定了基础。然而，鲜有学者探究常态化疫情防控对科技型企业发展的影响程度及疫情期间科技型企业的政策体系。究其原因，科技型企业群体特殊，疫情对其影响相对复杂，且缺乏相关研究数据。鉴于此，本书对南京高新技术企业展开问卷调查，针对高新技术企业 2020 年 3—6 月受疫情防控的影响状况、复工复产、现实困境与政策诉求等方面展开研究，试图在摸清科技型企业发展现状的基础上，促进科技型企业从不确定性中获得成长，以此探索科技型企业“塔勒布超越”策略。

10.2 数据来源与样本特征

10.2.1 数据来源

围绕研究主题，本书采用随机抽样、整体抽样和典型抽样相结合的方法，选取南京市高新技术企业进行问卷调研。之所以选取南京市作为重点调研区域，是因为南京市是全国唯一的科技体制综合改革试点城市，拥有丰厚的科技教育资源，在促进创新创业、激发市场要素活力等方面具有较强的支配性和灵活性。特别是2018年南京市启动创新名城建设，更加注重自主创新和高质量发展，在政策扶持、融资环境、人才招引等方面向高新技术企业为代表的科技型企业倾斜，高新技术企业数量增幅明显。2019年，南京市有4680家高新技术企业，较上年增幅连续两年位居江苏省第一。

正式调研之前，本书课题组对高新技术企业进行了100份问卷的预调研，并借助STATA软件对问卷数据进行了信度分析，进而修正了问卷设计的不合理之处。正式调查问卷得到5位专家、政府管理人员、企业负责人的一致认可。2020年6月，本书课题组向高新技术企业发放《南京市高新技术企业调查问卷》，回收问卷2050份（当年南京市高新技术企业4680家），回收率为93.18%。后期剔除无效样本143份，得到有效样本1907份，有效率为93.02%。

10.2.2 问卷设置

为了更好地促进高新技术企业发展，尽可能全面了解疫情防控常态化对科技型企业生产经营及科技创新活动的影响，征求企业对科技政策需求，问卷内容涉及“企业基本情况、疫情影响、复工情况、政策支持”4个维度20个题项，力求摸清科技型企业发展的现实形势。样本企业基本情况维度涵盖企业名称、填报人职务、企业所属行业、企业成立时间、企业规模5个题项；疫情影响维度涵盖2020年3月—2020年6月近三个月疫情对企业的总体影响、不利影响、今后科技创新活动的主要影响因素 3 个题项；复工情况维度涵盖企业预计复工时间、复工复产能力、复工复产主要困难、企业现金流支持的最长复工时间、复工后企业将采取的应对措施、政府针对疫情已出台的支持政策对企业帮助情况 6 个题项；政策支持维度涵盖 2019 年企业享受优惠政策情况、企业在经营方面存在的困难、企业在科技研发方面存在的困难、企业在创新产品推广方面存在的困难、对科技部门支持企业科技创新活动的需求、其他建议 6 个题项。

10.2.3　样本基本特征

调查的高新技术企业覆盖了南京市 11 个行政区和江北新区。其中，79.29% 的调查问卷由高新技术企业高管填报，能够客观、准确地反映新冠肺炎疫情对高新技术企业的影响及企业应对需求情况。

（1）基本覆盖国家重点支持的高新技术领域

1907 份有效企业样本覆盖了国家重点支持的高新技术八大领域（表 10–1）。其中，电子信息技术领域占比 34.08%、先进制造与自动化领域占比 22.02%、高技术服务业领域占比 17.36%。这三个行业参与调研的高新技术企业较多，占南京 4680 家高新技术企业总量的 73.46%，该比例与南京市高新技术企业的行业分布比例基本一致，对于高新技术企业而言具有较好的代表性。

表 10–1　调查企业行业分布情况

单位：%

高新技术领域	比例
电子信息技术	34.08
先进制造与自动化	22.02
高技术服务业	17.36
新材料	7.08
生物与新医药	6.97
新能源及节能	6.08

续表

高新技术领域	比例
资源与环境	5.61
航空航天	0.79

（2）小微型企业是主要参与者和承压受体

按照国家制定的《统计上大中小微型企业划分办法》（2017），对调查的高新技术企业规模进行分类，其中大型企业 39 家、中型企业 328 家、小型企业 1100 家、微型企业 440 家。从业人员规模在 300 人以内的小微企业占比为 80.75%，规模在 300 人以上（含 300 人）的大中型企业仅占 19.25%。这一方面说明调研样本企业中的中小微企业在数量上处于主体地位，另一方面也说明小微企业在疫情中承压较大，呼吁政策支持的愿望迫切。

（3）样本企业成长年限普遍超过 5 年

从企业成立时间来看，调查的高新技术企业成立时间在 1 ~ 2 年的有 126 家（占比 6.61%），3 ~ 5 年的企业 430 家（占比 22.55%），6 ~ 10 年的企业 612 家（占比 32.09%），10 年以上的企业 739 家（占比 38.75%），成立 5 年以上的企业共计 1351 家，占比 70.84%。这说明样本企业的前期成长性较好，存活年限相对较长，但同时也从侧面反映出在应对困难时企业普遍存在寻求外部政策环境扶持、提高抗风险能力的需求。

10.3 不确定性对科技型企业发展的影响

10.3.1 52.44% 的高新技术企业明显受到新冠肺炎疫情影响

重大突发公共卫生事件对高新技术企业的影响不可避免。通过分析 2020 年 3—6 月疫情常态化对高新技术的影响，高达 98.16% 的高新技术企业受到新冠肺炎疫情的负面影响，仅有 1.68% 的高新技术企业没有受到明显影响。其中，4.26% 的高新技术企业受到的影响较为严重，面临倒闭的风险；52.53% 的高新技术企业受到的影响较大，出现经营困难；41.38% 的高新技术企业受到的影响较小，表示出现少许困难（表 10–2）。

表 10–2　2020 年 3—6 月疫情防控对高新技术企业的总体影响

单位：%

影响程度	高新技术领域								合计
	电子信息	先进制造与自动化	高技术服务业	新材料	生物与新医药	新能源及节能	资源与环境	航空航天	
影响严重	1.84	0.79	0.95	0.05	0.32	0.26	0.05	0.00	26.00
影响较大	16.96	12.03	8.98	3.68	4.25	3.47	2.63	0.53	52.53
影响较小	14.44	8.67	7.25	3.36	2.36	2.31	2.73	0.26	41.38
无明显影响	0.84	0.32	0.21	0.00	0.05	0.05	0.21	0.00	1.68
正面影响	0.05	0.11	0.00	0.00	0.00	0.00	0.00	0.00	0.16

具体到各个高技术领域来看，新冠肺炎疫情对高新技术企业的影响程度有所差异。总体看，受新冠肺炎疫情影响程度较重（或较大）的行业分布在电子信息、先进制造与自动化、高技术服务业，主要是因为这些行业对线下产品和服务的依赖程度较高。此外，对高新技术企业规模的调研结果分析发现，小微企业经营抗风险能力较弱，疫情对小微企业的影响程度明显高于大中型企业，特别是微型企业受疫情的影响最大。

10.3.2　营收业绩下滑是高新技术企业普遍面临的主要挑战

在调查的高新技术企业中，2020 年 3—6 月近三个月疫情防控对企业经营的不利影响呈现多点暴发。首先，营收业绩下滑（77.82%）是常态化疫情防控下高新技术企业经营面临的最大挑战；其次是工人无法及时到岗复工（69.22%）；再次是市场订单减少或取消（45.31%）。虽然其他不利影响暂时未上升为企业经营的主要挑战，但现金流紧张和融资难度加大（41.32%）、新产品研发上市进度滞后（40.33%）、原有订单面临违约风险（40.01%）等逐渐成为企业不可忽视的挑战（表 10–3）。

表 10–3　疫情防控对 2020 年 3—6 月近三个月高新技术企业经营影响情况

单位：%

对企业的不利影响	比例
营收业绩下滑	77.82
工人无法及时到岗复工	69.22
现金流紧张和融资难度加大	41.32
市场订单减少或取消	45.31
新产品研发上市进度滞后	40.33
原有订单面临违约风险	40.01
原材料短缺、成本上涨	31.78
供应链中断且短期难以恢复	12.53
国际贸易（包含进出口）受限	5.51

按行业领域来看，除航空航天行业的主要问题是原有订单面临违约风险（73.33%）以外，其他行业面临的最大挑战均是营收业绩下滑，影响较为严重的行业分别是高技术服务业（82.48%）、电子信息（78.77%）、先进制造与自动化（78.57%）。按企业规模来看，中小微企业普遍认为经营面临的严峻问题是营收业绩下滑；大型企业认为经营面临的主要问题是工人无法及时到岗复工。

10.3.3　新产品开发是高新技术企业创新活动最大壁垒

开展科技创新活动，提升企业自主创新能力是高新技术企业实现长足发展的原动力。首先，通过调查 1907 家高新技术企业，发现 74.78% 的企业认为新产品（服务）开发的市场需求下降或不确定性增大是影响企业创新活动的主要因素，占比为 74.78%；其次，预计将减少研发投入、企业产学研合作或其他外部合作受阻，占比分别为 45.31% 和 36.55%（表 10–4）。

表 10–4　疫情防控对高新技术企业创新活动影响情况

单位：%

主要影响因素	比例
新产品（服务）开发的市场需求下降或不确定性增大	74.78
预计将减少研发投入	45.31
产学研合作或其他外部合作受阻	36.55
带来机遇或影响不大	9.7
从国外获取创新资源（风投、技术等）的难度增加	6.61

各行业高新技术企业认为，新产品（服务）开发的市场需求下降或不确定性增大是影响企业创新活动的主要因素，影响较大的三个行业分别是先进制造与自动化（76.19%）、高技术服务业（76.13%）、电子信息（75.85%）。按企业规模来看，47.73% 的小微企业预计减少研发投入，这一比例明显高于大中型企业的 35.15%，其中影响最大的是小型企业（47.91%）。

10.4　不确定性中科技型企业发展困境

10.4.1　科技型企业经营困境

（1）科技型企业销售经营招人难、用人贵成为首要制约因素

高新技术企业的经营情况关系着企业“做蛋糕”能力的强弱。在调查的高新技术企业中，企业在经营方面困境重重，存在招人难、用人贵、发展场所受到限制、融资难融资贵、原材料等成本上升快等方面难题。其中，高新技术企业在经营方面存在的首要困难是用人贵（63.14%），其次为招人难（57.84%）、原材料等成本上升快（40.95%）和融资难融资贵（31.57%）。除此之外，还有部分企业

反映存在复工进度慢、业务无法正常开展、订单流失、现金流紧张等困难。

按行业领域来看，新材料、资源与环境等行业反映原材料等成本上升快是经营方面存在的最大问题，困扰其他行业经营的首要问题都是招人难、用人贵。按企业规模来看，小微型企业用人贵问题尤为突出；大中型企业认为原材料等成本上升快的问题（54.50%）明显高于小微企业（37.73%）；小微企业认为融资难融资贵的问题比例（33.12%）明显高于大中型企业（25.07%）。

（2）科技型企业财务风险普遍较高

新冠肺炎疫情造成了大部分高新技术企业现金流停滞，生产链断裂，75.30%的高新技术企业表示资金周转较紧张，财务风险较高。其中，35.40%的高新技术企业现金流仅能支撑2个月内复工；26.90%的高新技术企业现金流只能支撑3个月内复工；13.00%的高新技术企业的现金流只能支撑1个月内复工。仅有24.70%企业的现金流能支撑企业推迟3个月以上复工。

从高新技术产业领域分布来看，新材料、新能源及节能和电子信息等行业资金周转更为困难，现金流能支撑企业2个月之内复工的比例分别是54.05%、53.45%和49.38%；资金周转情况较好的行业是生物与新医药、航空航天，现金流能支撑企业3个月以上复工的比例分别是42.11%和40.00%。从企业规模来看，大中型企业抗风险能力较强，资金周转情况亦好于中小微企业，48.72%的大型企业现金流可以支撑企业3个月以上复工，而小型、微型企业这一比例仅为23.64%和17.95%。

10.4.2 科技型企业研发困境

（1）科技人才贵、引进人才难

研发创新是高新技术企业生存和可持续发展的核心要素。在调查的高新技术企业中，高新技术企业在科技研发方面存在的困难不仅在于引人难、用人贵，而且存在研发技术难度大、知识产权保护难、缺乏科技机构合作支撑、科技创新载体服务能力不足、国际技术交流或合作受影响、吸引国际人才受影响等难题。其中，用人贵（63.14%）是首要困境，其次为引人难（58.78%）和研发技术难度大（48.35%）。当然，除了上述困境之外，部分企业还存在加大企业研发工资成本负担重、产学研合作机会少、研发项目投入大、研发资金紧张等困难。

按行业领域来看，除用人贵、引人难问题以外，技术难度大是困扰生物与新医药、新材料、资源与环境等行业的难点问题，企业占比分别为 56.39%、54.81% 和 50.00%。从企业规模来看，中小微企业认为企业在科技研发方面存在的最大问题是用人贵、引人难；大型企业则认为企业在科技研发方面存在的最大问题是引人难和研发技术难度大。

（2）数字化智能化转型的自救措施尚未受到足够重视

面对重大突发公共卫生危机，开展多样化的应急措施是最大限度降低危机负面影响和加速企业恢复的必要路径。在调查的企业中，有 91.35% 的高新技术企业已经积极展开自救。企业采取的应对措施丰富多样（图 10–1），其中，33% 的科技型企业表示要加快新产品（新服务）开发；23% 的科技型企业表示要以加班形式弥补停产停业损失，仅有 16% 的科技型企业表示已经实施智能办公、自动化生产等。这些应对疫情防控的经营措施说明科技企业家面对重大突发公共事件总体上心态积极，一方面自力更生渡难关，另一方面变压力为动力，通过科技创新实现转型。

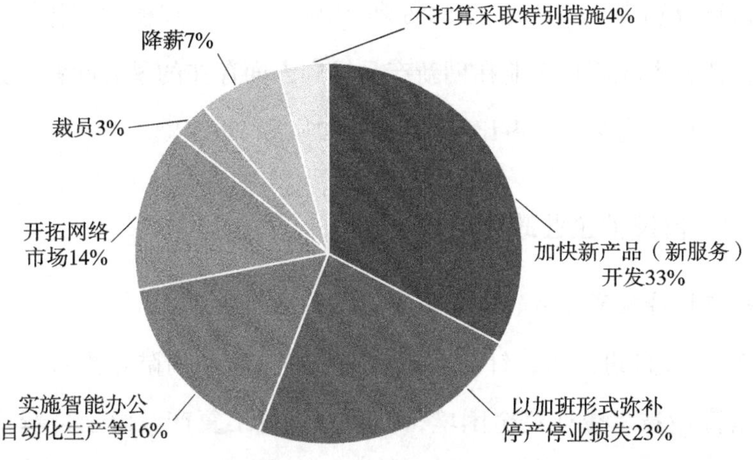

图 10–1　高新技术企业应对常态化疫情防控经营措施

从高新技术产业类别来看，除航空航天行业首选以加班形式弥补停产停业损失外，其余行业均将加快新产品（新服务）开发作为高新技术企业下一步应对的首要措施，其中电子信息（73.23%）、生物与新医药（72.93%）和高技术服务业（67.67%）领域对新产品（新服务）开发最为迫切。在积极加快新产品（新服务）开发的同时，45.78% 的大中型企业希望实施智能办公、自动化生产来应对疫情，而 47.40% 的小微企业则希望以加班形式弥补停产停业损失。

（3）创新产品推广的市场开拓成本高昂

疫情期间，创新产品推广面临的困境主要集中在四个方面：首台套、首批次推广难；参加本地招投标受限多；创新产品缺乏突出优势；市场开拓成本较高。其中，市场开拓成本较高（78.81%）是首要难题，其次为创新产品缺乏突出优势（46.51%）和首台套、首批次推广难（28.05%）。得益于互联网、5G 等网络技术支撑和区域营商环境改革，参加本地招投标受限等难题已得到解决。此外，有部分科技型企业表示存在现有行业的市场导入期顾客知晓度低、市场需求量小、推广周期长、沟通成本高等新困难。

各行业类别的高新技术企业普遍认为，市场开拓成本较高是企业在创新产品推广方面存在的困难，其中，生物与新医药、资源与环境、新能源及节能行业尤为突出，占比分别为 82.71%、82.24% 和 81.90%。不同规模的高新技术企业都认为，市场开拓成本较高是企业在创新产品推广方面存在的最大问题，其中，小型和微型企业反映尤为突出，占比分别为 79.82% 和 79.77%。

10.4.3 科技型企业政策诉求

（1）政府扶持政策作用的充分释放还存在缓冲期

自 2020 年 2 月份以来，针对新冠肺炎疫情各级政府陆续出台了一系列应急政策，缓解高新技术企业资金困境，促进企业复工复产。由于高新技术企业重点工作仍在安全防疫和复工复产方面，其他扶持政策的作用尚未得到充分体现。

从调查情况反馈来看，针对已出台的新冠肺炎疫情政策，高新技术企业对这些政策的作用表现出不同的感知程度（表 10–5）。其中感知发挥较大作用的政策分别是：促进企业复工复产（32.06%）、解决融资难融资贵（19.08%）、降成本（15.68%）、降低流动资金压力（14.29%）；然而开拓市场扩大需求的政策作用不明显，仅有 8.61% 的企业认为其能发挥较大作用。

表 10–5　面对常态化疫情防控政府部门已出台政策对企业帮助情况

单位：%

政策措施	政策作用程度感知			
	较大	一般	基本没作用	不知道
降成本	15.68	52.42	24.72	7.18
解决融资难融资贵	19.08	47.16	21.92	11.84
降低流动资金压力	14.29	50.99	26.28	8.44
开拓市场扩大需求	8.61	45.21	35.25	10.93
促进企业复工复产	32.06	47.43	15.58	4.93

（2）91.14% 的企业希望加大研发费用补贴

各高新技术企业为了降低新冠肺炎疫情对企业发展的影响，对政府的经济复苏和企业扶持政策寄予厚望。在调查的高新技术企业中，91.14% 的企业对科技政策的诉求聚焦于加大研发费用补贴（表 10–6），其次为简化政策兑现流程（43.63%）、多出台支持引人用人的措施（43.31%）、加大政策宣传力度（43.10%）。还有部分企业提出应降低扶持政策的门槛、政府资金科研项目向小微企业倾斜、推广采用本省 / 本市自主知识产权的数字化技术专项补贴等政策需求。可以看出，企业希望更多了解科技政策且简化政策兑现流程，加大研发费用补贴。

表 10-6 高新技术企业对科技部门政策诉求情况

单位：%

企业政策需求	比例
加大研发费用补贴	91.14
简化政策兑现流程	43.63
多出台支持引人用人的措施	43.31
加大政策宣传力度	43.10
加强科技金融服务	29.00
加大开放各类创新平台资源	26.11
组织科研机构合作	25.12
加大知识产权保护	22.23
加大政府采购	21.03
推广采用数字化技术专项补贴	14.58
推进组建产业链联盟	10.12
其他	0.84

各行业高新技术企业均对加大研发费用补贴提出强烈诉求，其中生物与新医药、先进制造与自动化、新材料行业的需求尤为迫切，占比分别为 93.23%、91.90% 和 91.85%。不同规模的高新技术企业也均希望加大研发费用补贴，中型和大型企业反映尤为迫切，占比分别为 94.21% 和 92.31%。

10.5 积极实现“塔勒布超越”的举措

不确定性是高新技术企业发展的本体属性，应对不确定性也是高新技术企业持续成长的天然本能。2012 年，塔勒布教授（Taleb）提出“反脆弱”[1]（antifragile）

[1] 塔勒布教授认为事物可以分为三类：脆弱类、强韧类和反脆弱类。其中，脆弱类是那些不喜欢波动性的事物，没有不确定性、混乱、压力等；反脆弱超越坚韧或强固：坚韧至多只能够经受住抵抗，维持原状，而反脆弱则强调事物会在危机、不确定性中变得越来越好并且获利成长。

概念。他认为，处在波动性、随机性、混乱、压力、风险和不确定性环境中的事物不仅能够经受住危机冲击，不变形不走样（即强韧），还能从不确定性中获益，实现壮大和繁荣。这种反脆弱用来解释高新技术企业韧性可以称为“塔勒布超越”。若是将危机视为企业高质量发展的“压力测试”和疫情后提升全球价值链（GVC）的“弯道超越”契机，谋求从危机中受益和成长，则有利于高新技术企业“触底反弹”，实现可持续发展。

10.5.1　创新科技型企业培育和引才方式

新冠肺炎疫情带来负面影响的同时也是企业转型升级和增能扩体的窗口期。一方面，企业技术创新主体地位需要突出。应对不确定性的冲击，必须清醒地认识到就业优先的根本在于企业，而企业能否可持续发展的关键在于是否实施以创新为核心的举措。各级科技主管部门应加大对企业研发费用的后补助，鼓励企业开展创新活动，培育一批具有核心竞争力的科技型企业。另一方面，制订差异化、精准化的科技型企业培育方案。出台覆盖初创期、成长期、发展期等不同阶段的“全生命周期”扶持措施，建立由科技型中小微企业、科技创新小巨人企业、创新标杆企业组成的创新企业“金字塔”培育体系。当然，这里需要强化分梯度、分类别施策。应根据企业不同发展阶段、不同创新诉求，分类别对独角兽企业、瞪羚企业、规上高新技术企业、规下高新技术企业、科技型中小企业给予不同比例的研发费用补助。

招人难、用人贵、引人难是科技型企业在科技研发、经营推广方面面临的主要困境。为了应对科技风险不确定性，缓解国际人才管控和国内人才竞争的困境，政府相关部门需要积极创新引才方式，探索“平台＋人才”搭车模式。借助新型研发机构、重大科技平台的引才聚才功能，构建高端平台与高端人才互动机制。长期来看，解决引才留才问题，需要从体制机制入手，深入实施“机制＋人才”模式；加快对科技型企业人才职称评审、成果奖励机制改革，不拘一格用人才，完善创新型人才多元评价机制；逐步建立弹性、柔性引才用才制度，打通人才要素的自由流动障碍，灵活高效地促进创新型人才的市场化配置。

10.5.2 加强产学研合作和技术攻关

新冠肺炎疫情会导致全球产业链分工体系发生战略收缩，在整合提升的重构期，全球采购零部件的风险加大。因此，必须将重点放在国内，加强产学研合作，增强自我造血功能。新型研发机构具有直接切入国际最前沿科技领域、体制机制灵活、产学研合作紧密的显著特点。这类机构不仅能够培育出一个科技型企业，而且可能会最终形成一个新兴产业。可通过围绕战略性新兴产业开展布局，引导国内外知名高校、科研院所设立专业性、开放性的研发载体，适当扩大财政资金的支持规模。同时，引导企业建设国家级、省级研发机构，增强企业自身创新风险抵御能力。另外，推进高校、科研院所与地方深度融合。发挥科教资源优势，引导高校、科研院所开展科技成果“三权”（科技成果的使用权、处置权和收益权）改革，进一步强化区域科技体制综合改革督查力度，督促各省市（园区）出台相应改革举措，力争在更大程度上释放高校院所蕴藏的创新能量。

为进一步降低突发公共卫生事件带来的科技领域深层次不确定性，需要加强科技攻关。在产业有优势的领域，聚焦技术“命门”补齐短板，对重点培育的产业地标“卡脖子”问题进行全面梳理，列出包括产业共性技术、产业标准体系、关键零部件和原材料、生产装备等在内的技术“命门”，整合资源加强技术攻关，努力突破制约产业优化升级的关键核心技术。在未来有前景的领域，聚焦前瞻产业挖掘潜力，力争在关键技术开发与应用方面取得突破。此外，鼓励企业与高校、科研院所开展协同创新，组建各领域技术攻关应急小组、技术创新联盟和技术运营服务创新联盟等。

10.5.3　建立高新技术领域动态监测和科技风险预警体系

即时全景掌握高新技术领域动态变化是制定前瞻规划的重要依据。一方面，建立健全科技型企业政策跟踪落实成效监测体系，全面、科学评估各地区高新技术企业政策落实效果，重点监测科技型企业增进技术创新能力的作用和价值。另一方面，常态化与非常态化相结合，组织各高新技术领域和战略性新兴产业领域的专家学者、企业负责人等开展本地区高新技术领域和战略性新兴领域重大风险评估和科技安全风险排查分析。面对逆全球化及各国越来越重视企业回归本土的情况，对各领域风险挑战要做到家中有底、脑中有策，主动作为；逐渐建立全面的“问题清单”，并形成与之配套的“措施清单”和明确的“责任清单”；跟踪国际主要国家科技政策动向和重点，探讨本地部署前沿技术的基础、可能与规划，及时谋划自主可控的技术创新体系，加强前沿科技领域创新布局与能力建设。

科技风险预警体系事关高新技术产业的安全性，应加快构建多元主体共建共享预警体系。高校应开展技术趋势分析、技术进展跟踪等科技风险预测预警研究；企业应积极开展技术风险、侵权风险预警，建立周期性动态评估预警机制；政府应探索建立科技风险台账、风险库，分级分色预警科技风险。此外，构建新技术应用的支撑体系，加快新技术融合应用，加快推进人工智能、物联网、移动互联网、云计算、大数据等新兴技术与科技风险识别预警工作深度融合，构建重大风险信息基础数据库，不断提高对各类风险发现、研判、响应、处置的水平；推动数字化预警平台建设；建立重大风险监测和预警平台，实现从风险信息收集、分析到研判流程自动报警机制，实现对科技风险防控工作全业务、全流程、全要素的智慧化管理。

10.5.4　优化数字政府建设和科技创新环境

一方面，应充分利用互联网、大数据、智能硬件等新一代信息技术产品，集成各类政府应用的网络平台，降低制度性交易成本，提升服务型政府服务水平和应对突发公共卫生事件的政府响应能力。另一方面，立足科技创新工作的客观规律和实际需求，在科技创新领域简政放权方面实现显著性突破；制定出台科技创新领域简政放权改革等专项工作方案，研究制定科技计划体系调整方案，较大幅度精简科技管理流程和环节，推行普惠性专题申报审批“一张表”；合理放权建立层次分明的管理体系，开展项目立项决策权下放试点，赋予项目承担单位更大自主权，为科技创新“松绑”；完善“事前 + 事中 + 事后”全过程的外部监管链条，健全诚信管理和信用信息披露机制，通过有效监管提升财政经费使用效率，增强政府服务效能。

10.6 研究结论与讨论

本章探讨了包括瞪羚企业在内的科技型中小企业成长的外部环境的影响。常态化下探讨瞪羚企业高成长问题具有重要意义，但应急态下这些科技型中小企业成长呈现何种状态？其创新能力有哪些变化？在这种外部困境下，科技型中小企业成长韧性如何保持、培育？这对深入探讨瞪羚企业高成长性这个理论问题具有重要补充作用。

第 11 章　瞪羚企业高成长的典型案例研究

本章分别从知识资本四个维度选取具有代表性的 4 家瞪羚企业进行案例分析，剖析瞪羚企业高成长背后的知识资本因素。此外，在新冠肺炎疫情期间，瞪羚企业也发挥了重要作用，为此，本书补充了一个案例，剖析瞪羚企业高成长的典型样本。

11.1　人才资本驱动型案例

（1）企业基本情况

南京诺尔曼生物技术有限公司成立于 2008 年，是一家专注于医学诊断产品研发的创新型公司，致力于精准医疗领域的研究和开发，融产品研发、生产、销售于一体，拥有医疗诊断领域完整的产业链，是国内免疫诊断行业的领军企业。

（2）成长业绩

该公司业务增长迅速，营业收入从 2014 年的 0.3 亿元增长到 2017 年的 0.6 亿元，三年复合增长率为 34.0%；科技经费投入从 2014 年的 500 万元增加到 2017 年的 1631.5 万元，年平均科技活动投入强度达到 25.7%。公司依托体外诊断方面的人才优势，已获得 9 项发明专利，30 项实用新型专利，7 项外观设计专利。该公司拥有60多项注册产品，在国内市场已经建立完善的产品营销网络，在化学发光领域的市场占有率处于行业前列。同时，该公司也在积极地进军海外市场，年均海外参展数量达15场，与印度、伊朗、土耳其、泰国、埃及等20多个国家建立了相对稳定的合作关系，“诺尔曼生物”品牌影响力进一步扩大。

（3）成长特点

目前，该公司拥有高学历人才近200人，本科学历人员占比59.1%，研究生（硕士、博士）学历人员占比20.9%。公司为员工提供适合自己发展的空间，采用定期轮岗制度，培养复合型人才；设计人才专项晋升通道，构建人才队伍梯次培养体系；提供一流的研发创新平台；建立灵活的激励机制，设置持股平台，实施高管和技术人员持股计划；采取条块结合的管理模式，将“离职率”作为人力资源考核标准，每个中心配备人力资源业务合作伙伴跟踪服务，建立完善的服务保障体系。可以看出，重视人力资本是南京诺尔曼生物技术有限公司高成长的重要因素之一。

11.2　结构资本驱动型案例

（1）企业基本情况

苏州长风自动化科技有限公司成立于2007年，是我国光伏领域光伏汇流的领军企业，拥有光伏领域的市级直流拉弧检测与控制工程技术研究中心，是苏州市股权交易中心首批12家新兴板挂牌企业之一。

（2）成长业绩

该公司营业收入从2014年的0.1亿元增长到2017年的0.4亿元，三年复合增长率为54.1%，实现规模化盈利；科技经费投入从2014年的75.0万元增加到2017年的243.0万元，年平均科技活动投入强度达6.1%。目前，公司已获授权的光伏汇流专利28件，拥有德国TÜV认证（technischer überwachungs-verein）、欧盟 EMC 认证（electro magnetic compatibility）、欧盟 CE 认证（conformite europeenne）、中国 CQC 认证（china quality certification center）、电能（北京）认证 PCCC（power certifiction center）和“领跑者”产品认证，拥有 5 个汇流箱高新技术产品证书，拥有完善的质量体系认证——ISO9001、ISO14000 和 ISO18010。

（3）成长特点

该公司分别设立了技术、制造、营销和管理中心。技术中心下设学术交流中心、知识产权中心、技术信息中心及产品研发、安全控制和标准化等部门，开展与同行及产业上下游的国内外相关技术交流，并筹备成立中国光伏汇流工程应用技术产业同盟，拥有软件、工业设计、机械设计、电气自动化、机电一体化专业的老中青三代相组合的技术团队，每年专利申请量达到 8 件以上；制造中心下设 ERP 控制中心、生产计划和品质管理等部门；营销中心下设市场调研及信息、营销策划、电子商务中心、大客户管理和产业联盟中心等部门；管理中心下设行政、财务、人力、公关和法务等管理部门。可以看出，重视结构资本是苏州长风自动化科技有限公司高成长的重要因素之一。

11.3 关系资本驱动型案例

（1）企业基本情况

南京中电环保股份有限公司是南京市首家创业板上市公司，是生态环境治理服务商，提供工业和城市环保系统解决方案、研发设计、系统集成、工程总承包、运营维护、PPP 及投融资等综合服务。目前，该公司主要服务于国家重点工业（石化、煤化工、火电、核电、冶金等）和市政领域，并已拓展至海外市场。

（2）成长业绩

该公司业务成长迅速，营业收入从 2014 年的 3.5 亿元增长到 2017 年的 5.2 亿元，三年复合增长率为 13.7%；科技经费投入从 2014 年的 944.4 万元增加到 2017 年的 1559.1 万元，年平均科技活动投入强度为 2.9%。公司拥有国家级环境工程设计甲级、环保专业承包、市政工程总承包、机电设备安装、工程咨询、压力容器设计等资质，拥有专利、高新技术产品、软件著作权和专有技术 300 余项，建有省市两级城镇污水深度处理及回用、污泥资源化利用等工程技术研究中心。

（3）成长特点

受政府委托，该公司发挥行业龙头优势，建设了新型环保产业科技创新平台；以人才引领、资源汇聚 、创新创业为主要功能，形成一区二联盟三中心格局[1]，提供工业和城市环保综合解决方案；通过 PPP 模式，推行第三方治理，打造环保支柱产业；联合"产学研才"共建环保产业科技创新平台，设立理事会、专家委员会、秘书处，按照市场化"EBT"模式运营。

该公司以"中心 + 公司"的模式，以"产业需求人才、人才推动科技、科技促进产业"为特色，重视核心成员股权紧密合作创建。可以看出，重视关系资本是南京中电环保股份有限公司高成长的重要因素之一。

11.4 市场资本驱动型案例

（1）企业基本情况

同程网络科技股份有限公司成立于 2004 年，是一个多元化旅游企业集团，也是休闲旅游在线服务商和一站式旅游预订平台，专业聚焦旅游标品和非标品业

---

[1] 一区：以公司为龙头，由江苏省环保厅领导，江宁开发区主导，联合南京大学、东南大学、河海大学、江苏省环境科学研究院等优势资源，通过强强联合创建的环保科技服务及产业技术创新平台，定位环保高端服务。二联盟：拥有科技部再生水利用产业技术创新联盟、环保部石化废水处理成果推广产业技术创新联盟两个联盟，突出产业创新，共同承担科研、成果转化及产业化项目。三中心：公司出资，发挥市场开拓、企业管理及资本优势，分别联合南京大学、东南大学、河海大学，发挥其人才和技术优势，创建了 3 个不同类型的环保产业创新中心暨创新公司。

务。该公司是国家高新技术企业、商务部首批电子商务示范企业，连续多年入选“中国旅游集团 20 强”。

（2）成长业绩

该公司营业收入从 2014 年的 5.3 亿元增长到 2017 年的 18.7 亿元，三年复合增长率为 52.4%，实现规模化盈利；科技经费投入从 2014 年的 2100 万元增加到 2017 年的 8835.6 万元，年平均科技活动投入强度为 13.8%。公司注册资本 11 429 万元，先后获得元禾控股、腾讯科技、博裕资本、万达等机构数亿元投资。2014 年，获得腾讯科技、元禾控股 5 亿元 C 轮融资、携程 2 亿美元 D 轮融资；2015 年，获得万达集团、腾讯科技、中信产业基金 60 亿元 E 轮融资；2016 年，获得万达集团、携程、腾讯科技 10 亿元战略投资，截至 2017 年年底获社会风险投资额近 100 亿元。

（3）成长特点

2014 年之前，该公司业务流量 90% 来自 PC 端，核心流量来自 PC、SEM 搜索引擎营销、SEO 搜索引擎优化。2014 年，该公司通过“1 元门票”取代“All in 无线”模式，探索线上线下体验相结合的“新旅游”模式，除机票、火车票、酒店、金融等业务外，布局境外游、国内游、周边游等业务板块。该公司一方面继续挖掘新的流量来源，另一方面对现有流量进行精细化经营，通过 AI 分析用户需求，并通过交叉服务满足用户需求，关注用户体验，始终站在用户的视角审视和检验产品服务。可以看出，重视市场资本是苏州同程网络科技股份有限公司高成长的重要因素之一。

11.5　知识资本嵌入企业生命周期全过程案例

11.5.1　H 物流企业介绍

H 物流企业是科学技术部火炬高技术产业开发中心认定的 2016/2017 年瞪羚企业，为客户提供一站式智慧供应链和物流服务。2018 年，其获得中国物流与采购联合会颁发的5A级物流企业资质，在国内零担物流市场业务量排名前三位。

该企业成立于2007年，以IT技术切入物流领域，以轻资产模式为客户搭建供应链管理服务系统。2019年，H物流企业拥有近千人的核心IT研发团队，自研IT系统集群日单处理上亿量级数据；企业日常业务运营的人员规模近70万人，其中H物流企业自有员工8000余人，业务外包人员3万多人，以及3.6万个合作伙伴的运营人员60多万人；国内拥有370个大型供应链云仓，3.6万余快递站点，1.7万余快运站点，29.5万余辆可调配货车运力，已在全国范围内建立起多级营运中心，配送网络覆盖全国，延伸至县、乡级区域，并已在美国、德国、泰国、英国等18个海外国家和地区实现服务覆盖。

11.5.2 H物流企业成长阶段分析

由于H物流企业正处于发展成熟期，尚未进入衰退阶段，基于企业成长时间节点，归纳总结出H物流企业成长阶段关键信息，见表11-1。

表11-1 H物流企业成长阶段关键信息（2007—2019年）

成长阶段	时间	关键事件
初创期	2007年	企业成立
	2008—2009年	A、B轮融资
	2010—2011年	C轮融资
成长期	2012年	成立H快运
	2013—2014年	E轮融资
	2015—2016年	F轮投资
成熟期	2017年	企业上市
	2018年	布局智慧供应链
	2019年	发布云链系统

（1）初创期

H物流企业成立于2007年，企业定位于发展智慧供应链，为新零售助力。

H 物流综合服务和管理系统（1.0 版）于 2007 年 12 月正式上线，该系统创造性地将客户、承运商和 H 物流企业三个系统整合在统一平台中，实现了物流信息的跨企业自动流转，既缩短了物流运作的时间和成本，又提高了企业间供应链合作的效率。

2008 年，该企业从阿里巴巴和富士康筹集 1500 万美元的 A 轮融资；自主研发的 GPS/GIS 系统平台随即上线，为不同行业客户提供实时、透明、全面、稳定及个性化的 GPS 运营服务；企业逐渐形成自己的资源整合和质量管控体系，采用战略伙伴发展—日常运作—客户服务三位一体的联合建网模式，并建立了日趋完善的末端派送控制体系；积极尝试与淘宝合作推出有保障的"限时物流"产品，定点推广配送服务。

2009 年，该企业获得 IDG 数千万美元的 B 轮投资；以仓储为枢纽，推出"e 网配送"[1]一体化服务；合作推出的时效产品"限时物流"服务得到了客户认可，服务城市进一步扩展；与城市口岸国际物流有限公司正式签署合同，为该公司全面部署 H 物流最新一代的 GPS 车辆管理系统；全国分公司和运作网点扩展至 46 个；获得服务商给予的年度合作伙伴最佳质量奖。

2010 年，其从鼎晖、汉能及阿里巴巴获得共计数千万美元的 C 轮融资；由于自建物流渠道艰难，H 物流企业通过收购其他快递企业，推进直营改革，快递业务市场份额迅速扩大，并在上海建成第一个电子商务 OFC（电商海量订单处理系统），率先推出"打造一体化电商服务"新概念；2010 年 4 月，综合供应链事业部启动云仓服务；获得中国物流与采购联合会颁发的 3A 级物流企业资质。

2011 年，该企业入选中国优秀电子商务物流企业联盟，获得中国电子商务年度优质服务质量奖及年度十佳电商服务商称号。

---

[1] e 网配送：结合同城配送和全国干线运输能力，依托计算机网络和信息技术的支撑，将原本分离的商流、物流、信息流和采购、运输、仓储、代理、配送等环节紧密联系起来，形成了一条完整的分销供应链。

（2）成长期

2012 年，H 物流收购第三方物流服务商，继续推进网络直营工作，全年先后对北京、天津、云南等 21 个省（区、市）进行直营改革，并大力建设转运中心，新建和扩建多级转运中心 70 余个，用于拓展完善网络中转布局，提升快件业务的时效性。同年 3 月，H 物流企业自主研发的快递管理系统成功上线，有效提高了快递管理服务，被当地政府认定为高新技术企业，获得 4A 级物流企业资质认证，并在 2012 年年底获得数千万美元的 D 轮投资。

2013 年，H 物流企业获得市级高新技术企业认定；成立百余人的专业研发团队，保障信息系统在高峰期间稳定运行及数据安全；获得年度中国电子商务物流服务模式创新奖。

2014 年，H 物流企业获得来自高盛的过亿美元 E 轮投资；依靠核心科技，自主研发出自动分拣流水线系统，并运用上线，小件处理能力到达 7200 件 / 小时，错分率不到十万分之一；凭借技术优势，H 物流在行业内首创线上互联网和线下传统实体店互动融合的 O2O 经营模式，2014 年“双 11”期间的日快递单量达到 900 万单；H 物流面向全网开通全球国际快件业务，面向全国客户揽收国际快件，业务覆盖达全球 200 多个国家和地区；上线微信服务平台下单功能，智能快递柜试点运行，创新“云仓 + 优派”物流模式；凭借革命性的商业模式和持续的科技创新能力，入选《红鲱鱼》[1] 亚洲 100 强，成为亚洲荣膺此殊荣的唯一物流服务企业。

2015 年，H 物流企业获得来自阿里巴巴的 5.5 亿美元 F 轮投资；其将以用户为中心的服务理念作为战略目标，被评为中国快递协会第二届理事会副会长单位；与高校联合建立人才培养基地；成立国际事业部，开展跨境电商业务，并设

---

[1] 《红鲱鱼》（*Red Herring*）是美国硅谷最具影响力的杂志之一，被投资界誉为“硅谷圣经”“高科技未来新星风向标”。每年其分别在北美、欧洲、亚洲等地区的私有未上市企业中评选出最有潜力的优秀百强企业，表彰入选企业在各自专业领域中的革新技术与创新服务。

立美国分公司，布局海外市场。

2016 年，H 物流企业启动绿色物流公益活动，倡导绿色物流环保理念；加入物流合作联盟；推出新产品，打通大件包裹最后 100 米服务；推出全球范围“一单到底”服务项目，满足消费者全球自由购；获得来自中信、阿里巴巴和软银等企业的 7.6 亿美元战略投资；合作研发智能化仓储机器人；获得中国最具社会责任物流企业、中国品牌价值百强物流企业、“双 11”公众最满意快递公司金奖；拓展澳大利亚、日本、泰国等跨境物流服务，加大在国际市场上的资源投入。

（3）成熟期

2017 年，H 物流集团在美国纽约证券交易所上市；获得年度中国快递最佳科技创新奖；借力“一带一路”倡议加速布局，建成新疆跨境电商分拣清关中心；品牌服务全面提升，日单量破千万；成为电子商务生态安全联盟成员；获得年度“中国电子商务物流服务十强”称号与年度中国电子商务物流客户满意度金奖；获得“中国最具价值跨区域海外仓”的称号。

2018 年，H 物流企业获得 5A 级物流企业资质认证；为物流运输圈建立了公益性组织“车辆研究院”，整合车联网信息并提供服务支持；加速海外织网，布局全方位智慧供应链服务，获得最具国际化战略服务示范案例称号；为争夺大件市场，联合菜鸟推出大件电子面单；2018 年第三季度，企业总收入达到 71.9 亿元，同比增长 34.3%，盈利能力显著改善，毛利润同比大幅提升 93.3%，至 3.9 亿元。

2019 年，H 物流企业聚力高质量服务，重视存量市场的需求升级；全面进军电商大包裹，在货物存储、包装、装卸搬运和运输配送的各个环节，探索开展低碳绿色模式，并在末端大力推广快递纸箱回收；推动传统交通运输行业向智能化、绿色化发展；发布云链系统，助力企业在业务全流程、仓储和运输等方面实现智慧化管理。

2020 年，H 物流企业高度重视并落实新冠肺炎疫情防控工作，成立防控应急小组，加强应急值守；开通全国各地驰援武汉救援物资的“绿色通道”，免费承运紧急救助物资；2020 年 3 月，H 物流累计运输防控疫情物资近 17 万件。[1]

11.5.3 知识资本下 H 物流企业成长路径分析

结合 H 物流企业生命周期的不同发展阶段，本书从知识资本视角分析 H 物流企业的成长路径。

第一，在初创期，H 物流企业注重企业内部结构资本。首先，将企业定位于发展智慧供应链，推出综合服务和管理系统；其次，推出自主研发的定位系统平台，为客户提供个性化定制运营服务，逐渐形成资源整合和质量管控体系，并建立末端派送控制体系；最后，通过收购其他快递企业，推进直营改革，建成电商海量订单处理系统，启动特色云仓服务。

第二，在成长期，H 物流企业注重企业人力资本及关系资本。在人力资本方面，首先，坚持投资于人的理念，坚持人才是企业第一资源的战略思想；其次，重视企业人才招聘、人才培养，与高校联合建立人才培养基地，成立专业研发团队。在关系资本方面，其在成长期累计获得融投资近百亿元，享受到政府认定高新技术企业的待遇，加入物流合作联盟，获得供应商消费者服务认可；逐渐布局海外市场，开展跨境电商，进入企业成熟期。

第三，在成熟期，H 物流企业注重企业市场资本。首先，将企业上市；其次，进行服务品牌升级，借力“一带一路”倡议加速布局海外市场，并在创造经济价值的同时，投身社会公益事业，采取“爱心物流”“助农扶贫”等一系列关爱行动；最后，聚力高质量服务，重视存量市场的需求升级，同时发展绿色快递，践行节能减排。H 物流企业的成长路径如图 11–1 所示。

---

[1] 关于 H 物流企业相关资料及数据均来源于该企业官方网站历年对外公布的新闻报道与企业社会责任报告。

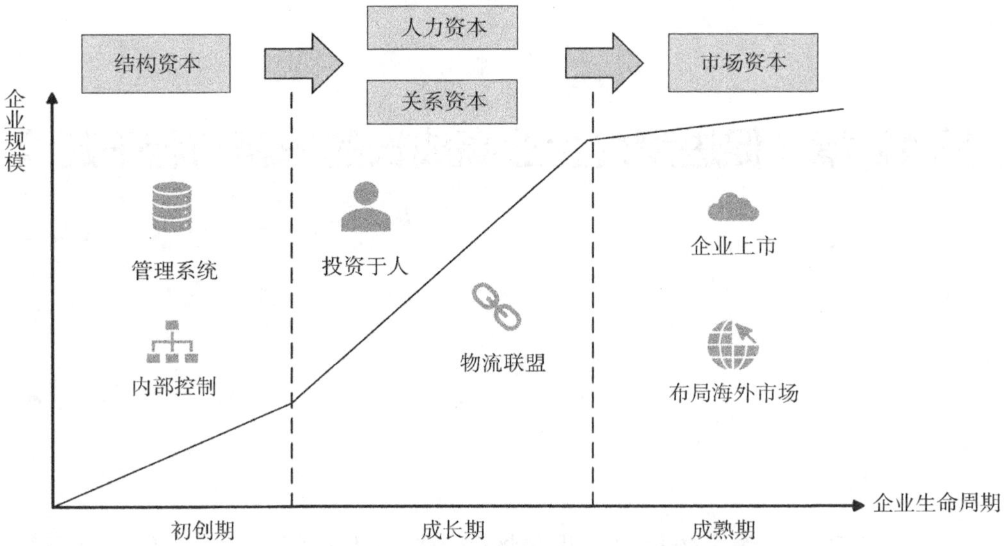

图 11-1　知识资本下 H 物流企业成长路径

11.6　研究结论与讨论

本章实地调研苏州工业园区和南京高新区的瞪羚企业，选取了人才资本驱动型、结构资本驱动型、关系资本驱动型、市场资本驱动型四个典型瞪羚企业，探讨瞪羚企业高成长的深层次实践意涵。我们发现：知识资本理论是理解瞪羚企业高成长的一个重要窗口，因为这些瞪羚企业在实践过程中均不同程度或者说从不同侧面遵循知识价值增值这一理论逻辑，并以此实现突破式成长。我们也考察了一家物流企业在困境中是怎样成长及如何实现稳定成长的，这对保持瞪羚企业韧性有重要意义。

第 12 章　促进瞪羚企业高成长的思路与若干建议

2018 年政府工作报告提出，我国将围绕打造大众创业、万众创新升级版，推出一系列政策措施，包括建设创新创业资源共享平台、完善中小微企业财政支持体系、加强知识产权保护等。随着我国经济结构转型和“双创”工作的持续推进，瞪羚企业发展表现出新的发展特征，为“双创”升级提供了有力支撑。本章将基于现状分析、内在机理和实证分析的结果，厘清江苏瞪羚企业持续成长的发展思路，借鉴国内瞪羚企业主要集聚区的相关政策，提出促进江苏瞪羚企业持续成长的对策建议。

12.1　发展思路

第一，知识资本理论可为研究瞪羚企业成长提供绝佳视角。知识资本理论反映了高科技成果转化及产业化的价值增值过程，对深入揭示以瞪羚企业为代表的高成长性科技企业快速成长有重要理论意义。本书表明瞪羚企业的知识资本转化过程由人力资本、结构资本、关系资本和市场资本四个维度构成，四个维度相互作用、相互促进和相互融合。因此，应全面、动态地看待知识资本与瞪羚企业成长。对于瞪羚企业来说，要使知识资本能够在瞪羚企业的技术创新过程中发挥最大效用，不仅需要知识资本量的增加，更要全面认识知识资本结构及各要素之间的关系，扬长补短，注重知识资本体系的完善，发挥知识资本的整体作用，并在此基础上促进知识资本的增值，使瞪羚企业的知识资本呈螺旋上升，提高瞪羚企业知识资本的投入产出效益。

第二，国内外发达地区支持瞪羚企业发展的生动实践可供江苏参考。近30年来，瞪羚企业的快速崛起和发展引起了全球广泛关注。《硅谷指数》将“瞪羚企业数量”作为反映硅谷经济景气程度的重要指标之一;《欧洲统计局——OECD商业统计手册》将瞪羚企业及瞪羚率作为衡量区域经济发展状况的重要统计指标之一。将视角转入国内，可以发现，部分先进地区早已关注本地区瞪羚企业的培育与扶持，出台了日益丰富且富有成效的政策举措。例如，2003年北京中关村率先实施“瞪羚计划”，主要围绕完善金融支持、提高融资能力等方面对瞪羚企业、瞪羚重点培育企业进行扶持。自2011年启动瞪羚企业培育工作以来的短短几年，武汉东湖高新区形成了较为完善的瞪羚企业认定及培育办法，培育出4家上市公司、4家独角兽企业，超过60家瞪羚企业在新三板挂牌，超过10家瞪羚企业被行业龙头企业或上市公司并购。这些生动、极具实效且含金量较高的政策举措，是江苏起步探索瞪羚企业遴选、培育及健康成长的参照系和政策蓝本。

第三，高质量发展是引领江苏瞪羚企业持续成长的重要航标。当前，江苏经济正实现从要素驱动向创新驱动转变，正处在高质量发展的重要关口。这个关键的时期恰好是新动能对旧动能的替代或者抵消的拉锯战阶段，是所有的问题和风险集中的高发期和阵痛期。面对区域创新能力排名持续下滑，企业创新能力、创新环境建设等指标逐渐落后的严峻事实，必须以高质量发展牵动全局，特别是抓好企业自主创新，推动创新创业高质量发展。这就要求积极推动瞪羚企业为代表的新经济典型形态发展壮大，引领瞪羚企业等一大批有抱负、有情怀的创新“种子”成为技术创新决策、研发投入、科研组织和成果转化的主体，培育一批核心技术能力突出、集成创新能力强的创新型领军企业。

12.2 政策借鉴

在“大众创业、万众创新”的热潮之下，各地持续优化创新创业生态环境，为培育瞪羚企业发展提供了良好的环境条件。截至2018年年底，我国已有北京中关村科技园区、广州高新区、武汉东湖高新区、苏州市等18个区域出台瞪羚企业的扶持政策。各地出台瞪羚企业扶持政策见表12-1。

表12-1　各地出台瞪羚企业扶持政策一览表

序号	区域	政策出台时间	备注（含政策更新时间）
1	中关村科技园区	2003年	2015年
2	西安高新区	2010年	2018年
3	武汉东湖高新区	2011年	2018年
4	广州高新区	2013年	2018年
5	株洲高新区	2013年	2017年
6	苏州市	2013年	市级
7	杭州高新区	2014年	2017年
8	济南高新区	2016年	—
9	惠州仲恺高新区	2016年	—
10	宁波高新区	2016年	—
11	潍坊高新区	2016年	2016年仅顶层设计，2018年正式出台
12	重庆市	2016年	省级
13	山东省	2017年	省级
14	长沙高新区	2017年	—
15	济宁高新区	2018年	仅顶层设计
16	南京市	2018年	市级，仅顶层设计
17	苏州工业园区	2018年	—
18	江苏省	2018年	苏南自主示范区

注：表中展示了全国较早制定瞪羚企业专项政策的高新区、市、省份。

近年来，北京中关村、广州高新区等瞪羚企业主要集聚区对瞪羚培育工作优化升级，开始探索“创业—瞪羚—独角兽”的梯度培育政策，建立扶持新经济企业全链条成长的支持体系，具体政策明细见附录 3。

12.2.1　中关村科技园区

中关村科技园区是国内最早关注并支持瞪羚企业发展的区域，2003 年就出台了瞪羚政策，比第二家出台瞪羚政策的西安高新区早了 7 年。中关村科技园区“瞪羚计划”的核心内容是：将信用评价、信用激励和约束机制同担保贷款业务进行有机结合，通过政府的引导和推动，凝聚金融资源，构建高效、低成本的担保贷款通道。2012 年，中关村科技园区面向园区瞪羚企业群体，在原有“瞪羚计划”工作基础上，升级开展瞪羚重点培育企业认定工作。

中关村科技园区对瞪羚企业、瞪羚重点培育企业的扶持，主要围绕完善金融支持措施、提高融资能力进行。其中，对瞪羚企业的扶持主要包括担保贷款、贷款贴息两种方式，且担保贷款对三个规模范围的企业提出了不同的担保贷款上限；以企业所获信用评级为基准，从一级到五级分别给予不同的贷款贴息。对瞪羚重点培育企业的扶持，主要包括担保补贴、金融产品创新补贴、贷款贴息、利息补贴、融资租赁补贴、上市支持等方式。其中，依据为培育企业提供的担保规模不同，对担保公司给予担保补贴；对银行的信用贷款、知识产权质押贷款等创新产品，给予银行一定额度的风险补贴；对发生实际贷款的企业提供一定比例的贷款贴息；为发行直接融资产品的企业给予利息补贴，对投标承接重大建设工程的企业，分别在投标综合成本和银行贷款等方面给予补贴；对开展融资租赁业务和进行融资租赁的企业进行补贴；对企业在境内外不同资本市场上市给予相应的资金支持。

中关村科技园区瞪羚企业数量一直位居国家级高新区企业瞪羚企业数量排名的首位，并大幅领先于其他排名靠前的高新区，培育了一大批国内具有影响力的瞪羚企业。

12.2.2 武汉东湖高新区

武汉东湖高新区（以下简称“东湖高新区”）自2011年启动瞪羚企业培育工作，2015年出台瞪羚培育政策，围绕提高融资能力、拓展发展空间、强化创新能力和提升管理水平四方面对瞪羚企业进行扶持。为进一步深化瞪羚企业培育工作，提高瞪羚企业国际化视野，满足新时代创新发展变化的要求，加强对瞪羚企业个性化的深度服务，东湖高新区2018年修订并出台新的《东湖高新区瞪羚企业认定及培育办法》，即“瞪羚十条”，围绕提升管理能力、提高国际化水平、优化深度服务、改善融资环境等方面展开。新旧政策的变化主要体现在两方面：一是增加企业成立时间要求，要求企业成立时间不超过10个完整年度；二是保留了原来的企业咨询费用补贴和贷款贴息政策，并新增7项扶持政策。

经过多年的培育，东湖高新区瞪羚企业培育工作不断取得新成效，助力企业解决融资难题、提升管理水平、提高自主创新能力及加强国际化交流学习，在重点发展的光电子信息、生物医药、现代服务业等领域成效突出；培育出理工光科、盛天网络、明德生物、锐科光纤4家上市公司，斗鱼直播、卷皮、安翰光电、斑马快跑4家独角兽企业，超过60家瞪羚企业在新三板挂牌，超过10家瞪羚企业被行业龙头企业或上市公司并购。

东湖高新区已形成“源于创新、始于创业、显于瞪羚、成于领军”的企业成长链条，瞪羚企业是这个链条中承上启下的关键环节，也是东湖高新区培育“四新”经济、发展新兴产业的核心主体。

12.2.3 广州高新区

广州高新区从2013年开展瞪羚（培育）计划，但对于瞪羚企业的认定标准与国家的认定标准存在较大差异，该标准与后续广州高新区出台的“金镶玉”政策存在重复，且力度不如新政策，为确保瞪羚企业工作持续保持在较高水平，发挥瞪羚企业的成长示范作用，从而带动更多的倍速成长企业脱颖而出，努力形成“高新技术企业—瞪羚企业—独角兽企业”的培育链条，2018 年出台了新的《广州市黄埔区广州开发区瞪羚企业认定扶持办法》。政策变化主要体现在三个方面。

一是调整了政策适用范围。覆盖整个黄埔区、广州高新区及其受托管理和下辖园区，并要求认定企业为高新技术企业。

二是修改了瞪羚认定和培育企业的遴选条件。取消原有对于工业、服务业、高层次人才企业的划分，并删除创新能力指标，新业态、新模式企业指标及瞪羚示范企业选择条件。取消不同收入区间不同增长率的要求，并新增“成立 5 年营业收入突破 5 亿元和成立 10 年营业收入突破 10 亿元”的高成长瞪羚企业标准。

三是保留研发投入奖励、贷款贴息及股权投资补贴，并新增独角兽成长奖，形成高新技术企业、瞪羚企业、独角兽企业的培育链条。保留了原来“瞪羚八条”中关注度最高、可操作性强的研发投入奖励、贷款贴息支持、股权投资补贴三项措施，其中股权投资补贴上限提高到 100 万元；新增了直接认定奖励，并逐年递增奖励金额，促进瞪羚企业保持高速增长；新增独角兽成长奖，以期形成高新技术企业、瞪羚企业、独角兽企业的培育链条。

经过培育，广州高新区瞪羚企业依靠创新发展走在园区企业的前列，知识产权成果丰富，对园区企业转型发展起到了良好的示范作用。截至 2018 年 3 月，百拓共享科技、润虹医药、芯德通信等 55 家企业上市或挂牌。

12.2.4　政策分析

瞪羚企业政策的目标是通过一种或多种方式提供政策方面的优惠和扶持，帮助瞪羚企业克服内部和外部的固有问题和困难，促进瞪羚企业高效成长，从而带动区域经济的发展和科技创新水平的提高。目前，国内瞪羚企业的扶持政策主要体现两个特点。

一是各地瞪羚企业遴选标准各有特色。瞪羚企业遴选标准都包括营业收入和营业收入增长率两个指标，但各地标准各不相同，多数区域将收入指标进行区间划分，细化收入增长要求。同时，在收入增长指标满足的情况下，还增加了门槛条件，如中关村科技园区要求入选企业通过信用评级，广州高新区、惠州仲恺高新区要求企业具备一定的创新能力，宁波高新区要求企业满足税收要求等。

二是各地瞪羚企业政策的扶持方式趋向多元。各地瞪羚企业扶持方式呈现出从单一化到多元化、综合化的发展，各个扶持方式相互作用、共同发展，促进瞪羚创新生态环境的建立。目前，国内的扶持方式主要包括金融扶持、专项资金奖励、人才和交流扶持、研究创新支持、公共服务平台建设等。

12.3 对策建议

瞪羚企业成长速度快、创新能力强、专业领域新、发展潜力大，具有人才密集型、技术密集型等特征，符合新经济发展方向，是“区域个性”的晴雨表，是江苏高质量发展的新引擎。本节从政策顶层设计、科技金融扶持、专项资金奖励、人才引进交流、技术创新支持和公共服务平台建设六个方面，为江苏瞪羚企业持续成长提出对策建议。

12.3.1 政策顶层设计

（1）出台省级层面瞪羚政策

《国家高新区瞪羚企业发展报告（2017）》对出台瞪羚政策的高新区、全国高新区瞪羚企业各项经济指标进行对比发展，出台瞪羚扶持政策的高新区瞪羚企业营业收入增长率是高新区瞪羚企业平均数的 1.3 倍，科技活动投入强度是高新区瞪羚企业平均数的 1.3 倍。可以看出，瞪羚政策的实施对于促进瞪羚企业发展效果较为明显，出台区域瞪羚政策有助于推动当地瞪羚企业发展。因此，本书建议尽快升级《江苏省瞪羚企业培育实施方案》，将政策适用范围从苏南国家自主创新示范区及省级以上高新区拓宽到全省，填补全省层面瞪羚企业扶持政策空白，缓解瞪羚企业区域发展不平衡问题。在全省瞪羚政策指引下，积极鼓励各县市区及各级高新区出台符合地方发展特色的瞪羚企业扶持政策。

（2）实施差异化政策支持

改进苏南自创区瞪羚企业申报制，采用大数据分析方法遴选瞪羚企业。每年发布一次江苏省瞪羚企业名单，颁发“×××× 年度江苏省瞪羚企业”铜牌，有效期一年。依据持续入选江苏省瞪羚企业名单情况，实行“星级”评定，企业首次入选江苏省瞪羚企业，即被评定为“一星级瞪羚企业”；两次入选江苏省瞪羚企业名单，评定为“二星级瞪羚企业”；三次入选江苏省瞪羚企业名单，评定为“三星级瞪羚企业”；星级依次递增。根据瞪羚企业的星级，实施差异化扶持政策，如不同星级的企业享受不同的贷款贴息和奖励政策。

（3）与国家高新区瞪羚评选有机融合

虽然科学技术部火炬中心、北京市长城企业战略研究所发布的国家高新区瞪羚企业遴选标准和苏南自创区瞪羚企业基本一致，但是两个渠道发布的瞪羚企业名单重复度很低。国家高新区瞪羚企业政策感受度较低，很多企业也不清楚自己是否入选，享受不到瞪羚企业的相关政策。建议江苏省瞪羚企业遴选与国家高新区瞪羚企业有机融合，这样可以直接享受江苏省瞪羚企业的相关政策，如首次入选国家高新区瞪羚企业，直接评定为江苏省“二星级瞪羚企业”。

（4）建立新经济企业梯度培育体系

按照高成长企业发展路径，重点聚焦战略性新兴产业和未来产业，以整体谋划、分类指导、精准施策、动态管理为原则，建立“瞪羚培育企业—瞪羚企业—潜在独角兽企业—独角兽企业”梯度培育体系，鼓励瞪羚企业做大做强。在江苏省瞪羚企业遴选标准的基础上，参考研发强度、知识产权、研发平台等创新能力指标对企业进行排名。在落选省级瞪羚企业名单的企业中，遴选 500 家企业，作为瞪羚培育企业；在全省瞪羚企业名单中，遴选排名靠前的 100 家企业，作为潜在独角兽企业培养；瞪羚企业成长为独角兽企业，颁发独角兽成长奖。

（5）提升瞪羚企业政策获得感

由于瞪羚企业公布渠道多样，调研中很多企业并不知道自己被评为瞪羚企业，政策获得感较差。建议加大政策宣传，国家高新区瞪羚企业和江苏省瞪羚企业名单一经公布，及时传达到江苏各设区市及各级高新区。定时召开瞪羚企业政策座谈会，邀请瞪羚培育企业、瞪羚企业及园区负责人面对面交流沟通，通过园区平台加大宣传力度，强化政策解读，切实将政策宣传到位，帮助瞪羚培育企业、瞪羚企业了解更多的政策信息，为企业解决实际问题，精准助力企业发展。不定期上门服务讲解政策，加强园区与企业间的沟通交流，及时了解企业在经营中遇到的困难，提升企业政策获得感。

12.3.2 科技金融扶持

（1）拓展瞪羚企业融资渠道

瞪羚企业在创业阶段和发展早期获得的社会投资较少，2017 年仅有 3.3% 的江苏瞪羚企业获得创业风险投资。由于创新和创业存在正外部性、市场竞争不完全、风险和不确定性、信息不对称等特征，在创投市场中市场失灵是一种普遍现象。建议充分发挥产业基金和社会创投机构的作用，积极引导多元社会资本流入，帮助企业跨越创业“死亡谷”。对此建议，将全省各类产业发展和科技创新专项资金全部纳入现有的省产业发展基金，由专业基金管理机构进行运作，更多地以跟投、股权投资、贷款贴息等形式对瞪羚企业进行扶持。同时，对于私募股权投资基金、社会创投机构投资江苏省瞪羚企业的，以投资奖励、税收优惠或者风险补偿的形式给予一定的支持，帮助瞪羚企业获得投融资组织有融资需求的瞪羚企业进行项目路演，邀请知名创投机构参加，促进相互对接，帮助瞪羚企业更容易获得投融资。

（2）建立投资及贷款风险担保机制

基于企业财务状况、科技创新资源投入、科技创新产出能力等信息，通过第三方评估机构对瞪羚企业进行信用评级。基于此，加大信用担保政策落实，提高瞪羚企业抗风险能力，为瞪羚企业提供无质押、低费率担保。加大金融担保和产品创新补贴，着力降低瞪羚企业贷款融资难度，建立投资及贷款风险担保机制，对瞪羚企业给予最高 500 万元信用贷款担保。开通瞪羚企业担保贷款绿色通道，为企业提供贷款担保服务的担保机构，实行快捷担保审批程序，简化反担保措施。完善瞪羚企业融资担保和增信机制，推进知识产权质押融资风险补偿试点工作。支持瞪羚企业通过信用保险机构加强信用管理、盘活应收账款、扩大信用销售，信用保险机构对企业适度降低承保条件，放宽信用限额。对于信用贷款和知识产权质押贷款，按照企业贷款规模，给予银行一定风险补贴。建设“瞪羚企业资金池”，对合作银行为瞪羚企业贷款产生的损失给予一定补助。

（3）给予差异化的贴息补贴

根据不同星级的瞪羚企业，给予差异化的银行贷款利息补贴。补贴金额为瞪羚企业在认定当年支付银行贷款利息总额的 20% ~ 40%，设定最高贴息额。其中，“一星级瞪羚企业”贷款贴息率为 20%，每增加一个星级，贴息率增加 5%，贴息率最高为 40%。对采取新型直接债务融资工具融资的瞪羚企业，按票面利率计算，给予企业社会筹资利息 30% 的补贴，设定瞪羚企业年度直接融资最高贴息额，同一笔直接融资业务的利息补贴不超过 3 年。因扩大规模、技术改造、加大研发及用于企业主营业务发展等获得银行贷款的，对企业获得认定当年得到的银行贷款以中国人民银行同期贷款基准利率为限给予一次性贴息，最高 50 万元封顶。

12.3.3 专项资金奖励

（1）设立持续成长奖励

首次认定为江苏省瞪羚企业，给予一次性奖励。鼓励瞪羚企业持续成长，企业每增加一个星级，给予20万元的奖励。对瞪羚企业成长为独角兽企业的给予一次性奖励。同时，建议对入选国家高新区的瞪羚企业，起步可享受“二星级瞪羚企业”扶持奖励政策，同年同时入选国家高新区瞪羚与江苏瞪羚的企业，按最高标准享受。

（2）给予研发配套资助补贴

鼓励瞪羚企业持续开展技术创新，提升研发能力。优先推荐瞪羚企业申报国家、省、市各类科技计划项目，对获得市级及以上政府科技计划立项的项目，优先给予配套资助。鼓励瞪羚企业持续加大研发经费投入，对当年研发费用比上年度增长的部分，给予增长部分30%最高不超过100万元的补贴；支持保护瞪羚企业新产品的研发、生产和销售，树立品牌意识、确立市场地位，提高核心竞争力。企业对高新区税收贡献增长30%以上的部分，建议按增长部分30%予以奖励。

（3）设立知识产权资助补贴

调查问卷数据显示，49.1%的瞪羚企业享受过知识产权服务，知识产权保护和维权意识日益提升。建议优先引导优质专利代理机构为瞪羚企业提供高质量的专利管理服务，加强知识产权的行政和司法保护；设立瞪羚企业专利海外布局专项扶持资金，在PCT国际专利申请费和维持费上加大资金支持力度，将PCT专利“后补助”过渡为“前资助”，鼓励瞪羚企业将创新成果及时申请PCT专利。完善海外专利风险预警体系，为瞪羚企业海外拓展制定具有国别针对性的贸易调查应对与风险防控指南。建立海外维权联盟，帮助瞪羚企业及时获得海外专利维权援助。瞪羚企业3年内发生的知识产权维权调查费用、诉讼费用按50%补贴，最高不超过50万元。

（4）给予战略咨询补贴

调查问卷数据显示，仅有 8.2% 的瞪羚企业享受过战略咨询服务。但实际上，瞪羚企业对战略咨询的服务需求较为强烈，武汉东湖高新区认为战略咨询是提升瞪羚企业管理水平的关键措施。建议建立瞪羚企业导师制，为企业家配备创新创业导师，对瞪羚企业进行量身指导。鼓励瞪羚企业积极开展战略咨询，对当年度认定的瞪羚企业开展商业模式、业务选择、人力资源、信息化建设等战略咨询业务予以费用补贴，补贴金额为咨询总费用的 50%，每家瞪羚企业的补贴金额上限为 15 万元 / 年。

12.3.4　人才引进交流

（1）开设人才绿色通道

鼓励瞪羚企业有计划、有重点引进高学历、高技能型人才。对瞪羚企业亟需的专业人才，建议纳入江苏省委、省政府《关于加强江苏省高层次创业创新人才队伍建设的意见》和江苏省委组织部等部门制定印发的《江苏省省级高层次创新创业人才引进计划专项资金管理办法》等相关政策体系，享受相应的人才待遇。为瞪羚企业开设绿色通道，不受社保缴费的地域和时间限制，为瞪羚企业高层次人才的购房和子女入学等方面提供一站式服务。

（2）畅通人才供给渠道

不定期组织高新区专场招聘会，帮助瞪羚企业招聘紧缺性人才。对于通过猎头公司招聘高端人才的瞪羚企业，给予佣金费用 50% 的补贴。立足江苏及各设区市战略性新兴产业整体布局，放眼全球创新版图，汇聚全球创新资源，研究和梳理本地瞪羚企业亟需的高端创新创业人才，建立关键人才信息库。此外，充分发挥高端科技型智库在瞪羚成长中区域产业发展、企业发展及企业家成长过程中的作用，帮助瞪羚企业将战略、商业模式、人力资源管理达到新的高度。

（3）搭建交流学习平台

鼓励瞪羚企业参加具有较强影响力的国内外展览展销活动，给予展位费50%补贴，每个企业每年累计不超过30万元。定期组织瞪羚企业家交流会，促进企业家相互交流、跨界交流。参考武汉东湖高新区的先进做法，组织瞪羚企业的主要负责人，通过创业服务机构的组织，前往全球创新高地交流学习世界前沿的创新创业动态和企业发展思路，在创新发展、经营理念、市场资源上与知名企业进行充分对接，产生费用由园区和企业各承担50%。

12.3.5 技术创新支持

（1）加强瞪羚企业技术对接

围绕瞪羚企业，从源头上加强产学研及技术转移。以财政资助的方式加大对瞪羚企业的支持力度，实施由瞪羚企业牵头、高校院所联合申报并实施、产业界专家评审的“产学研合作伙伴计划”，从科技项目计划的源头上推动产学研合作。探索资源配置新模式，鼓励高校、科研院所开放科研条件设施，与瞪羚企业共建实验室或技术中心；支持高校、科研院所通过技术许可、技术交易、技术合作、技术入股、衍生企业等，助力瞪羚企业发展。

（2）建设高水平瞪羚企业集聚区

国内外经验表明，瞪羚企业具有区域集中的特征，集聚和共享知识、经验、资源、资金等高端创新要素。江苏拥有众多高新区，其中苏州工业园区已经显现出瞪羚企业集聚效应，但是相比中关村科技园区、深圳南山等集聚效应显著的区域仍有较大差距。江苏应依托各级高新区，培育高水平瞪羚企业集聚区。通过优良的创新创业环境和高水平服务体系，支持园区引进一流的研究开发机构、教育培训机构、检测认证机构、科技中介服务机构等创新资源，打造包括创业支持、导师辅导、社交活动等在内的一体化创新创业生态体系。吸引国内外创新创业资源集中集聚，构建有利于瞪羚企业爆发式成长的生态环境。以产业链耦合为基础，充分发挥高新区创新资源集聚的优势，使瞪羚企业更好地获得外部资源，并通过产业关联的各环节衍生出一批具有合作关系的关联企业，壮大产业集群，降低企业运营成本，提高规模经济效益和范围经济效益，增强产业和企业的市场竞争力。

（3）推进新技术产品首购首用

几乎所有的技术发明，都有一个不断改进和完善的过程。但持续改进有个必备条件，即给新技术以应用机会。“首购首用”就是在关键时刻，对科技创业“推一把”，提升初创企业的创业成功率。建议将瞪羚企业开发的新技术新产品优先纳入政府采购目录，政府采购优先购买；瞪羚企业在省内首次研制生产的新产品，拥有自主知识产权，产品首次投向市场，暂不具备市场竞争力，但具有较好的应用前景，政府应当率先使用。建立“首购首用”风险补偿机制，认定后按照购置金额的 10% 给予一次性风险补助。

12.3.6　公共服务平台建设

（1）强化科技企业孵化器支撑

科技企业孵化器是科技成果转化及产业化的重要载体，是连接知识创新和高新技术产业的重要纽带。科技企业孵化器通过为企业提供物理空间、基础设施支持，提供技术转移、人才引进、金融投资、市场开拓、国际合作等一系列服务，降低瞪羚企业运营成本，提高瞪羚企业运营效率。统计数据显示，目前科技型企业孵化器对江苏瞪羚企业的培育效果不明显，仅有 16.8% 的瞪羚企业入驻或毕业于科技企业孵化器。对此建议，进一步强化科技企业孵化器的支撑作用，为瞪羚企业提供创业场地、共享设施、技术服务、咨询服务、投资融资、创业辅导、资源对接等服务。深化科技企业孵化器服务层次，充分利用外部资源，形成系统性体系与工作规划。在具体孵化策略选择上，根据瞪羚企业成长阶段的需求，完善和加强社会网络支持、基础服务工作和融资渠道建设等服务内容，针对性地深化相关服务项目，积极提升瞪羚企业的成长能力。

（2）引导瞪羚企业融入高端产业技术平台

围绕主导产业布局，建议各高新区以产业链为导向，整合技术资源、市场资源，为瞪羚企业提供专业化、精准化、高端化平台服务。鼓励龙头企业牵头搭建高端产业技术平台，引导瞪羚企业积极融入，加强平台成员单位创新资源、技术、市场的高效流动。通过开展信息服务、交流合作、产业对接、咨询服务等多项活动，发挥瞪羚企业在产业链中的专业化生产协作配套作用，共享高端精细化的平台服务，提升瞪羚企业整体竞争力。对龙头企业组建的高端产业技术平台，可享受科技企业孵化器相关优惠政策，如在孵企业给予房租、税收减免等。

（3）提升生产性服务平台服务能力

根据问卷调研结果，江苏瞪羚企业享受的生产性服务明显不足，仅有 16.4% 的瞪羚企业享受过专业化技术服务，9.4% 的瞪羚企业享受过产业化服务、3.1% 瞪羚企业享受过中试服务、6.3% 的瞪羚企业享受过仪器共享服务。为此建议，进一步加强生产性服务平台载体建设，对获得省级认定的生产性服务平台提供资金扶持，按照不超过服务平台实际投入额的 30% 给予资助，最高不超过 1000 万元；提升生产性服务平台服务能力，面向瞪羚企业引入一批面向世界科技前沿的项目，集聚基础研究到产业化的各种创新要素，推进技术研发平台、中试平台、仪器共享平台等生产性服务平台建设。

参考文献

白楠楠，2016. 企业社会责任对企业绩效的影响研究［D］. 沈阳：辽宁大学 .

贝克，邓正来，沈国麟，2010. 风险社会与中国——与德国社会学家乌尔里希·贝克的对话［J］. 社会学研究（5）：208–231，246.

曹玉红，尤建新，王瑞,2017. 中国智能汽车产业竞争力动态演进规律研究［J］. 工业工程与管理（5）：81–87.

蔡赕赕，2018. 跨界搜索、吸收能力与协同创新能力［D］. 杭州：浙江工商大学 .

陈朝月，许治，2018. 企业外部技术获取模式与企业创新绩效之间的关系探究［J］. 科学学与科学技术管理（1）：143–153.

陈奇等，2018. 基于 CMM 的众创空间服务能力评价研究［J］. 科技管理研究（20）：97–102.

陈玉和，俞其慧，2010. 企业技术创新能力成熟度模型探析［J］. 西南交通大学学报（社会科学版）(5）：70–74.

陈江涛等，2018. 基于熵值法的广东省科技创新能力评价研究［J］. 科技管理研究(12）：119–126.

陈云娟,2010. 企业家精神与民营企业创新动力机制研究——以浙商为例［J］. 经济纵横(4）：63–66.

陈晓红，张泽京，曾江洪，2006. 中国中小上市公司高管素质与公司成长性的实证研究［J］. 管理现代化（3）：7–10.

程聪等，2013. 网络关系、内外部社会资本与技术创新关系研究［J］. 科研管理（11）：1–8.

邓学芬等，2012. 企业人力资本与企业绩效关系的实证研究——以高新技术企业为例［J］. 宏观经济研究（1）：73–79.

董芳芳，2014. 高技术企业智力资本与技术创新能力的关系研究［D］. 南京：南京师范大学.

董峰，王霄，彭坚，2017. 责任型领导、社会资本与企业创新强度：一项基于大数据的研究［J］. 中国人力资源开发（4）：84–91.

高素英等，2016. 创新型人力资本与企业竞争优势的关系——研发团队成员配置及团队精神的调节作用［J］. 科技管理研究（23）：180–186.

何瑛，张大伟，2015. 管理者特质、负债融资与企业价值［J］. 会计研究（8）：65–72，97.

胡畔，于渤，2017. 跨界搜索、能力重构与企业创新绩效——战略柔性的调节作用［J］. 研究与发展管理（4）：138–147.

黄建榕，柳一超，2017. 美国科技创新能力评价的做法与借鉴［J］. 当代经济管理（10）：88–93.

蒋涛，2020. 疫情对企业融资的影响研究——来自银团贷款市场的经验证据［J］. 国际金融研究（4）：65–75.

科技部火炬高技术产业开发中心，2019.2019 中国火炬统计年鉴［M］. 北京：中国统计出版社：33–35.

赖珍珠，2016. 网络镶嵌、关系资本、价值共创与企业合作绩效之关联性研究［D］. 苏州：苏州大学.

李冬琴，2005. 智力资本与企业绩效的关系研究［D］. 杭州：浙江大学.

李燕，2009. 我国多层次资本市场体系下的场外交易市场建设研究［J］. 经济问题探索（10）：19–22.

李梅，余天骄，2016. 东道国制度环境与海外并购企业的创新绩效［J］. 中国软科学（11）：137–151.

李振华，赵寒，吴文清，2017. 在孵企业关系社会资本对创新绩效影响——以资源获取为中介变量［J］. 科学学与科学技术管理（6）：144–156.

李从新，李国柱，韩科森，2018. 基于多重测量角度的河北省科技创新能力评价研究［M］. 北京：经济科学出版社：5–40.

李飞，邵怀中，陈劲，2017. 产学协同关系对企业智力资本影响实证研究［J］. 科学学研究（2）：282–288，301.

李维安等，2020. 面对重大突发公共卫生事件的治理机制建设与危机管理—“应对新冠肺炎疫情”专家笔谈［J］. 经济管理（3）：5，8–20.

李元旭，曾铖，2019. 政府规模、技术创新与高质量发展——基于企业家精神的中介作用研究［J］. 复旦学报（社会科学版）（3）：155–166.

刘兰剑，应海涛，张田，2018. 战后日本科技创新能力演变及其构建机制研究［J］. 科学学与科学技术管理（3）：16–33.

刘瑞明，雷光和，肖俊辉，2018. 人力资源能力成熟度评价模型构建［J］. 统计与决策（21）：179–182.

刘凤朝，楠丁，2018. 地理邻近对企业创新绩效的影响［J］. 科学学研究（9）：1708–1715.

马柯航，2015. 虚拟整合网络能力对创新绩效的作用机制研究——知识资源获取的中介作用［J］. 科研管理（8）：60–67.

毛良虎，王磊磊，房磊，2016. 企业家精神对企业绩效影响的实证研究——基于组织学习、组织创新的中介效应［J］. 华东经济管理（5）：148–152.

南星恒，2013. 智力资本的价值创造及其协同管理效应度量模型构建［J］.

中国科技论坛（10）：118–123.

牛春华，吴艳艳，刘红兵，2019. 公共安全数据管理能力成熟度模型构建［J］. 图书与情报（4）：22–28.

彭本红，武柏宇，2017. 跨界搜索、动态能力与开放式服务创新绩效［J］. 中国科技论坛（1）：32–39.

冉秋红，任重，2012. 企业智力资本结构与自主创新绩效——运用 DEA 方法的实践验证［J］. 科技进步与对策（12）：85–89.

任宏达，王琨，2018. 社会关系与企业信息披露质量——基于中国上市公司年报的文本分析［J］. 南开管理评论（5）：128–138.

申光龙，袁斌，2004. 企业愿景的效用及其创建流程 . 预测（3）：1–6.

沈艳波等，2020. 科技强国评价指标体系构建及初步分析［J］. 中国科学院院刊（5）：593–601.

沈国兵，2020. 新冠肺炎疫情全球蔓延对国际贸易的影响及纾解举措［J］. 人民论坛 · 学术前沿（7）：85–90.

申明，1998. 知识资本运营论：第三个千年的企业管理核心［M］. 北京：企业管理出版社：6–30.

石春生，何培旭，刘微微，2011. 基于动态能力的知识资本与组织绩效关系研究［J］. 科技进步与对策（5）：144–149.

孙秀丽，蒋春燕，2011. 公司企业家精神的中介作用研究——以珠三角地区为实证案例［J］. 科学学与科学技术管理（3）：158–164.

孙舰，任旭，吴娜，2014. 建筑企业敏捷能力成熟度评价方法［J］. 技术经济（6）：77–83.

唐贵瑶等，2016. 基于人力资源管理强度中介作用的组织沟通与员工创新行为研究［J］. 管理学报（1）：76–84.

田军，邹沁，汪应洛，2014. 政府应急管理能力成熟度评估研究［J］. 管理科学学报（11）：97–108.

王琳，魏江，2017. 知识密集服务嵌入、跨界搜索与制造企业服务创新关系研究［J］. 科技进步与对策（16）：48–55.

王素娟，王建智，2016. 商业模式匹配跨界搜索战略对创新绩效的影响［J］. 科研管理（9）：113–122.

王志刚，2020. 加强自主创新强化科技安全为维护和塑造国家安全提供强大科技支撑［N］. 人民日报，04–15（11）.

王铁山，张青，2020. 新冠肺炎疫情对我国外贸企业的影响及应对措施［J］. 经济纵横（3）：23–29.

吴晓莹，吴清烈，2009. 基于 VFT 的企业移动商务应用可行性分析框架研究［J］. 东南大学学报（哲学社会科学版）（S2）：19–22.

吴增源，谌依然，伍蓓，2015. 跨界搜索的内涵、边界与模式研究述评及展望［J］. 科技进步与对策（19）：153–160.

谢洪明，葛志良，王成，2008. 社会资本、组织学习与组织创新的关系研究［J］. 管理工程学报（1）：5–10.

解学梅，余生辉，2021. 双向开放式创新与企业新产品绩效关系研究［J/OL］.（2021–09–07）［2021–12–03］.http：//kns.cnki.net/kcms/detail/11.1567.g3.20210907. 1508.014.html.

肖土盛，孙瑞琦，袁淳，2020. 新冠肺炎疫情冲击下企业现金持有的预防价值研究［J］. 经济管理（4）：175–191.

肖振鑫，高山行，高宇，2018. 企业制度资本对突破式创新的影响研究——技术能力与探索性市场学习的中介作用［J］. 科学学与科学技术管理（5）：101–111.

玄兆辉，曹琴，孙云杰，2018. 世界科技强国内涵与评价指标体系［J］. 中国科技论坛（12）：28–34，51.

严若森，1999. 论企业知识资本的构成、特征与运筹［J］. 甘肃理论学刊（3）：

20–22.

杨俊，2008. 社会资本、资源获取与新企业绩效——一个中介效应模型及其启示［C］. 中国管理现代化研究会 . 第三届（2008）中国管理学年会——组织与战略分会场论文集：385–398.

杨雪冬，2005. 风险社会理论述评［J］. 国家行政学院学报（1）：87–90.

杨友才，梁岳，2016. 创新型企业成长的影响因素分析及对策建议［J］. 青岛科技大学学报（社会科学版）(1)：42–49.

杨超，山立威，2016. 家族企业实际控制人的任期如何影响企业绩效［J］. 当代财经（3）：65–76.

姚艳虹，张翠平，2019. 知识域耦合、知识创新能力与企业创新绩效——环境不确定性和战略柔性的调节作用［J］. 科技进步与对策，36（23）：76–84.

尹彦，2017. 区域协同创新能力成熟度评价［J］. 统计与决策（4）：62–66.

于小琳，刘长，刘希玉，2019. 中国四大经济强省科技创新能力比较及山东提升策略［J］. 中国科技论坛（2）：100–108.

张旭等，2019. 高校图书馆智库服务能力成熟度模型及评价研究［J］. 图书馆（7）：26–33.

张彬，李春晖，2018. "新经济"背景下提升我国科技创新能力的策略研究［J］. 经济纵横（2）：78–82.

张仕龙，刘明婕，宋运行，2018. 创业创新税收政策的效应分析——以南京高新区为例［J］. 经济研究参考（59）：45–50.

张方华，林仁方，陈劲，2003. 企业的社会资本与隐性知识［J］. 研究与发展管理（6）：67–72.

张志宏，王德禄，2017. 国家高新区瞪羚企业发展报告［R］. 北京：北京长城企业战略研究院：1–2.

张晓晶，刘磊，2020. 新冠肺炎疫情冲击下稳增长与稳杠杆的艰难平衡［J］.

国际经济评论（2）：81–100，6.

张夏恒，2020. 新冠肺炎疫情对我国中小微企业的影响及应对［J］. 中国流通经济（3）：26–34.

赵曙明，孙秀丽，2016. 中小企业 CEO 变革型领导行为、战略人力资源管理与企业绩效——HRM 能力的调节作用［J］. 南开管理评论（5）：66–76，90.

赵息，李文亮，2016. 知识特征与突破性创新的关系研究——基于企业社会资本异质性的调节作用［J］. 科学学研究（1）：99–106.

祝坤福等，2020. 新冠肺炎疫情对全球生产体系的冲击和我国产业链加速外移的风险分析［J］. 中国科学院院刊（3）：283–288.

庄子银，2005. 企业家精神、持续技术创新和长期经济增长的微观机制［J］. 世界经济（12）：32–43，80.

郑江淮，付一夫，陶金,2020. 新冠肺炎疫情对消费经济的影响及对策分析［J］. 消费经济（2）：3–9.

周阳敏，赵亚莉，桑乾坤，2019. 企业家特质、企业创新与自创区高新技术企业盈利能力的实证研究［J］. 工业技术经济（9）：9–17.

周莹等，2016. 数字图书馆知识服务能力成熟度评价模型研究［J］. 情报科学（6）：63–66，86.

周海涛，林映华,2013. 基于能力成熟度模型的广东县市科技进步评价研究［J］. 科技管理研究,（16）：73–78.

AHLERS G K C. et al., 2015. Signaling in equity crowdfunding[J]. Entrepreneurship theory and practice, 39(4): 955–980.

ALLAMEH S M, 2018. Antecedents and consequences of intellectual capital: The role of social capital, knowledge sharing and innovation[J]. Journal of intellectual capital, 19(5): 858–874.

ARIA M, CUCCURULLO C, 2017. Bibliometrix: an R–tool for comprehensive science mapping analysis[J]. Journal of informetrics, 11(4): 959–975.

AUDRETSCH D B, KEILBACH M, 2004. Entrepreneurship capital and economic performance[J]. Regional studies, 38(8): 949–959.

BARNEY J, 1991. Firm resources and sustained competitive advantage[J]. Journal of management, 17(1): 99–120.

BAUM J A C, SILVERMAN B S, 2004. Picking winners or building them? alliance, intellectual, and human capital as selection criteria in venture financing and performance of biotechnology startups[J] Journal of business venturing, 19(3): 411–436.

BEATTIE V, SMITH S J, 2013. Value creation and business models: refocusing the intellectual capital debate[J]. British accounting review, 45(4): 243–254.

BONTIS N, 1996. There's a price on your head: managing intellectual capital strategically[J]. Business quarterly, 60(4): 40–47.

BONTIS N, 1998. Intellectual capital: an exploratory study that develops measures and models[J]. Management decision, 36(2): 63–76.

BONTIS N, 1999. Managing organizational knowledge by diagnosing intellectual capital: framing and advancing the state of the field[J]. International journal of technology management, 18(5–8): 433–463.

BONTIS N et al., 2000. Intellectual capital and business performance in Malaysian industries[J]. Journal of intellectual capital, 1(1): 85–100.

BONTIS N, 2001. Assessing knowledge assets: a review of the models used to measure intellectual capital[J]. International journal of management reviews, 3(1): 41–60.

BOSE R, 2004. Knowledge management metrics[J]. Industrial management & data systems, 104(6): 457–468.

BOYACK K W, KLAVANS R, 2010. Co–citation analysis, bibliographic coupling, and direct citation: which citation approach represents the research front most accurately?[J]. Journal of the American society for information science and technology, 61(12): 2389–2404.

BOZZOLAN S, FAVOTTO F, RICCERI F, 2003. Italian annual intellectual capital disclosure: an empirical analysis[J]. Journal of intellectual capital, 4(4): 543–558.

BOZBURA F T, BESKESE A, KAHRAMAN C, 2006. Prioritization of human capital measurement indicators using fuzzy AHP[J]. Expert systems with applications, 32(4): 1100–1112.

BRUGGEN A, VERGAUWEN P, DAO M, 2009. Determinants of intellectual capital disclosure: evidence from Australia[J]. Management decision, 47(2): 233–245.

BROOKING A, 1996. Intellectual capital: core asset for the third millennium enterprise[M]. London: International Thomson Business Press.

CABELLO–MESINA C, LOPEZ–CABEALES Á, VALLE–CABRERA R, 2011. Leveraging the innovative performance of human capital through HRM and social capital in Spanish firms[J]. International journal of human resource management, 22(4): 807–828.

CABRILO S, DAHMS S, 2018. How strategic knowledge management drives intellectual capital to superior innovation and market performance[J]. Journal of knowledge management, 22(3): 621–648.

CALABRESE A, COSTA R, MENICHINI T, 2013. Using fuzzy AHP to manage intellectual capital assets: an application to the ICT service industry[J]. Expert systems with applications, 40(9): 3747–3755.

CARR D L, MARKUSEN J R, MASKUS K E, 2001. Estimating the knowledge capital model of the multinational enterprise[J]. American economic review, 91(3): 693–708.

CHEN Y S, 2008. The positive effect of green intellectual capital on competitive advantages of firms[J]. Journal of business ethics, 77(3): 271–286.

CHEN M, CHENG S, HWANG Y, 2005. An empirical investigation of the relationship between intellectual capital and firms' market value and financial performance[J]. Journal of intellectual capital, 6(2): 159–176.

CHESBROUGH H, ROSENBLOOM R S, 2002. The role of the business model in capturing value from innovation: evidence from Xerox corporation's technology spin off companies[J]. Industrial and corporate change, 11(3): 529–555.

CHRISTOPH L, 1991. Neue risiken und gesellschaftliche konflikte[M]. Rankfurt: Suhrkamp.

CLARKE M, SENG D, WHITING R H, 2011. Intellectual capital and firm performance in Australia[J]. Journal of intellectual capital, 12(4): 505–530.

CHU S K W, CHAN K H, WU W W Y, 2011. Charting intellectual capital performance of the gateway to China[J]. Journal of intellectual capital, 12(2): 249–276.

COHEN W M, LEVINTHAL D A, 1990. Absorptive capacity: a new perspective on learning and innovation[J]. Administrative science quarterly, 35(1), 128–152.

COOK S D N, BROWN J S, 1999. Bridging epistemologies: the generative dance between organizational knowledge and organizational knowing[J]. Organization science, 10(4): 381–400.

CRUPI A, CESARONI F, DI MININ A, 2021. Understanding the impact of intellectual capital on entrepreneurship: a literature review[J] Journal of intellectual capital, 22(3): 528–559.

DANNEELS E, 2008. Organizational antecedents of second-order competences[J]. Strategic management journal, 29(5): 519–543.

DARLING M, 1996. Building the knowledge organization[J] Business quarterly,

61(2): 61–68.

DAVENPORT T H, BECK J C, 2002. The strategy and structure of firms in the attention economy[J]. Ivey business journal, 66(4): 48–54.

DRUCKER P F, 1993. Post–capitalist society[M]. Oxford: Butterworth Heinemann.

DUMAY J, 2013. The third stage of IC: towards a new IC future and beyond[J]. Journal of intellectual capital, 14(1): 5–9.

DUMAY J, 2016. A critical reflection on the future of intellectual capital: from reporting to disclosure[J]. Journal of intellectual capital, 17(1): 168–184.

FAHRENKROG S L et al., 2003. PMI's organizational project management maturity model[C]. Pennsylvania: PMI Global Congress.

EDVINSSON L, SULLIVAN P, 1996. Developing a model for managing intellectual capital[J]. European management journal, 14(4): 356–364.

EDVINSSON L, MALONE M S, 1997. Intellectual capital: realizing your company's true value by finding ts hidden brainpower[M]. New York: Harper Business.

EDVINSSON L, 1997. Developing intellectual capital at Skandia. Long range planning[J]. 30(3): 320–321, 366–373.

FIRER S, MITCHELL WILLIAMS S, 2003. Intellectual capital and traditional measures of corporate performance[J]. Journal of intellectual capital, 4(3): 348–360.

FTEIMI N, LEHNER F, 2013. A systematic review and comparison of knowledge management–frameworks[C]. Kaunas: Proceedings of the 14th European conference on knowledge management: 219–226.

GALBRAITH R C, 1982. Sibling spacing and intellectual development: a closer look at the confluence models[J]. Developmental psychology, 18(2): 151–173.

GATIGNON H, XUEREB J M, 1997. Strategic orientation of the firm and new product performance[J]. Journal of marketing research, 34(1): 77–90.

GARCIA–LILLO F, ÚBEDA–GARCIA M, MARCO–LAJARA M, 2016. The intellectual structure of research in hospitality management: a literature review using bibliometric methods of the international journal of hospitality management[J]. International journal of hospitality management, 52(1): 121–130.

GAVRILOVA T, KUBELSKIY M, 2018. Knowledge management specification: building an ontology to get a shared understanding[C]. Padua: Proceedings of the european conference on knowledge management: 1177–1180.

GALBRAINTH J K, 1975. The intellectual capital of Mickal Kalecki: a study in economic theory and policy[M]. Tennessee: The University of Tennessee Press.

GRANT R M, 1996. Toward a knowledge–based theory of the firm[J]. Strategic management journal, 17(S2): 109–122.

GUTHRIE J, PETTR R, 2000. Intellectual capital: Australian annual reporting practices[J]. Journal of intellectual capital, 1(3): 241–251.

GUTHRIE J, PETTY R, RICCERI F, 2006. The voluntary reporting of intellectual capital: comparing evidence from Hong Kong and Australia[J]. Journal of intellectual capital, 7(2): 254–271.

GUTHRIE J, RICCERI F, DUMAY J, 2012. Reflections and projections a decade of intellectual capital accounting research[J]. British accounting review, 44(2): 68–82.

HAJER M, KESSELRING S, 1999. Democracy in the risk society? learning from the new politics of mobility in Munich[J]. Environmental politics, 8(3): 1–23.

HAYNES K T, HILLMAN A, 2010. The effect of board capital and CEO power on strategic change[J]. Strategic management journal, 31(11): 1145–1163.

HERAUD JEAN–ALAIN, 2021. A new approach of innovation: from the knowledge economy to the theory of creativity applied to territorial development[J]. Journal of the knowledge economy (12): 201–217.

HIDALGO R, GARCIA–MECA E, MARTINEZ I, 2011. Corporate governance and intellectual capital disclosure[J]. Journal of business ethics, 100(3): 483–495.

HOLTOM B C et al., 2005. Shocks as causes of turnover: what they are and how organizations can manage them[J]. Human resource management, 44(3): 337–352.

HORBACH J, 2008. Determinants of environmental innovation—new evidence from German panel data sources[J]. Research policy, 37(1): 63–173.

HUSSINKI H et al., 2017. Intellectual capital, knowledge management practices and firm performance[J]. Journal of intellectual capital, 18(4): 904–922.

IKUJIRO N, HIROTAKA T, 1995. The knowledge–creating company: how Japanese companies create the dynamics of innovation[M]. New York: Oxford University Press.

JARNEVING B, 2005. A comparison of two bibliometric methods for mapping of the research front[J]. Scientometrics, 65(2): 245–263.

JIANG K et al., 2012. How does human resource management influence organizational outcomes? a meta–analytic investigation of mediating mechanisms[J]. Academy of management journal, 55(6): 1264–1294.

JOHNSON S G, SCHNATTERLY K, HILL A D, 2013. Board composition beyond independence[J]. Journal of management, 39(1): 232–262.

KEONG CHOONG K, 2008. Intellectual capital: definitions, categorization and reporting models[J]. Journal of intellectual capital, 9(4): 609–638.

KERZNER H, 2002. Strategic planning for project management using a project management maturity model[M]. New York: John Wiley & Sons.

KIANTO A, SAENZ J, ARAMBURU N, 2017. Knowledge–based human resource management practices, intellectual capital and innovation[J]. Journal of business research, 81(C): 11–20.

KOVACS A, van LOOY B, CACCIMAN B, 2015. Exploring the scope of open innovation: a bibliometric review of a decade of research[J]. Scientometrics, 104: 951–983.

LEITNER K H, 2017. Intellectual capital reporting for universities: conceptual background and application for Austrian universities[J]. Research evaluation, 13(2): 129–140.

LEV B, 2001. Intangibles: management, measurement, and reporting[M]. Washington DC: Brookings Institution Press.

LI Y et al., 2008. Exploration and exploitation in innovation: re-framing the interpretation[J]. Creativity and innovation management, 17(2): 107–126.

LI J, PIKE R, HANIFFA R, 2008. Intellectual capital disclosure and corporate governance structure in UK firms[J]. Accounting and business research, 38(2): 137–159.

LI J, MANGENA M, PIKE R, 2012. The effect of audit committee characteristics on intellectual capital disclosure[J]. British accounting review, 44(2): 98–110.

MADITINOS D et al., 2011. The impact of intellectual capital on firms' market value and financial performance[J]. Journal of intellectual capital, 12(1): 132–151.

MARR B, CHATZKEL J, 2004. Intellectual capital at the crossroads: managing, measuring, and reporting of IC[J]. Journal of intellectual capital, 5(2): 224–249.

MARTIN–de–CASTRO G et al., 2011. Towards an intellectual capital–based view of the firm: origins and nature[J]. Journal of business ethics, 98(4): 649–662.

MARTIN–de–CASTRO G et al., 2013. The moderating role of innovation culture in the relationship between knowledge assets and product innovation[J]. Technological forecasting and social change, 80(2): 351–363.

MARTIN–de–CASTRO G, 2015. Knowledge management and innovation in knowledge–based and high–tech industrial markets: the role of openness and absorptive capacity[J]. Industrial marketing management (47): 143–146.

MELLONI G, 2015. Intellectual capital disclosure in integrated reporting: an impression management analysis[J]. Journal of intellectual capital, 16(3): 661–680.

MEYER M et al., 2014. Triple Helix indicators as an emergent area of enquiry: a bibliometric perspective[J]. Scientometrics (99): 151–174.

MOURISEN J, LARSEN H T, BUKH P N D, 2001. Intellectual capital and the 'capable firm': narrating, visualising and numbering for managing knowledge[J]. Accounting organizations and society, 26(7–8): 735–762.

MOURITSEN J, THRANE S, 2006. Accounting, network complementarities and the development of inter–organisational relations[J]. Accounting organizations and society, 31(3): 241–275.

NAHAPIET J, GHOSHAL S, 1998. Social capital, intellectual capital and the organizational advantage[J]. The academy of management review, 23(2): 242–266.

NGULUBE P, 2017. Handbook of research on theoretical perspectives on indigenous knowledge systems in developing countries[M]. Pennsylvania: IGI Global.

NELSON R R, WINTER S G, 1982. An evolutionary theory of economic change[M]. Cambridge: Harvard University Press.

NIMTRAKOON S, 2005. The relationship between intellectual capital, firms' market value and financial performance empirical evidence from the Asean[J]. Journal of intellectual capital, 16(3): 587–618.

ORENSRENS R, AERTS W, LYBAERT N, 2009. Intellectual capital disclosure, cost of finance and firm value[J]. Management decision, 47(10): 1536–1554.

Organisation for Economic Co–operation and Development (OECD), 1999. International symposium measuring reporting intellectual capital: experiences, issues, and prospects[R]. Paris: OECD.

PAWLOSKY P, 2011. Knowledge 2010 – Intellectual Capital as Driver of Wealth. In: Jeschke S., Isenhardt I., Hees F., Trantow S. (eds). Enabling Innovation[M]. Berlin: Springer.

PETTY R, GUTHRIE J, 2000. Intellectual capital literature review: measurement, reporting and management[J]. Journal of intellectual capital, 1(2): 155–176.

PEW TAN H et al., 2007. Intellectual capital and financial returns of companies[J]. Journal of intellectual capital, 8(1): 76–95.

PHUSAVAT K et al., 2011. Interrelationships between intellectual capital and performance empirical examination[J]. Industrial management & data systems, 111(6): 810–829.

PULIC A, 2000. VAIC™ – an accounting tool for IC management[J]. International journal of technology management, 20(5/6/7/8): 702–714.

REHMAN W, DEGIRMEN S, WASEEM F, 2021. Propensity for and quality of intellectual capital divulgence across the BRICS Banking sector: a knowledge–based perspective from emerging economies[J]. Journal of the knowledge economy. https://doi.org/10.1007/s13132-021-00730-z.

ROMER P M, 1986. Increasing returns and long–run growth[J]. Journal of political economy, 94: 1002–1037.

ROOS G, ROOS J, 1997. Measuring your company's intellectual performance[J]. Long range planning, 30(3): 413–426.

SAINT–ONGE H, 1996. Tacit knowledge: the key to the strategic alignment of intellectual capital[J]. Strategy & leadership, 24(2): 10–15.

SERENKOE A, BONTISN, 2021. Global ranking of knowledge management and intellectual capital academic journals: a 2021 update[J/OL]. Journal of knowledge management. https://doi.org/10.1108/JKM–11–2020–0814.

SHARABAT A A, NAJI JAWAD S, BONTIS N, 2010. Intellectual capital and business performance in the pharmaceutical sector of Jordan[J]. Management decision, 48(1): 105–131.

SHIBATA N et al., 2009. Comparative study on methods of detecting research fronts using different types of citation[J]. Journal of the American society for information science and technology, 60(3): 571–580.

SKUTE I et al., 2019. Mapping the field: a bibliometric analysis of the literature on university–industry collaborations[J]. The journal of technology transfer (44): 916–947.

STEWART T A, 1994. Your company's most valuable asset: intellectual capital[J]. Fortune, 130(7): 68–74.

STAWART T A, 1997. Intellectual capital: the new wealth of organizations[M]. New York: Doubleday/Currency.

SUBRAMANIAM M, YOUNDT M A, 2005. The influence of intellectual capital on the types of innovative capabilities[J]. Academy of management journal, 48(3): 450–463.

SUKHAREV O, 2021. Measuring the contribution of the "Knowledge Economy" to the economic growth rate: comparative analysis[J]. Journal of the knowledge economy (12): 1809–1829.

SVEIBY K E, 1997. The new organizational wealth: managing and measuring knowledge–based assets[M]. San Francisco: Barett–Koehler.

TAI W S, CHEN C T, 2000. A new evaluation model for intellectual capital based on computing with linguistic variable[J]. Expert systems with applications, 36(2): 3483–3488.

TALEB N N, 2012. Antifragile: things that gain from disorder[M]. New York: Random House.

TEECE D J, 2014. A dynamic capabilities-based entrepreneurial theory of the multinational enterprise[J]. Journal of international business studies, 45(8): 8–37.

TEIXEIRA E K, OLIVEIRA M, 2018. Editorial board interlocking in knowledge management and intellectual capital research field[J] Scientometrics, 117(3): 1853–1869.

TEMPLETON G F, LEWIS B R, SNYDER C A, 2002. Development of a measure for the organizational learning construct[J]. Journal of management information systems, 19(2): 175–218.

TSENG C Y, GOO Y J J, 2012. Intellectual capital and corporate value in an emerging economy: empirical study of taiwanese manufacturers[J]. R&D management, 35(2): 187–201.

TORTORIELLO M, KTACKHARDT D, 2010. Activating cross boundary knowledge: the role of simmelian tiles in the generation of innovations[J]. Academy of management journal, 53(1): 167–181.

UlRICH D, 1998. Intellectual capital equals competence x commitment[J]. Sloan management review, 39(2): 15.

VAN ECK N J, WALTMAN L, 2017. Citation–based clustering of publications using CitNetExplorer and VOSviewer[J]. Scientometrics, 111(2): 1053–1070.

VAN ECK N J, WALTMAN L, 2010. Software survey: VOSviewer, a computer program for bibliometric mapping[J]. Scientometrics, 84(2): 523–538.

VAN ECK N J, WALTMAN L, 2014. Measuring scholarly impact[M]. Cham: Springer International Publishing.

WALTMAN L, VAN ECK N J, 2012. A new methodology for constructing a publication–level classification system of science[J]. Journal of the American society for information science and technology, 63(12): 2378–2392.

WANG Z, WANG N, LIANG H, 2014. Knowledge sharing, intellectual capital and firm performance[J]. Management decision, 52(2): 230–258.

WANG Z, SHARMA P N, CAO J, 2016. From knowledge sharing to firm performance: a predictive model comparison[J]. Journal of business research, 69(10): 4650–4658.

WEBSTER J, WATSON R T, 2002. Analyzing the past to prepare for the future: writing a literature review[J]. MIS quarterly, 26(2): xii–xxiii.

WERNERFELT B, 1984. A resource-based view of the firm[J]. Strategic management journal, 5(2): 171–180.

WIIG K M, 1997. Integrating intellectual capital and knowledge management[J]. Long range planning, 30(3): 399–405.

World Health Organization (WHO). WHO coronavirus disease (COVID-19) Dashboard[EB/OL]. [2020-11-15]. https://covid19.who.int.

World Health Organization (WHO). COVID-19 strategy update 13 april 2020[EB/OL]. (2020-04-13)[2020-11-15]. https://www.who.int/publications-detail/covid-19-strategy-update-13-april-2020.

World Health Organization (WHO). Corporate risk register: organization-wide strategic risk management in WHO: report by the Secretariate[EB/OL]. [2020-11-15]. https://apps.who.int/iris/handle/10665/172208.

World Health Organization (WHO). WHO director-general's opening remarks at the media briefing on COVID-19-13 April 2020[EB/OL]. (2020-04-13)[2020-11-15]. https://www.who.int/dg/speeches/detail/who-director-general-s-opening-remarks-atthe-media-briefing-on-covid-19-13-april-2020.

World Intellectual Property Organization (WIPO), 2020. The global innovation index 2020: who will finance innovation? [R]. Geneva: WIPO Publications Division.

XU X et al., 2020. Evolution of the novel coronavirus from the ongoing Wuhan outbreak and modeling of its spike protein for risk of human transmission[J]. Science China life science. 63(3): 457–460.

YI A, DAVEY H, 2010. Intellectual capital disclosure in Chinese (mainland) companies[J]. Journal of intellectual capital, 11(3): 326–347.

YOUNDT M A, SUBRAMANIAM M, SNELL S A, 2004. Intellectual capital profiles: an examination of investment and return[J]. Journal of management studies, 41(2): 335–361.

ZEGHAL D, MAALOUL A, 2010. Analysing value added as an indicator of intellectual capital and its consequences on company performance[J]. Journal of intellectual capital, 11(1): 39–60.

附　录

附录 1:《国家级高新区瞪羚企业遴选标准》

入选条件	具体内容
定量筛选指标	入选需满足以下条件之一： Ⅰ：企业成立时间不超过 14 年，4 年前总收入不少于 1000 万元且 3 年复合增长率不低于 20%，最近一年正增长； Ⅱ：企业成立时间不超过 14 年，4 年前雇员总数不少于 100 人且 3 年复合增长率不低于 30%，最近一年正增长； Ⅲ：企业成立时间不超过 5 年，最近一年总收入不低于 5 亿元（即成立 5 年内总收入突破 5 亿元）且 3 年收入无大幅度下降； Ⅳ：企业成立时间不超过 10 年，最近一年总收入不低于 10 亿元（即成立 10 年内总收入突破 10 亿元）且 3 年收入无大幅度下降
定性筛查指标	入选需满足以下全部条件，否则将被剔除： 行业性质：非烟草、铁路、汽车、矿产资源、公共服务等垄断性行业企业，以及房地产、基础建设、银行等行业； 企业性质：非大型央企、外企生产基地、分公司、销售公司、贸易公司
创新门槛指标	入选需满足以下条件之一： A 类：4 年平均科技活动投入强度（即科技活动投入经费占营业收入的比例）大于 2.5%； B 类：①仅有最近一年收入数据的企业最近一年总收入大于 5 亿元且成立时间不超过 8 年； ②有效数据两年以上的企业，最近一年总收入大于 1 亿元且 3 年或两年复合增长率大于 30%

附录 2:《瞪羚企业高成长研究调查问卷》

一、企业及填写者基本信息

1. 企业名称

____

2. 所在高新园区

____

3. 与科技企业孵化器的关系

□ 无关

□ 在孵企业

□ 毕业企业

4. 填报人基本信息

所属部门 ______________________

所任职位 ______________________

联系方式 ______________________

二、知识资本投入

1. 企业负责人学科背景（可多选）

□ 文科

□ 理科

□ 工科

□ 经济管理（一般情况下属于文科，在此单列）

2. 企业负责人具有的特质（由弱到强 1 ~ 5 打分）

类目	1	2	3	4	5
市场洞察力					
组织沟通力					
技术掌控力					
学习创新力					
行业专注力					
危机意识					

3. 企业负责人创业经历及从事行业

类目	初次创业	二次创业	三次创业
电子信息			
生物与新医药			
航空航天			
新材料			
高技术服务			
新能源及节能			
资源与环境			
先进制造与自动化			

4. 已采用搜索软件等技术工具，建立以下信息数据库（多选题）

□ 法律法规资讯

□ 技术前沿资讯

□ 竞争情报资讯

□ 市场动态资讯

5. 已配置资讯分析部门及其人员（单选题）

□ 独立部门，专职人员

□ 非独立部门，专职人员

□ 非独立部门，兼职人员

□ 无

6. 已获得的社会投资类别（多选题）

投资来源及区域	种子投资	天使投资	VC 投资	PE 投资
本市				
省内其他城市______				
其他省份__________				
国外______________				

7. 已享受的生产性公共服务（多选题）

□ 开发设计服务

□ 仪器共享服务

□ 中试服务

□ 产业化服务

□ 检验检测服务

□ 认证认可服务

□ 专业化技术服务

□ 其他 ____________________________

8. 已享受的政策性服务（多选题）

□ 政策宣讲服务

□ 立项申报服务

□ 资金资助申报服务

□ 资质申请服务

□ 其他 ____________________________

9. 已享受的商务性服务（多选题）

□ 法务咨询服务

□ 知识产权服务

□ 战略咨询服务

□ 海外资讯服务

□ 科技金融服务（科技贷款、科技担保、科技保险等）

□ 其他 ________________________

三、知识资本产出

10. 按重要性选取 6 项“知识产出效果效率指标”

□ 有效专利拥有量

□ PCT 专利申请量

□ 专利所有权转让及许可

□ 新产品销售收入

□ 科技论文

□ 注册商标

□ 软件著作权

□ 技术合同交易

□ 国家或行业标准

□ 劳动生产率

□ 人均利润率

11. 按重要性选取 5 项“知识产出效益指标”

□ 营业利润增长率

□ 营业收入增长率

□ 出口总额

□ 江苏省创新型企业百强

□ 三年内获省级以上科技进步奖

□ 拥有省部级以上名牌产品

□ 拥有国家驰名商标

□ 设立境外营销服务机构 / 境外技术研发机构 / 生产制造基地

四、知识资产保值增值

12. 知识获取来源及其重要性（由弱到强 1 ~ 5 打分）

类目	1	2	3	4	5
政府					
高校院所					
供应链上下游					
同行企业					

13. 已采用的知识获取方式及其重要性（由弱到强 1 ~ 5 打分）

类目	1	2	3	4	5
技术研讨					
评标评审					
展览展示					
技术培训					

14. 已实施“技术知识跨界搜索”的内容及其节点（由弱到强 1 ~ 5 打分）

内容	1	2	3	4	5
“行业内先进技术工艺”的发展资讯					
不同行业“使用同类技术”的信息资讯					
“产品技术领域”潜力强的公司资讯					
供应商产品（技术工艺）升级的信息资讯					

15. 已实施“市场知识跨界搜索”的内容及其节点（由弱到强 1 ~ 5 打分）

内容	1	2	3	4	5
同行业“替代产品”的公司资讯					
跨行业“替代产品”的公司资讯					
同行业“互补产品”的公司资讯					
跨行业“互补产品”的公司资讯					
顾客对产品或服务偏好变化的资讯					

16. 现阶段跨部门学习创新活动（多选题）

□ 成立跨部门学习合作团队

□ 开展团队研讨交流

□ 进行成果测评

□ 实施奖励激励制度

17. 以知识资本为信用，已获得的社会投资（多选题）

□ 知识产权质押

□ 创投基金

□ 股权融资

□ 股权质押

□ 信用贷款

□ 收购 / 并购

□ 其他

18. 通过知识资产保值增值形成的创新成果（多选题）

□ 生产流程再造（技术活动或生产活动中的操作程序、方式方法和规则体系的创新）

□ 新工艺（通过研究和运用新的、方式方法和规则体系等，提高企业的生产技术水平、产品质量和生产效率的活动）

□ 新技术（开发新技术，或者将已有的技术进行应用创新）

□ 新商业模式（战略定位创新、资源能力创新、商业生态环境创新、混合商业模式创新）

□ 新管理机制（人事制度、分配制度、财务制度、投资管理制度等创新）

19. 已采用的创新方式（单选题）

□ 模仿创新

□ 二次创新

□ 集成创新

□ 原始创新

附录3:《国家级高新区瞪羚企业培育政策一览表》

国家级高新区	政策名称	金融政策	专项资金	人才/交流	创新支持	公共服务平台
中关村科技园区	“瞪羚计划”	√				
	关于支持瞪羚重点培育企业的若干金融措施	√				
	关于瞪羚重点培育企业相关补贴申报受理的补充通知	√				
西安高新区	西安高新区管委会关于扶持高成长性“瞪羚”企业的暂行办法	√	√			
武汉东湖示范区	武汉东湖新技术开发区管委会关于开展“瞪羚”认定工作的通知	√	√		√	√
	关于支持“瞪羚企业”实施企业战略咨询的通知		√			
广州高新区	广州开发区瞪羚企业认定扶持办法（2015）	√	√	√	√	
	广州市黄埔区广州开发区瞪羚企业认定扶持办法（2018）	√	√		√	
株洲高新区	实施“5211人才计划”的暂定办法			√		
	株洲高新区瞪羚企业扶持暂行办法	√	√	√		
杭州高新区	杭州市成长型中小工业企业五年（2008—2012）培育计划（“瞪羚计划”）	√	√	√	√	
济南高新区	“瞪羚计划”					
惠州仲恺高新区	仲恺高新区“瞪羚企业”管理办法	√		√	√	
宁波高新区	宁波国家高新区（新材料科技城）管委会关于创新型企业树强扶优的若干意见（2016）	√				√

续表

国家级高新区	政策名称	金融政策	专项资金	人才/交流	创新支持	公共服务平台
潍坊高新区	潍坊高新区管委会关于培育和支持瞪羚企业加快发展的实施意见（2018）	√	√	√	√	√
重庆市	重庆市高成长性科技企业培育方案	√		√	√	
长沙高新区	长沙高新区瞪羚企业认定及扶持办法（2017）	√	√	√	√	
南京市	南京市关于对瞪羚企业、独角兽企业、拟上市企业等进行“一企一策”激励的实施办法（试行）					
苏州工业园区	苏州工业园区关于实施独角兽、瞪羚企业培育工程的通知（2018）	√		√		
江苏省	江苏省瞪羚企业培育实施方案			√	√	√

后　记

2021年3月11日，中国共产党第十三届全国人民代表大会第四次会议通过的《中华人民共和国国民经济和社会发展第十四个五年规划和2035年远景目标纲要》（以下简称《纲要》）强调要“把科技自立自强作为国家发展的战略支撑”，这一表述显然对企业为主体、市场为导向、产学研深度融合的技术创新体系提出了更高标准和期待。科技型中小企业技术含量高、创新能力强，它们既是经济高质量发展的微观基础，又是强化企业创新主体地位的重要力量。不同于以往有关中小企业创新的传统观念，《纲要》提出“支持创新型中小微企业成长为创新重要发源地”。由此看出，科技型中小企业创新成长的重要性提升到前所未有的高度。

在千军万马的科技型中小企业中，瞪羚企业无疑是最典型的代表之一。这是因为大量的创业企业中只有部分企业可以跨越“死亡谷”，而瞪羚企业不仅成功跨越创业“死亡谷”，而且还能凭借强劲的活力快速进入高成长期，其成长特征如善于跳跃和奔跑的羚羊。更为重要的是，瞪羚企业多孕育和成长在战略性新兴产业或未来产业领域，这些领域具有多学科、多技术、多领域交叉融合创新的显著趋势，为新产品、新服务、新技术、新模式、新业态的创业企业爆发式成长提供了极大可能。当然，瞪羚企业的涌现也与我国日益健全的优质企业梯度培育体系密不可分。例如，在2004年，一项旨在营造有利于科技型中小企业不同成长阶段发展环境的社会化解决方案——“科技型中小企业成长路线图计划”宣告实施。该计划的主要工作之一是向种子期、初创期早期企业投入，填补“投资空白”，努力帮助企业渡过“死亡陷阱”。某种程度上说，瞪羚企业是我国不懈探索中小企业梯度培育体系的结晶。

现在，瞪羚企业在各方呵护和锤炼下，在领导新经济壮大和高新区创新发展等方面做出特殊贡献，已然成为我国实现高水平科技自立自强、促进经济稳定增长和高质量发展的新锐力量。其中，不少瞪羚企业逐渐成长为掌握各个产业领域关键核心技术的专精特新“小巨人”和单项冠军企业。既然瞪羚企业如此重要，毋庸置疑这类企业当然越多越好，那么如何孕育瞪羚企业，以及怎样尽可能地促进一大批科技型中小企业如瞪羚企业那般实现高成长就引发了笔者的思考。去除实践的喧闹，不可回避的一个重要议题是：瞪羚企业高成长逻辑是什么？

选择“瞪羚企业高成长逻辑——知识资本视角”这一议题，首先是出于对这一议题的兴趣和实践观察。在高新区服务过程中，“瞪羚率”成为评价高新区创新质量的重要指标，甚至高新技术企业培育库建设也越来越重视瞪羚企业情况。笔者不禁思考客观环境中该如何回答企业自主创新实践中的一些问题，如瞪羚企业跨越式成长的经验是例外还是有更大的普遍意义，瞪羚企业成长进程中的风险及失败的因素有哪些且如何规避，不同类别的瞪羚企业的创新成长阶段过程中是关注技术、创新团队等技术性因素，还是经营策略、商业模式等非技术性行为抑或两者协同，进而能否在更深层次上探索和提炼瞪羚企业与产业的培养创新发展之道？近五年来，围绕瞪羚企业高成长议题，笔者陆续撰写了一些咨政报告，《促进南京国家高新区瞪羚企业持续成长的几点建议》《瞪羚企业认定标准不一，企业享受政策困难亟须引起重视》《江苏瞪羚企业成长现状及发展建议》《建议我省积极探索创新驱动发展示范模式》《南京瞪羚企业发展现状与促进成长的建议》《建议帮助企业防范科技风险应对未来挑战》《高新技术企业异地搬迁数量激增亟须引起重视》等有幸获得全国政协相关部门及江苏省委省政府、南京市委市政府等部门的采纳。在本书写作过程中，这些咨政报告给了笔者继续写作的底气，因为这为本书的写作增添了不少应用价值和政策意义。

其次，这一研究也力图为推动科技型中小企业创新成长的研究尽绵薄之力。目前，关于企业成长理论的分析范式由线性的、确定性的研究模式转变为随机的、自组织演化的研究模式，关于企业成长的决定因素理论尚未成熟，定性的理论分析比较模糊，难以统一。受完美假设条件制约，学术界对瞪羚企业爆发式成长出现“理论惶恐”，对“新起之秀”严重缺乏内在成长规律和动态过程认识，瞪羚企业成长仍是一个具有很强“黑箱性质”的问题。笔者探索性地从知识资本视角考察瞪羚企业高成长，将知识理论和演化思想嵌入其成长过程之中，理解企业突破式成长的原动力逻辑。笔者认为，瞪羚企业创新能力的形成机理孕育在知识资本价值创造过程之中，高成长的本质是通过知识积累进行知识资本价值创造和增值。

学术研究犹如一场马拉松，它需要脚踏实地，步子要踩实。承蒙学人们的叮嘱教导，我们深知这需要秉持对真理的追求。同时，也需要耐力，耐得住寂寞，耐得住清苦。我们的研究坚持问题导向，研究真问题，真研究问题，以客观、批判的眼光审视研究对象。这些现实真问题鞭策笔者努力搭建现实与理论对话，我们力求理论紧密联系实际，采用理论与实证相结合、定性与定量相结合等研究范式，率先将知识资本理论引入瞪羚企业研究，力求在研究立意和原创性上下功夫，做出一定的意义和价值。欣慰的是，这本书的核心成果荣获了南京市哲学社会科学优秀成果奖（2020）。

笔者深知本书的撰写、定稿离不开合作者和师友们的贡献。在开展研究过程中，南京市科技信息研究所高小惠老师、马盼老师和陈晓歌师弟（现就职于连云港市海州区商务局）都投入大量精力，他们在数据采集、模型构建、实证研究、案例分析等方面全程深度参与，每周的讨论会场景仍然记忆犹新，让人怀念。河海大学杨晨老师待人温润如玉，在研究起步阶段，她以最大的耐心指导我们如何科学、全面地开展知识资本理论的量表开发与问卷调查工作，也提出诸多富有建设性的建议（如关注跨界搜索这一变量）。感谢江苏省科学技术发展战略研究院副研究员胡峰老师对本书第 4 章的贡献，他系统勾勒出江苏科技创新 70 年历史变迁的动态图景，为本书更为深入分析样本（江苏瞪羚企业）提供了基础。感谢江苏省科学技术发展战略研究院张华副院长对我们一如既往的支持，他总是能为研究的顺利开展、扎根现实提供尽可能的帮助。此外，在开展科研过程中，科技部科技人才中心程龙老师肯定我们的研究并不断鼓励我持续深耕。同时，笔者也要对知识产权出版社的大力支持表示感谢，编辑老师们专业与细致的编校工作一起促成了本书的面世。

囿于笔者视野、能力和时间所限，其眼界对观察瞪羚企业动态变化的复杂世界难免生涩。笔者愿意为其中的不当和错漏之处负责，也敬请读者不吝指正、明以教我。

姜 春

复旦大学国际关系与公共事务学院

2022 年 8 月 8 日